超圖解

投資學
證券投資實力培育手冊
Investments

王志成 編著

由淺入深，帶您走入投資學的知識殿堂

五南圖書出版公司 印行

作者序言

　　近年來金管會積極在大專院校推動「走入校園與社區金融知識宣導活動」，就是希望年輕的學子能提早建立正確的理財觀念，養成理財的習慣，而理財的第一件事就是要先了解金融商品，再選擇適合自己投資的金融商品。如何了解金融商品？個人認為透過參加金融證照考試是最有效率的做法，因為金融證照考試的教材會有系統地、完整地介紹該領域應具備的基本知識，此外，參加考試的目的就是要錄取，所以學習上有努力的目標。

　　我把參加證基會的證券分析人員（證券分析師）、高級業務員（高業）的筆記與考古題，重新加以整理，整理的過程參考了投資學教科書與考試用書，以及各金控網站的相關資訊，把這本書定位為投資學這門學科的入門教材或參加金融證照考試的用書，抱著「野人獻曝」的想法與讀者分享投資學這門學科的知識殿堂，希望對讀者在學習投資學或參加金融證照考試能有所幫助。

　　最後，我由衷感謝五南出版社編輯部的同仁提供的支援，編撰過程中雖細心校對，但遺漏或錯誤恐在所難免，尚請讀者不吝指教匡正，以作為未來再修正時的依據。

王志成 謹識

2022 年 6 月

目録

Chapter **1**

投資的概念與投資的環境

1-1-1 投資的定義

是投資人承諾支付目前所擁有的金錢或資源，以換取未來的利益。投資是包括所有具有報酬性質的投資活動，無論是花費在實體資產、金融資產或無形資產上，皆為投資。

1-1-2 投資、投機與賭博之區別

若以證券「投資」為例，投資者將傾向於蒐集較多的資料，著重於證券發行公司營業績效及股利成長，或是債券利息收入。

「投機者」為了賺取價差，便需要承擔較大的風險而操作上偏向短期。

「賭博」是以金錢下注於未來不確定的事情，用碰運氣的方式企圖獲利，是在沒有資訊的情況下做不必要的冒險。例如：刮刮樂或樂透彩等。

1-1-3 影響投資決策之因素

1. 報酬：由於「投資」行為是犧牲目前可消費財富價值，換取未來預期報酬之效用，當未來報酬大於目前消費價值，才是有意義的行為。因此，投資還必須考慮通貨膨脹的因素，也就是說預期的收益至少應該大於通貨膨脹率才行。

2. 時間：由於「投資」係指犧牲當前消費之效用，以獲取未來可能之最大收益，因此時間占了很重要的因素。如果時間越早達到期望的報酬，對於投資人越有利。一般而言，投資的期間相較於投機或賭博是比較長期。

3. 風險：投資報酬未來具有不確定性，預期報酬和實際報酬可能發生差異，一般而言報酬率和風險呈正向關係，投資之前要仔細地分析欲投資標的，並且評估自己的風險承擔能力，也就是最大損失的承擔能力為何。

投資IQ加油站

投資、投機與賭博三者中，欲獲利之持有期間最長者為：

(A) 投機 (B) 投資 (C) 賭博 (D) 三者相同

（106 年 3 次高業投資學）

答：**(B)**

可分為實質資產 (Real Assets) 與金融資產 (Financial Assets)，茲分述如下：

1. 實質資產：是指有形的實物，常見的實質資產包括房地產、黃金、古董、白銀等各種具有公開競價市場的大宗商品，均可作為投資標的。

2. 金融資產：常見的金融資產包括定存單、儲蓄存款、股票、債券等有價證券。金融商品的分類中，一般將現金、債權、債務和權益證券等商品稱為基礎商品 (Underlying Assets)，將期貨、選擇權、遠期合約、交換等商品，稱為衍生性商品 (Derivatives)。

1-3 金融資產的分類

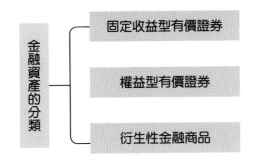

金融資產的分類
- 固定收益型有價證券
- 權益型有價證券
- 衍生性金融商品

1-3-1 固定收益型有價證券

每期利息或本息支付額多依固定利率水準來換算,例如:公司債等負債型有價證券 (Debt Securities),多被稱為固定收益型有價證券 (Fixed-income Securities)。

1-3-2 權益型有價證券

公司發行的普通股或權益型有價證券 (Equity Securities),代表投資人或股東對公司的所有權。

1-3-3 衍生性金融商品

它的價值由資產、利率、匯率或指數等基礎商品所衍生之交易契約,目的是移轉基礎商品的風險,其合約價值隨基礎商品價值的變動而變動。

投資IQ加油站

哪些項目為固定收益憑證?甲.可轉換公司債;乙.可贖回公司債;丙.附認股權公司債

　　(A) 僅甲、乙 (B) 僅乙、丙 (C) 僅甲、丙 (D) 甲、乙、丙

（106 年第 4 次高業投資學）

解答:**(B)**

1-4 金融市場的存在

　　所謂的金融市場，就是有資金供給者與資金的需求者從事資金交易的場所。當資金的需求者（如企業）需要資金時，發行金融工具，如股票，由資金的供給者（如投資人）認購，資金供給者的資金就可移轉到資金需求者。

　　金融市場的種類，可區分如下：
1. 依資金移轉的方式分類
2. 依有價證券是否為首次發行分類
3. 依交易場所分類
4. 依請求權的次序分類
5. 依金融工具到期的期限分類

1-4-1　依資金移轉的方式分類

　　依資金的籌措方式，可區分成間接金融與直接金融兩種。

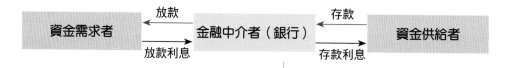

1. 間接金融中，由金融中介機構向資金的供給者吸收存款，然後再將資金放款給資金需求者，金融中介機構則賺取存款與放款的利差。

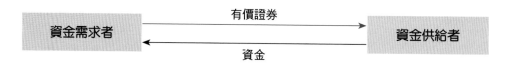

2. 直接金融是由資金的需求者以發行有價證券的方式，直接向資金的供給者取得資金。

1-4-2 依有價證券是否為首次發行分類

1. 初級市場 (Primary Market)：又稱為發行市場，指政府或企業提供新的證券銷售給投資人的市場，在初級市場銷售證券所取得的資金係歸發行人。
2. 次級市場 (Secondary Market)：又稱流通市場，指投資人在購買新證券之後，這些證券的後續買賣市場。

1-4-3 依交易場所分類

1. 集中市場 (Centralized Markets)：只透過有組織的公開市場集中於一定場所進行交易之市場。
2. 店頭市場 (Over the Counter Markets)：指在集中市場以外進行交易的市場。

1-4-4 依請求權的次序分類

1. 債務市場 (Debt Market)：指各種債務工具之市場。債務工具為資金需求者承諾於未來特定日期支付約定金額之工具。
2. 股權市場 (Stock Market)：指股票市場。股票為對公司擁有所有權的證明。

1-4-5 依金融工具到期的期限分類

1. 貨幣市場 (Money Market)：係指供到期日一年以內的有價證券進行交易的場所。

例如：國庫券、商業本票等。

2. 資本市場 (Capital Market)：係指供到期日一年以上的有價證券進行交易的場所。例如：股票、債券等。

1-4-6　金融中介機構的存在

金融中介機構 (Financial Intermediaries)：指對於資金，它是資金供給者與資金需求者間的橋梁。例如：銀行、信託投資機構、保險公司與信用合作社等。

投資IQ加油站

有關次級市場的敘述，何者有誤？

(A) 次級市場交易包括集中市場及店頭市場 (B) 提高投資人資產的流動性 (C) 方便股票易手 (D) 可以使一企業藉賣股票、債券及其他證券以取得資金

（106 年第 4 次普業證券投資與財務分析）

答：**(D)**

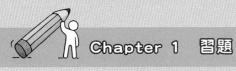

( ) 1. 投資三要素，指的是報酬、時間和：
(A) 風險　　　　　　　　　(B) 資產
(C) 市場　　　　　　　　　(D) 景氣

( ) 2. 有關次級市場的敘述，何者有誤？
(A) 次級市場交易包括集中市場及店頭市場
(B) 提高投資人資產的流動性
(C) 方便股票易手
(D) 次級市場可以使一企業藉賣股票、債券及其他證券以取得資金

( ) 3. 影響金融市場中所有資產報酬的事件，其衝擊屬於全面性的風險有哪些？
甲．利率風險；乙．購買力風險；丙．政治風險
(A) 僅甲、乙　　　　　　　(B) 僅乙、丙
(C) 僅甲、丙　　　　　　　(D) 甲、乙、丙

( ) 4. 固定收益證券承諾：
(A) 定期支付固定利息　　　(B) 對公司有選舉權
(C) 保證價格上漲　　　　　(D) 配發股利

( ) 5. 提供證券市場價格並提供投資人流動性的為：
(A) 發行市場　　　　　　　(B) 交易市場
(C) 證券商公司　　　　　　(D) 金管會

( ) 6. 投資、投機與賭博之比較，其風險大小順序為：
(A) 投資＞投機＞賭博　　　(B) 投機＞賭博＞投資
(C) 賭博＞投機＞投資　　　(D) 賭博＞投資＞投機

( ) 7. 哪些項目為固定收益證券？
甲．政府公債；乙．國庫券；丙．普通股；丁．特別股
(A) 僅甲、丁　　　　　　　(B) 僅甲、乙、丁

(C) 僅甲、乙、丙　　　　　　　　(D) 甲、乙、丙、丁皆是

（　）　8. 有關衍生性商品之敘述，何者為真？

甲．在其他條件相同下，美式選擇權之價值高於歐式選擇權；

乙．在其他條件相同下，期貨價值會高於遠期契約的價值；

丙．衍生性商品之價值一定低於其標的物價值

(A) 甲、乙、丙　　　　　　　　　(B) 僅乙

(C) 僅甲、丙　　　　　　　　　　(D) 僅甲

（　）　9. 投資、投機與賭博三者之中，欲獲利之持有期間最長者為：

(A) 投機　　　　　　　　　　　　(B) 投資

(C) 賭博　　　　　　　　　　　　(D) 三者相同

（　）10. 所謂固定收益證券是指證券之：

(A) 到期日固定　　　　　　　　　(B) 到期償還金額固定

(C) 債權人固定　　　　　　　　　(D) 每期債息或股息固定

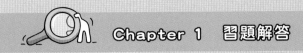 **Chapter 1　習題解答**

1.(A)　2.(D)　3.(D)　4.(A)　5.(B)　6.(C)　7.(B)　8.(D)　9.(B)　10.(D)

● **Chapter 1　習題解析**

1. 三要素是指 1. 持有期間的長短，2. 風險大小，3. 報酬的來源。
2. 初級市場是提供企業出售股票、債券及其他證券以取得資金的場所。
3. 全面性的風險是指系統風險（或稱市場風險），而利率風險、購買力風險、政治風險皆是系統風險。
4. 固定收益證券 (Fixed Income Secuity)：指證券每次發放報酬給投資者時，有固定的金額與固定的日期，而且發行公司有義務支付此項報酬給投資人。
5. 集中市場是指在證券交易所或期貨交易所進行買賣的市場，證券交易所提供證券及權證商品的集中交易場所，期貨交易所則提供期貨及選擇權等衍生性金融商品的集中交易場所。
6. 風險的大小順序：賭博＞投機＞投資。
7. 依固定收益證券的定義，指證券每次發放報酬給投資者時，有固定的金額與固定的日期，而且發行公司有義務支付此項報酬給投資人。而普通股不是固定收益證券。
8. 美式選擇權的買方能於選擇權到期前任何一天執行權利。歐式選擇權的買方須在到期日時，依市場情況來決定是否執行權利。
9. 持有期間的長短依序為：投資＞投機＞賭博。
10. 證券每次發放報酬給投資者時，有固定的金額與固定的日期。

Chapter **2**

金融市場與金融工具

金融體系是指所有的金融市場、金融工具、金融中介及指導資金活動的管理規範。

　　金融市場若根據金融工具到期的期限，區分為貨幣市場 (Money Market) 和資本市場 (Capital Market)。

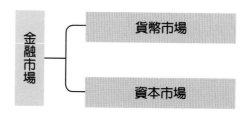

貨幣市場 (Money Market)

　　到期期限在「一年以內（含一年）」的金融工具之交易市場。

資本市場 (Capital Market)

　　到期期限在「一年以上」的金融工具之交易市場。

2-1 金融中介機構之組成

金融中介機構,可區分成存款貨幣機構與非存款貨幣機構。

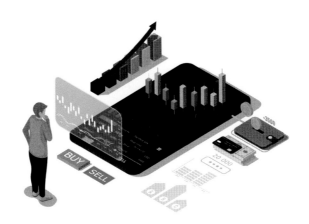

2-1-1 存款貨幣機構

又稱存款中介機構。係指發行各種存款憑證以向企業、一般民眾和政府機構吸收存款,再對資金不足者放款的金融中介機構。例如:商業銀行、專業銀行與基層合作金融機構。

2-1-2 非存款貨幣機構

非存款貨幣機構又稱非存款中介機構,可再分成投資中介機構與契約中介機構。

1. 投資中介機構:其向投資人發行證券取得其投資資金,再將資金用於購買債券、股票或從事放款。例如:信託投資公司、投信公司、避險基金等。
2. 契約中介機構:與客戶訂定的契約為基礎,向客戶吸收資金,而客戶則是以保障生命或財產損失為目的。例如:人壽保險公司、產物保險公司、中央再保險公司等。

2-2-1 金融工具到期期限

　　貨幣市場：到期期限在「一年以內（含一年）」的金融工具之交易市場，或稱短期資金市場。

　　資本市場：到期期限在「一年以上」的金融工具之交易市場，或稱長期資金市場。

2-2-2 金融工具請求權優先順序

　　債權市場：各種債權工具，例如：政府公債、公司債、金融債券等，發行與交易的場所。

　　股權市場：股權工具，例如：股票，發行與交易的場所。

2-2-3 有價證券是否為首次發行

　　初級市場：為交易第一次發行有價證券的市場。

　　次級市場：初級市場發行後之有價證券交易市場。

2-2-4 金融工具交易場所

　　集中市場：上市公司股票在證券交易所，以集中競價方式買賣的市場。例如：臺灣證券交易所之上市上櫃股票市場。

　　店頭市場：有價證券在證券商的營業櫃檯，進行議價交易所形成的市場。例如：臺灣票券市場、興櫃股票市場。

2-3 主要貨幣市場工具介紹

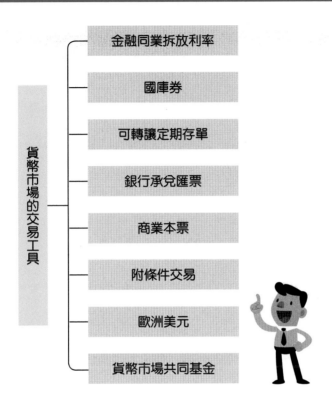

貨幣市場的交易工具
- 金融同業拆放利率
- 國庫券
- 可轉讓定期存單
- 銀行承兌匯票
- 商業本票
- 附條件交易
- 歐洲美元
- 貨幣市場共同基金

2-3-1 金融同業拆放利率

1. 概念：金融同業間彼此互通有無的短期拆款市場，旨在增進金融業貨幣信用之效能。
2. 目的：為準備不足的金融機構，提供一個向有超額準備之同業週轉資金的平臺。

3. 可參與金融機構：銀行、信託投資公司、票券金融公司、郵政儲匯局及經核准之信用合作社。
4. 拆款期限：同業拆款的期限大多為一天，因而有時又稱為隔日或隔夜拆款。

2-3-2　國庫券

1. 意義：國庫券是政府為了調節國庫收支而發行之短期債務憑證。
2. 類型：財政部發行甲種國庫券按面額發行，依票面利率計算本利和。中央銀行發行乙種國庫券採折價方式發行，到期時以面額清償。
3. 發行天數：國庫券發行天數以 91 天為基數按其倍數發行，即 91 天期、182 天期、273 天期及 364 天期。
4. 無風險的金融工具：一般投資市場係將國庫券的報酬率稱為無風險利率，任一報酬率與國庫券的報酬率之差為風險溢酬。

2-3-3　可轉讓定期存單

1. 意義：由銀行所發行，可以在存款期間自由轉讓給第三人的定期存款單。
2. 面額：面額以 10 萬元為單位，按 10 萬元的倍數發行，分為 10 萬、50 萬、100 萬、500 萬、1,000 萬、5,000 萬、1 億，共七種。
3. 存款期限：不得超過一年。
4. 發行形式：可選擇記名或不記名的形式，但發行後不得要求更改。

2-3-4　銀行承兌匯票

1. 意義：為個人或公司所簽發，以某一承兌銀行為付款人的可轉讓定期附息存款憑證。
2. 特點：由於銀行成為匯票的主債務人，並承擔匯票付款的風險，使銀行承兌匯票之信用風險大為降低。

2-3-5　商業本票

1. 意義：大企業所發行的無附屬擔保品的短期票據。
2. 不附息：商業本票以貼現方式出售給公司、銀行、個人或其他投資人。
3. 到期期限：期限可分為 1 天、7 天、一個月期、二個月期、三個月期，最長為一年。
4. 種類：商業本票可分兩種，第一種是企業因

交易行為所發行的交易性商業本票,第二種是企業因短期融通的需要所發行的融通性商業本票。

2-3-6　附條件交易

　　附條件交易包括附買回 (Repurchase, RP) 與附賣回 (Resale, RS) 交易兩種,附買回交易是指投資人先向票券商或證券商買進短期票券或債券,並約定以某特定價格,於某一特定日再由票券商或證券商向投資人買回交易。

　　附條件交易的到期買回價格計算如下:

$$\text{RP 買回價格} = \text{承作金額} \times [1+\text{RP 利率} \times \frac{\text{承作天數}}{365}]$$

　　附賣回交易則是票券商或證券商,先向投資人買進短期票券或債券,並約定以某特定價格,於某一特定日再由票券商或證券商賣回給投資人的交易。

　　附條件交易的到期賣回價格計算如下:

$$\text{RS 賣回價格} = \text{承作金額} \times [1+\text{RS 利率} \times \frac{\text{承作天數}}{365}]$$

投資IQ加油站

　　小慧與某券商承作公債附賣回交易 (RS),交易面額為 5,000,000 元,RS 利率為 4.10%,期間 90 天,則到期時小慧需支付給券商多少金額?(忽略交易成本)

　　(A)5,000,000 元 (B)4,949,452 元 (C)5,050,548 元 (D) 小慧不須支付給券商,而是券商須支付給小慧

（107 年第 2 次高業投資學）

答:**(C)**

$$\text{RS 賣回價格} = \text{承作金額} \times [1 + \text{RS 利率} \times \frac{\text{承作天數}}{365}]$$

$$= 5,000,000 \times [1 + 4.10\% \times \frac{90}{365}] = 5,050,548$$

2-3-7 歐洲美元

歐洲美元是指存放在美國境外的外國銀行，或美國銀行國外分行的美元存款。歐洲美元幣值與美元相同，但其優勢在於不受任何國家法令限制、免稅、不需提列存款準備金、也不受資本流進流出的限制，歐洲美元主要作為銀行同業間短期資金的借貸市場。

2-3-8 貨幣市場共同基金

貨幣市場共同基金是以貨幣市場的金融商品，當作投資標的的共同基金。

投資IQ加油站

在美國通常以下列何者的利率代表無風險利率？
(A) 國庫券 (B) 公債 (C) 商業本票 (D) 定期存單
（106 年 1 次高業投資學）

答：**(A)**

投資IQ加油站

貨幣市場交易工具不包括下列哪種工具？
(A) 政府債券 (B) 可轉讓定期存單 (C) 銀行承兌匯票 (D) 國庫券
（106 年第 2 次高業投資學）

答：**(A)**

投資IQ加油站

何者為貨幣市場證券？

(A) 五年期的公司債 (B) 普通股 (C) 二十年期的公司債 (D) 三個月期的國庫券

（106 年第 4 次普業證券投資與財務分析）

答：**(D)**

2-4 主要資本市場工具介紹

2-4-1 普通股

　　我國《公司法》規定股份有限公司的資本，應分為股份，每股金額應歸一律，股票為表彰股份的有價證券，其中一部分得為特別股。普通股為股份有限公司成立之初原始發行之股票，其每股面額為 10 元，以 1,000 股為一張，故每張股票之面額均為新臺幣 10,000 元。

1. 普通股股東有下列四種基本權利：
   (1) 選舉權和被選舉權：股東得出席股東會，行使重大事項表決權，及選舉董事與監察人，或被推選為董事與監察人。董事會為公司業務的最高決策機構，股東藉由表決權行使間接管理公司之業務。
   (2) 盈餘分配權：股息及紅利之分派，以各股東持有股份之比例為準。
   (3) 優先認股權：公司發行新股時，應公告及通知原有股東，按照原有股東股份比例儘先分認，並聲明逾期不認購者，喪失其權利。
   (4) 剩餘財產分配權：公司清償債務後，剩餘之財產應按各股東股份比例分派。
2. 股票市場的參與者：
   (1) 證券商
   (2) 證券交易所
   (3) 發行公司
   (4) 投資人
   (5) 證券金融公司
   (6) 集中保管公司
   (7) 證券投資信託公司
   (8) 證券投資顧問公司

2-4-2　特別股

　　股份有限公司發行普通股成立一段時間後，若有增資必要，除已發行普通股之方式外，亦可考慮以發行公司債或特別股的方式募集資金。特別股基本上是介於普通股與公司債特性之間的有價證券。

　　特別股又稱為優先股，它享有特別的權利或其權利受到限制的股份。公司發行特別股時，應就下列各款在章程中予以規定：

　　一、特別股分派股息及紅利之順序、定額或定率。

　　二、特別股分派公司剩餘財產之順序、定額或定率。

　　三、特別股之股東行使表決權之順序、限制或無表決權。

　　四、複數表決權特別股或對於特定事項具否決權特別股。

　　五、特別股股東被選舉為董事、監察人之禁止或限制，或當選一定名額董事之權利。

　　六、特別股轉換成普通股之轉換股數、方法或轉換公式。

　　七、特別股轉讓之限制。

　　八、特別股權利、義務之其他事項。

2-4-3　特別股的種類

　　累積特別股與非累積特別股：累積特別股是指公司未支付股息時，可以累積起來，待公司經營好轉，可以將未支付的累積股息予以全部付清。非累積特別股則是未支付的股息不予以累積。

　　參加特別股與非參加特別股：參加特別股是指當公司獲利甚佳時，特別股股東除了收到固定的股息以外，還可以和普通股股東分享公司剩餘盈餘，獲得額外的股利。非參加特別股對剩餘盈餘的分配，是以約定利率為限，超出約定利率的盈餘，則全歸普通股所有。

　　可轉換特別股與不可轉換特別股：可轉換特別股是約定一定期限以後，特別股股東有權將其股票按事先約定比率，轉換為公司的普通股。不可轉換特別股純為領取固定利率之特別股，沒有轉換成普通股的權利。

　　可贖回特別股與不可贖回特別股：可贖回特別股是約定特別股發行一段期間後，特別股有權利依照事先約定的價格及方式收回。不可贖回特別股發行公司不能擁有在某一期間，以某一價格或某種方式收回的權利。

可賣回特別股與不可賣回特別股：
可賣回特別股是指特別股股東在某些特
定條件下，可要求發行公司以特定價格
買回所發行的特別股。反之，不可賣回
特別股則無法要求發行公司，以特定價
格買回所發行的特別股。

有表決權特別股與無表決權特別股：有表決權特別股是指特別股股東可以
參加股東會，行使表決權。無表決權特別股則對於公司的董事監察人之選舉及
重大事項的決定，均由普通股股東表決，特別股股東沒有此項權利。

投資IQ加油站

累積特別股：
(A) 允許特別股股東獲得比普通股股東更高股利
(B) 允許發行公司從股東手中以事先指定的價格買回股票
(C) 在普通股發放股利以前，可先獲發放以前為分發的股利
(D) 具有浮動的股利

（106 年第三次普業證券投資與財務分析）

答：**(C)**

2-4-4　債券

1. 定義：政府、企業或金融機構為籌措中長期資金或支應其赤字所發行的中長
期債務憑證。
2. 發行形式：債券可以採債票或登記形式發行。
   (1) 債票發行：債券以債票形式發行，支付實體債票給承購人，到期時憑票
   兌領本息。
   (2) 登記形式發行：係由債務人發行，委託清算銀行以電腦登記相關權利資
   料，並發給持有人債券存摺，以取代交付實體債票之債券，到期時本金
   與利息直接撥入債券持有人之存款帳戶內。

3. 債券發行相關機構：
   (1) 發行機構：指長期資金需求者，政府機關發行政府公債，一般的公司發行公司債，金融機構發行金融債券。
   (2) 代理機構：受發行機構的委託，處理債券之債息發放與到期還本業務。
   (3) 受託機構：發行機構委託債券受託機構（或稱為受託人），代表債券債權人對債券發行公司行使查核、監督的權利。
   (4) 承銷機構：負責債券發行銷售的單位。
4. 債券信用評等：
   (1) 信用評等：或稱為債信評等，是以企業或政府的償債能力作評比，主要是針對受評等單位發生違約風險的大小。
   (2) 信用評等公司：計算企業之信用評等並提供該資訊服務的公司。目前主要的信用評等公司有 Standard&Poors（標準普爾）、Fitch（英商惠譽）、Moodys（穆迪）與 Tw（中華信評）等。
5. 可轉換公司債：是一種股權與債權的混合債券，它允許公司債持有人一定期間內，可依一定轉換比例，將公司債轉換成公司的普通股股票。可轉換公司債如同一般的公司債再加上轉換的選擇權。由於可轉換公司債具有轉換成普通股股票的權利，因此它的票面利率均遠低於一般公司債。
6. 次級債券：係指在清償順序上排在存款和一般債券之後，但仍優先於普通股與特別股的債券。此種債券持有者只能獲得發行條件載明的固定利息和本金，即不能分享超額的收益但承擔了較大的違約風險。

2-4-5　海外存託憑證

1. 存託憑證的定義：存託憑證 (Depository Receipts, DR) 是國內上市公司把原本要拿到國外發行的股票，先存在國內的銀行（稱為「保管機構」），國內的銀行再和國外的銀行（稱為「存託機構」）簽訂合約，表示股票確實已經存入國內的銀行，則國外的銀行可以根據存在國內銀行的股票數額，直接在國外的證券市場發行相對數量的證券，這種證券稱為「存託憑證」。
2. 海外存託憑證的定義：存託機構在中華民國境外，依當地國之證券有關法令發行表彰存放於保管機構之有價證券稱為「海外存託憑證」。外國公司暨受其委託之存託銀行在臺灣發行之存託憑證，稱為「臺灣存託憑證 (Taiwan Depository Receipts)」，簡稱 TDR，在全球發行的存託憑證 (Global

Depository Receipts)，簡稱 GDR，在美國發行的存託憑證 (American Depository Receipts)，簡稱 ADR，在歐洲發行的存託憑證 (European Depository Receipts)，簡稱 EDR。

3. 國內投資人購買存託憑證時，則相當於購買外國公司所發行的有價證券。

4. 海外存託憑證大多以「憑證發行所在地之幣別計價」，故對於購買存託憑證的投資人而言，具有減少匯率風險的好處。

投資IQ加油站

　　有關 TDR 與 ADR 的比較何者有誤？甲 .TDR 所表彰的是臺灣企業的股票、ADR 係表彰外國企業的股票；乙 .TDR 在臺灣掛牌、ADR 在美國掛牌；丙 .TDR 與 ADR 皆屬於權益證券；丁 .TDR 與 ADR 交易的幣別不同；戊 . 目前在臺灣掛牌之泰金寶屬於 ADR

　　(A) 僅甲、丙 (B) 僅乙、丁 (C) 僅甲、戊 (D) 僅甲、丙、戊

（106 年第 3 次普業證券投資與財務分析）

答：**(C)**

2-4-6　共同基金

　　共同基金的定義：證券投資信託公司以發行受益憑證的方式，募集社會大眾的資金，累積成為一筆龐大資金後，委由專業的基金經理人管理並運用其資金於適當之管道，如：股票、債券等，當其投資獲利時則由投資大眾分享，賠錢時由投資大眾分攤，證券信託投資公司則賺取基金的手續費與管理費。

資本市場可分為：

(A) 匯率市場與股票市場 (B) 股票市場和債券市場 (C) 外匯市場和債券市場 (D) 金融市場和不動產市場

（106 年第 1 次普業證券投資與財務分析）

答：**(B)**

2-5　證券化商品

2-5-1　證券化定義

將資產或負債轉換成為有價證券的過程。

證券化分類 ┬ 企業金融證券化 ┬ 公司股票
　　　　　　│　　　　　　　　├ 公司債
　　　　　　│　　　　　　　　└ 可轉換公司債
　　　　　　└ 資產證券化 ┬ 金融資產證券化
　　　　　　　　　　　　　└ 不動產資產證券化

2-5-2　資產證券化定義與流程

將一組資產未來應收的現金流量，以發行「資產擔保債券」的方式出售給資本市場的投資者。

流程：創始資產與創始機構→資產組合→發行證券→信用評等→銷售與交易。

2-5-3　不動產投資信託

1. 意義：不動產投資信託 (Real Estate Investment Trust, REITs) 是一種類似封閉式共同基金，但投資標的物為不動產的投資工具。
2. 目的：將不動產證券化並將證券銷售給一般的投資人，使資金部位較小的投資者也能投資不動產，獲得不動產的租金收益或資產的增值利益。
3. 特色：
    (1) 降低投資不動產的門檻。
    (2) 不需持有不動產標的。
    (3) 報酬與風險介於股票與債券之間。
    (4) 配息率高於股票。

2-5-4　房貸擔保債券

1. 意義：房貸擔保債券 (Mortgage-
   Backed Securities, MBS) 係指金融
   機構以不動產抵押貸款作為還款來源
   或擔保所發行的證券。
2. 程序：先將不動產抵押貸款集合成一
   個組合，經過信託、信用評等後，再
   將此組何分割成許多單位的證券，再出售給資本市場上的投資人。

2-5-5　擔保抵押義務

1. 意義：擔保抵押義務 (Collateralized Debt Obligation, CDO) 是將抵押貸
   款與轉手債券整合，形成新的債券，再以不同的利率與到期期限，提供給不
   同需求的投資人。
2. 程序：金融機構先將房屋貸款組合並發行債券，金融機構或投資銀行購買，
   再將購買的轉手債券交付信託。

2-6 衍生性金融商品

2-6-1 衍生性金融商品定義

係指其價值由利率、匯率、股權、指數、商品、信用事件,或其他利益及其組合等所衍生之交易契約及結構型商品。

2-6-2 衍生性金融商品功能

1. 風險管理工具。
2. 價格發現功能。
3. 促進市場效率性及完整性。

2-6-3 期貨市場

1. 定義:

   為一標準化遠期契約,指當事人約定於未來特定期間,依特定價格及數量等交易條件買賣約定標的物,或於到期前或到期時結算價差之契約。

2. 特性:

   標準化契約。

   固定的交易場所。

   大部分採現金交割。

   每日結算保證金,不足維持保證金金額,須補足至原始保證金。

3. 功能:

   避險:規避現貨價格波動的風險。

   投機:預測現貨價格變動的方向。

   套利:賺取期貨價格與現貨價格間失衡所產生的利益。

2-6-4 選擇權市場

1. 定義:選擇權是一種權利契約,選擇權的買方支付權利金後便有權利在未來約定的特定日期依約定的履約價格,買入或賣出一定數量的約定標的物。
2. 分類:可分成買權 (Call Option) 與賣權 (Put Option)。

買權買方 (Long Call)：有權利在約定的特定日期，依約定的履約價格買入約定標的物。

買權賣方 (Short Call)：有義務在買方選擇執行買權時，依履約價格賣出標的物。

賣權買方 (Long Put)：有權利在約定的特定日期，依約定的履約價格賣出約定標的物。

賣權賣方 (Short Put)：有義務在買方選擇執行賣權時，依履約價格買入標的物。

3. 特性：

(1) 買方與賣方的權利與義務是不對等的：買方擁有權利可以選擇履約或放棄；賣方則負有履約義務，必須依買方要求履行交割義務。

(2) 它的報酬非固定比例。

2-6-5　指數股票型基金 ETF

定義：指數股票型基金 (Exchange Traded Fund, ETF) 是一種結合股票交易特性與指數型基金架構的有價證券，它將該指數的「一整籃股票」交付信託並以其為實物擔保，分割成小額的投資單位，發行指數股票型基金並無實體受益憑證。

特性：以臺灣 50 ETF 為例。

1. 指數股票型基金又稱為「被動型基金」，它選取的是特定的指數成分股作為投資的對象，並不是以打敗大盤指數為目的，而是試圖複製大盤指數的表現。

2. 指數股票型基金的投資標的是「一整籃股票」。所以投資指數股票型基金可以分散非系統風險。

3. 最小交易單位為 1,000 個受益單位。

4. 最大的漲幅與跌幅均為 10%。

5. 可以融資買進與融券放空。

6. 可以進行當日買進與賣出，即當日沖銷。

7. 價格變動幅度是 50 元以下為 0.01 元，50 元以上時為 0.05 元。

8. 指數股票型基金的規模可以隨時增加，不同於封閉式基金的規模在發行初期就無法再變動了。

9. 指數股票型基金的交易手續費上限為 0.1425%，交易稅為 0.1%。

10. 指數股票型基金在盤中會公告其淨值。

11. 一上市就可以承作信用交易，不受上市六個月觀察期的限制。

12. 投資人在交易時間內，透過證券經紀商直接下單在集中市場買賣。

2-6-6 反向型 ETF

1. 定義：反向型 ETF 為每日追蹤標的指數報酬反向表現的 ETF，例如反向倍數為 1 倍時，表示標的指數上升 1%，則反向型 ETF 追蹤下跌 1%；反之，標的指數下降 1%，則反向型 ETF 追蹤上升 1%。

2. 操作：買進反向型 ETF 是表示對未來大盤的走勢是看空的，未來當大盤指數下跌時反向型 ETF 的價值就上升；反之，如果未來看多則可以賣出反向型 ETF。

投資IQ加油站

　　目前槓桿型 ETF 臺灣僅開放 2 倍槓桿，假設臺灣 50 指數今日收盤上漲 1.5%，則理論上以臺灣指數為追蹤標的之槓桿型 ETF 今日收盤的漲幅應為多少？

　　(A)1.5%(B)3%(C)4.5%(D)-4.5%

（107 年第 1 次高業投資學）

答：**(B)**

　　說明：漲幅 ×2 倍 = 1.5%×2 = 3%

2-6-7 交換市場

1. 定義：交換係指買賣雙方約定在某一段期間內，交換不同的現金流量的特定協議契約。雙方的債信評等不同時，對於資金的需求，可透過交換相同期限且相同金額債務之利息費用，雙方可以達到節省利息（若未經由交換）並選擇自己的利息支付方式。

2. 利率交換契約

   釋例：以固定利率與浮動利率交換。

   假設：

   甲公司若發行公司債的利率：固定利率 6.5%；若向銀行借款：浮動利率 6.5%。

   乙公司若發行公司債的利率：固定利率 6%；若向銀行借款：浮動利率 7%。

   交換後：

   甲公司採發行公司債時，固定利率 6.5% $\xrightarrow{交換}$ 乙公司採發行公司債時，固定利率 6%。

   乙公司採向銀行借款時，浮動利率 7% $\xrightarrow{交換}$ 甲公司採向銀行借款時，浮動利率 6.5%。

   雙方進行利率交換合約之後，雙方皆可節省利息成本。

2-6-8 遠期契約

1. 定義：買賣雙方同意在未來某一時點，以特定價格買賣標的物的交易契約，協議的內容包括標的物定義、品質、數量、交割日、交割地點、交割方式等。

2. 釋例：遠期利率協定 (Forward Rate Agreement, FRA)

   遠期利率協定是約定雙方於未來日期起息、借貸的期間、約定金額的資金利率，但到期不交付本金，僅相互交割約定利率與實際指標利率間的差距，進行利差之現金交付。

3. 交易：買方若預期未來利率會上升，將造成未來借款利率上升，故先買進 FRA 以固定利率鎖定借款成本。賣方若預期未來利率會下降，將造成未來放款利率下降，故先賣出 FRA 以浮動利率鎖定放款收益。

有關衍生性商品之敘述何者為真？甲.在其他條件下美式選擇權之價值高於歐式選擇權；乙.在其他條件相同下，期貨價值會高於遠期契約的價值；丙.衍生性商品之價值一定低於其標的物價值

(A) 甲、乙、丙 (B) 僅乙 (C) 僅甲、丙 (D) 僅甲

（107 年第 3 次高業投資學）

答：**(D)**

下列哪一項金融工具風險最高，同時亦具有最高的潛在報酬？

(A) 衍生性證券 (B) 普通股 (C) 特別股 (D) 債券

（106 年第 2 次普業證券投資與財務分析）

答：**(A)**

Chapter 2　習題

( )　1. 累積特別股：

(A) 允許特別股股東獲得比普通股股東更高的股利

(B) 允許發行公司從股東手中以事先指定的價格買回股票

(C) 在普通股發放股利以前，可先獲發放以前未分發的股利

(D) 具有浮動的股利

( )　2. 有關 TDR 與 ADR 的比較何者有誤？

甲 .TDR 所表彰的是臺灣企業的股票、ADR 係表彰外國企業的股票

乙 .TDR 在臺灣掛牌交易、ADR 在美國掛牌交易

丙 .TDR 與 ADR 皆屬於權益證券

丁 .TDR 與 ADR 的交易幣別不同

戊 . 目前在臺灣掛牌之泰金寶屬於 ADR

(A) 僅甲、丙　　　　　　　(B) 僅乙、丁

(C) 僅甲、戊　　　　　　　(D) 僅甲、丙、戊

( )　3. 何者為資本市場證券？

(A) 商業本票　　　　　　　(B) 國庫券

(C) 附買回協定　　　　　　(D) 十年期公司債

( )　4. 目前臺灣掛牌交易之反向型 ETF 倍數為可放空幾倍？

(A) 1 倍　　　　　　　　　(B) 2 倍

(C) 3 倍　　　　　　　　　(D) 1.5 倍

( )　5. 下列哪一項金融工具風險最高，同時亦具有最高的潛在報酬？

(A) 衍生性證券　　　　　　(B) 普通股

(C) 特別股　　　　　　　　(D) 債券

( )　6. 一般發行擔保公司債，擔保機構主要為：

(A) 投資信託公司　　　　　(B) 承銷商

(C) 銀行　　　　　　　　　(D) 票券公司

( ) 7. 下列何者具有零息債券的性質？

        (A) 國庫券   (B) 商業本票

        (C) 銀行承兌匯票   (D) 選項 (A)、(B)、(C) 皆是

( ) 8. 下列何者是貨幣市場工具的特性？

        (A) 高報酬   (B) 高風險

        (C) 到期日長   (D) 低風險

( ) 9. 一般而言，投資下列金融工具的風險狀況依序為何？

        甲 . 短期公債；乙 . 股票；丙 . 認購權證；丁 . 長期公債

        (A) 乙＞丁＞甲＞丙   (B) 丙＞甲＞丁＞乙

        (C) 甲＞乙＞丙＞丁   (D) 丙＞乙＞丁＞甲

( )10. 以下哪項新金融商品免交易稅？

        (A) 台指期貨   (B) 台指選擇權

        (C) 認購權證   (D) 不動產投資信託 (REITs)

( )11. 在美國通常以下列何者的利率代表無風險利率？

        (A) 國庫券   (B) 公債

        (C) 商業本票   (D) 定期存款

( )12. 有關結構型商品的敘述，正確的有？

        I. 又稱連動型債券；

        II. 股權連結商品及保本型商品皆屬於結構型商品；

        III. 保本型商品於商品到期時本金可以完全保障

        (A) 僅 I   (B) 僅 II

        (C) 僅 I、II   (D)I、II、III

( )13. 下列何者一定不能以融資方式買進？

        甲 . 存託憑證（合併財務報告有累積虧損）

        乙 . 債券換股權利證書

        丙 . 普通股

        (A) 僅甲   (B) 僅乙

        (C) 僅甲、丙   (D) 僅乙、丙

（　）14. 貨幣市場交易工具不包括下列哪種工具？
(A) 政府債券　　　　　　　　(B) 可轉讓定期存單
(C) 銀行承兌匯票　　　　　　(D) 國庫券

（　）15. 持有下列何種證券可享有公司發放之現金股利？
甲．認購權證；乙．普通股；丙．可轉換公司債；丁．特別股
(A) 僅甲　　　　　　　　　　(B) 僅乙
(C) 僅乙、丙　　　　　　　　(D) 僅乙、丁

（　）16. 何種證券之持有人在公司辦理現金增資時，有優先認購新股之權利？
甲．認購權證；乙．普通股；丙．認股權證；丁．可轉換公司債
(A) 僅乙　　　　　　　　　　(B) 僅甲、乙
(C) 僅乙、丙　　　　　　　　(D) 僅甲、丙

（　）17. 目前槓桿型 ETF 臺灣僅開放 2 倍槓桿，假設臺灣 50 指數今日收盤上漲 1.5%，則理論上以臺灣 50 指數為追蹤標的之槓桿型 ETF 今日收盤的漲幅應為多少？
(A)1.50%　　　　　　　　　(B)3%
(C)4.50%　　　　　　　　　(D)-4.50%

（　）18. 何者不是貨幣市場的證券？
(A) 國庫券　　　　　　　　　(B) 銀行承兌匯票
(C) 長期債券　　　　　　　　(D) 商業本票

（　）19. 對貨幣市場的敘述，何者有誤？
(A) 貨幣市場通常有集中買賣交易的場所
(B) 提供一年期以下金融工具交易的市場
(C) 協助短期資金需求者與供給者之間的資金轉移
(D) 銀行承兌匯票是此市場交易工具之一

（　）20. 保本型商品的特色為：
甲．投資人在可預知最大風險之下，享有獲得高報酬的機會
乙．保證一定百分比的本金發還

(A) 僅甲   (B) 僅乙

(C) 甲、乙皆正確   (D) 甲、乙皆不正確

(   ) 21. 關於富邦日本東証單日反向一倍證券投資信託基金之敘述，何者有誤？

(A) 為反向型 ETF

(B) 無漲跌幅限制

(C) 標的指數為東証反向一倍指數

(D) 申購及買回時間為上午 9 時至下午 3 時 30 分

(   ) 22. 有關衍生性商品之敘述何者為真？

甲. 在其他條件相同下，美式選擇權之價值高於歐式選擇權

乙. 在其他條件相同下，期貨價值會高於遠期契約的價值

丙. 衍生性商品之價值一定低於其標的物價值

(A) 甲、乙、丙   (B) 僅乙

(C) 僅甲、丙   (D) 僅甲

(   ) 23. 一般而言，可贖回特別股之特性包含：

甲. 贖回權利在於發行公司

乙. 通常採溢價贖回

丙. 可以轉換為其他特別股

(A) 僅甲、乙   (B) 僅乙、丙

(C) 僅甲、丙   (D) 甲、乙、丙

(   ) 24. 在我國，買賣存託憑證和股票之敘述何者正確？

甲. 手續費相同

乙. 證券交易稅相同

丙. 價格跳動單位相同

丁. 存託憑證可限價及市價委託，股票僅能限價

(A) 甲、乙、丙、丁均對   (B) 僅甲、丙、丁

(C) 僅甲、丙   (D) 僅乙、丙、丁

(   ) 25. 影響保本型商品報酬的因素，包含哪些？

甲. 保本率；乙. 參與率；丙、連結標的之報酬

(A) 僅甲、乙 　　　　　　　　(B) 僅乙、丙

(C) 僅甲、丙 　　　　　　　　(D) 甲、乙及丙

（　）26. 有關投資 ETF 之敘述何者不正確？

(A) ETF 的投資報酬有兩類，買賣價差及持有 ETF 所派發的股息收入

(B) 投資 ETF 可能有市場風險、被動式投資風險及追蹤誤差風險

(C) ETF 屬於被動式管理

(D) 投資 ETF 可以規避市場風險

（　）27. 何者屬資本市場工具？

(A) 國庫券 　　　　　　　　　(B) 可轉讓定期存單

(C) 商業本票 　　　　　　　　(D) 附認股權公司債

（　）28. 按投資人所面臨的風險排列，以下四種金融商品的風險通常何者最高？

(A) 國庫券 　　　　　　　　　(B) 公司債

(C) 可轉換公司債 　　　　　　(D) 普通股

（　）29. 何者屬於資本市場之工具？

甲. 可轉換公司債

乙. 銀行承兌匯票

丙. 可轉讓銀行定期存單

丁. 特別股

(A) 僅甲、乙 　　　　　　　　(B) 僅丙、丁

(C) 僅甲、丙 　　　　　　　　(D) 僅甲、丁

（　）30. 資本市場可分為：

(A) 匯率市場和股票市場 　　　(B) 股票市場和債券市場

(C) 外匯市場與債券市場 　　　(D) 金融市場和不動產市場

（　）31. 何者為貨幣市場證券？

(A) 五年期的公司債 　　　　　(B) 普通股

(C) 二十年期的公司債   (D) 三個月期的國庫券

(   ) 32. 2017 年起臺灣證券交易所開放投資人可洽證券商辦理股票、ETF 定
期定額業務，目前開放的定期定額標的，何者為非？
(A) 原型 ETF   (B) 反向型 ETF
(C) 上市股票   (D) 上櫃股票

(   ) 33. 何者不屬於衍生性金融工具？
(A) 期貨契約   (B) 選擇權
(C) 公司債   (D) 遠期契約

1.(C)　2.(C)　3.(D)　4.(A)　5.(A)　6.(C)　7.(D)　8.(D)　9.(D)　10.(D)
11.(A)　12.(C)　13.(B)　14.(A)　15.(D)　16.(A)　17.(B)　18.(C)　19.(A)
20.(C)　21.(D)　22.(D)　23.(A)　24.(C)　25.(D)　26.(D)　27.(D)　28.(D)
29.(D)　30.(B)　31.(D)　32.(B)　33.(C)

● **Chapter 2　習題解析**

2. 甲．外國公司在臺灣發行的存託憑證別稱為臺灣存託憑證 (TDR)，臺灣企業在美國發行的存託憑證別稱為美國存託憑證 (ADR)。
   戊．泰金寶是屬於 DR。

4. 反向型係以追蹤反向 1 倍標的指數為目標的 ETF。

5. 衍生性證券的風險最高，亦具有最高的潛在報酬。

6. 擔保債券有來自第三者的信用保證（如銀行）或發行機構提供特定資產予以擔保，以便增加其市場接受度及降低發行利率。

7. 國庫券、商業本票、銀行承兌匯票皆是以貼現方式發行，到期以面額償還。

8. 貨幣市場的金融工具特性是低風險和低報酬、到期日短。

9. 認購權證乃衍生性金融商品，股票和長期公債是資本市場工具，短期公債是貨幣市場工具，以價格波動的風險排序為：認購權證＞股票＞長期公債＞短期公債。

12. 由證券商與投資人間，承作一個結合固定收益商品與選擇權商品的組合型式商品交易，使得結構型商品之投資本金，與所產生的投資報酬，與連結之標的資產產生連動效應。

14. 政府債券是資本市場工具。

15. 普通股和特別股皆可享有公司發放之現金股利。

16. 普通股股東在發行公司辦理現金增資時，有優先認購新股之權利。

17. 代表當標的指數上漲 1.5% 時，ETF 將會上漲 1.5%×2 ＝ 3%。

19. 貨幣市場又可區分成短期票券市場、附加條件交易市場與金融業拆款市場，但沒有集中買賣交易的場所。

21. ETF 交易時間，比照臺灣股市的開盤時間上午 9 時，至下午 1 時 30 分收盤。

23. 在特別股的發行條款中，發行公司在一段期間後，可以按約定的價格贖回特別股的權利，稱為可贖回特別股。

24. 乙 .TDR 之證券交易稅為 1/1000，股票為 3/1000。
    丁 .TDR 和股票以限價或市價委託。

25. 1. 保本型基金會將大部分的資金投資於固定收益證券，同時利用基金的孳息或極小比例的資金從事衍生性金融商品的操作，藉此提高該商品的報酬。
    2. 保本率：可領回的金額／投資本金。
    3. 參與率：投資人可分享高風險性資產獲利的比率。

26. 投資 ETF 仍無法規避市場風險。

28. 普通股風險最高，國庫券風險最低。

29. 乙 . 銀行承兌匯票、丙 . 可轉讓銀行定期存單，皆為貨幣市場之工具。

30. 金融市場可區分成貨幣市場、資本市場、外匯市場和衍生性金融商品市場，而資本市場又區分成股票市場和債券市場。

33. 公司債是資本市場的金融工具。

Chapter 3

證券市場

3-1 證券的發行市場

又稱為初級市場；公司發行有
價證券作為取得資金的場所。

3-1-1 發行市場的參與者

1. 證券承銷商：係指依約定替發行
   人包銷或代銷有價證券，為資金
   供給者與需求者的中介機構。
2. 證券發行者：政府、企業等機構，
   藉由發行有價證券以籌措資金。
3. 投資者：購買證券發行者所發行的有價證券，包括投資公司、金融機構及個
   人投資。

3-1-2 證券的發行方式

1. 公開發行：證券的發行對象是一般的投資大眾。
2. 非公開發行：稱為私下募集，證券的發行對象是少數的特定對象。

3-2 證券的流通市場

　　又稱為次級市場；是指當證券發行後，投資者若要購入或賣出有價證券時所要進入的市場。

3-2-1　流通市場的參與者

1. 證券經紀商及自營商：經紀商負責代客買賣有價證券，再從中賺取手續費的人，自營商是在證券市場自行參與買賣證券且負擔盈虧者。
2. 投資者：機構投資者或個人投資者且企圖買賣證券者。
3. 證券交易所：證券進行買賣交易的場所。
4. 證券金融公司：信用交易的授信機構。
5. 集中保管公司：負責證券集中保管帳簿劃撥的業務。

3-3 證券的店頭市場

3-3-1　意義

是指在證券商營業處所，設置櫃檯進行議價的交易行為，這種交易方式有別於在證券交易所進行的交易型態，而櫃檯買賣是透過個別議價的交易方式，在此交易的股票均為非上市的公司，透過買方與賣方之彼此詢價、出價、議價的方式，最後在買賣雙方都願意的價格下成交。

3-3-2　功能

1. 可提供未上市公司的股票投資人，一個有價證券買賣交易的場所。
2. 可提供一些想上市還未能上市的公司股票流通的場所。
3. 增加證券市場上投資的工具，使投資者可獲得更多的投資機會，市場上多餘資金也有其他的投資選擇。

3-4 證券交易所

3-4-1 意義

　　證券交易所是指設置場所及設備，以供給有價證券集中交易為目的之法人。

3-4-2 設置標準

　　每一個證券交易所，以開設一個有價證券集中交易市場為限。

3-4-3 證券交易所組織型態

1. 公司制：公司制的證券交易所，是以股份有限公司為限。
2. 會員制：會員制的證券交易所，是以非營利為目的之社團法人，會員是以證券自營商及證券經紀商為限。

3-4-4 上市、上櫃股票與興櫃股票

1. 股票交易場所，可區分為：
   (1) 集中市場交易之上市股票：是指所有在臺灣證券交易所掛牌交易的股票（含科技類）。
   (2) 店頭市場交易之上櫃股票：上櫃股票則指於證券櫃檯買賣中心掛牌交易的股票。
   (3) 興櫃股票：自 2002 年元月起，為推動未上市（櫃）股票交易透明化，其交易的審核由證券櫃檯買賣中心負責。

2.上市股票

上市股票依上市審查標準可區分為「一般類」及「科技類」。

	一般類	科技類
設立年限	3 年以上	無
資本額	新臺幣 6 億元以上	新臺幣 3 億元以上
股權分散	1.記名股東人數在 1,000 人以上。 2.公司內部人及該等內部人持股逾 50% 之法人以外之記名股東人數不少於 500 人，且其所持股份合計占發行股份總額 20% 以上或滿 1,000 萬股者。	1.記名股東人數在 1,000 人以上。 2.公司內部人及該等內部人持股逾 50% 之法人以外之記名股東人數不少於 500 人。
獲利能力	1.最近一年會計年度決算無累計虧損者。 2.營業利益及稅前純益占年度決算之財務報告所列市股本比率符合下列標準之一。 (1) 最近兩個會計年度均達 6% 以上者。 (2) 最近兩個會計年度均達 6% 以上，且最近一個會季年度之獲利能力較前一會季年度為佳者。 (3) 最近五個會計年度均達 3% 以上者。	最近期財務報告及其最近一個會計年度財務報告之淨值不低於財務報告所列示股本三分之二者。
推薦證券商家數	1 家以上	經證券承銷商書面推薦者
其他		產品或技術開發成功且具市場性，經本公司取得中央目的事業主管機關出具之評估意見者。

3. 上櫃股票

	一般類	科技類
設立年限	2 年以上	無
資本額	新臺幣 5,000 萬元以上	無
股權分散	1. 持有 1,000 股至 50,000 股之小股東人數在 300 人以上。 2. 持有 1,000 股至 50,000 股之小股東之持股總數總額占公司總發行額之 10% 或 500 萬股以上。	1. 持有 1,000 股至 50,000 股之小股東人數在 300 人以上。 2. 持有 1,000 股至 50,000 股之小股東之持股總數總額占公司總發行額之 10% 或 500 萬股以上。
獲利能力	合於以下條件之一： 1. 營業利益及稅前純益占實收資本額之比率最近一年度達 4%，且無累計虧損。 2. 營業利益及稅前純益占實收資本額之比率最近兩年均達 3%。 3. 營業利益及稅前純益占實收資本額之比率最近兩年平均達 3%，且後一年較前一年為佳。	無
推薦證券商家數	2 家以上證券承銷商書面推薦。	2 家以上證券承銷商書面推薦。
其他	於興櫃股票上市滿六個月以上。	於興櫃股票上市滿六個月以上。

4. 興櫃股票

申請為興櫃股票之公司，並無營業利益、稅前純益等獲利能力之要求，也無資本額、設立年限、股東人數之資格規定，僅需符合下列條件：

(1) 已申報上市或上櫃輔導。

(2) 經兩家以上證券承銷商書面推薦。

(3) 在證券櫃檯買賣中心設有專業股務代理機構辦理股務。

3-5 我國股票投資實務與流程

3-5-1 開戶

1. 投資人欲買賣有價證券應委託證券
   經紀商辦理，投資人應填印鑑卡、開
   戶基本資料、客戶自填徵信資料表，
   與委託買賣證券收託契約書等文件。

2. 下列三類人士不得交易
   (1) 未具備行為能力或未獲法定代理人代理或允許者。
   (2) 未能避免利益衝突者，例如證券主管官員、證交所職員、政府機關出納
       人員等。
   (3) 有資料顯示將可能會違反交易制度或法令者。

3-5-2 委託方式與委託單

1. 投資人進行交易時可用當面委託、電話委託、網際網路委託、IC 卡委託、
   電報或書信委託。
2. 委託單的類型
   (1) 所有交易委託單基本上均為當日交易時間內有效。
   (2) 投資人如欲買進時，所採用的為紅色之買入委託單，若投資人已開立信
       用帳戶並希望以融資買進，則委託單上將註明為融資買進。
   (3) 投資人如欲賣出時，所採用的為藍色之賣出委託單，若投資人已開立信
       用帳戶並希望以融券賣出，則委託單上將註明為融券賣出。
   (4) 數量限制：一般為普通交易，交易數量限制於 1 至 499 張。
3. 委託交易價格
   當股票交易是以整股（一張等於一千股）交易時，需採用「逐筆交易」的方
   式，即投資人下單後成交價格到隨即撮合。
   逐筆交易撮合順序：原則為「市價 > 限價」及「價格優先 > 時間優先」，
   若遇委託價格相同狀況，則依「時間優先」原則，決定委託單的優先順序。

3-5-3 交易相關規定

1. 交易型態與時間：一般交易不論是證交所或櫃買中心，交易的股數為一千股或其倍數，由於股票每一千股為一張，故交易幾張，即代表交易多少千股之意，最高限額為 499 張。

2. 交易時間：每週一至週五上午 9 時至下午 1 時 30 分，週六、週日及國定假日休市不交易，投資人於上午 8 時 30 分即可開始委託。

3. 盤後定價交易：此種交易是在下午 1 時 30 分收盤後，各種股票以當日收盤價為單一價進行交易之方式，其交易單位與一般交易相同。收盤價是當日正常交易時間結束前最後一筆交易之成交價，如果個別股票當日沒有成交記錄，則當日支盤後定價交易暫停。交易的時間為每週一至週五下午 2 時至 2 時 30 分。

4. 其他交易：除了一般交易與盤後定價交易外，證交所與櫃買中心均訂有零股交易，與鉅額交易的交易方式與交易時間。

5. 交易變動單位：是指買賣報價必須以一基本單位做變動，此一基本變動單位稱為「一檔」，個別股票依其價位的高低有不同的最小變動單位，如下表所示：

每股市價	最小變動單位
0-10 元	0.01 元
10-50 元	0.05 元
50-100 元	0.1 元
100-500 元	0.5 元
500-1,000 元	1 元
1,000 元以上	5 元

6. 價格單日最大變動幅度

現行制度之單日最大變動幅度規定為：前一日收盤價之上下 10%，即當交易價格上漲達到前一日收盤價之 110% 時稱為「漲停板」，即為當日最高可能成交價，而當交易價格下跌達到前一日收盤價之 90% 時稱為「跌停板」，即為當日最低可能成交價。

3-5-4　交易相關費用

1. 證券交易稅

   投資人於賣出證券時，不論盈虧，皆需按成
   交金額的千分之三課徵。

2. 證券交易所得稅

   (1) 課稅方式：分開計稅、合併報繳。

   (2) 單一稅率：15%。

   (3) 所得＝出售收入－原始取得成本－必要費用。

   (4) 盈虧互抵：當年度自同一個人證券交易所得中減除，虧損不得後延。

   (5) 長期持有優惠：持有股票一年以上，所得稅減半；首次公開發行的股票
       於上市、上櫃以後繼續持有滿三年以上者，按所得四分之一課稅。

3. 股利所得稅

   納入綜合所得稅課徵，但法人收到的股利，不計入所得課稅。

4. 證券交易手續費

   現行僅規定其上限為股票成交金額之千分之一點四二五，投資人不論是買入
   或賣出股票均須繳納此一費用，僅定有上限，投資人實際支付之手續費仍需
   和證券商議定。

3-5-5　信用交易

1. 有價證券得為融資融券的標準

   (1) 上市滿六個月且每股淨值在票面以上之普
       通股股票。

   (2) 上櫃滿六個月且每股淨值在票面以上，該
       發行公司符合下列各款規定者：

       A. 設立登記屆滿五年以上。

       B. 實收資本額達新臺幣三億元以上。

       C. 最近一個會計年度決算無累積虧損，且營業利益及稅前純益年度決算
          實收資本額比率達百分之三以上。

   (3) 上述股票無股價波動過度劇烈、股權過度集中與成交量過度異常者。

   (4) 被公告信用交易股票買賣之限制為 1 至 499 張。

2. 得為信用交易的投資人
    (1) 年滿二十歲有行為能力之中華民國國民，或依中華民國法律組織登記之法人。
    (2) 開立受託買賣帳戶期滿三個月。
    (3) 最近一年委託買賣成交十筆以上，累計成交金額達所申請融資額度之百分之五十，其開立受託買賣帳戶未滿一年者亦同。
    (4) 最近一年之所得及各種財產，合計達所申請融資額度之百分之三十，惟申請融資額度未逾新臺幣五十萬元者不適用。
3. 融資交易條件
    (1) 上市有價證券融資比率：百分之六十。
       上櫃有價證券融資比率：百分之五十。
    (2) 融資期限：期限原則為六個月，得申請延期六個月，並以一次為限。
4. 融券交易條件
    (1) 上市與上櫃有價證券之保證金成數均為百分之九十。
    (2) 融資額度：每戶最高融券限額為四千萬元（與上櫃股票共用額度），對上市單一個股融券限額為一千萬元；上櫃單一個股融券限額為七百五十萬元。
    (3) 融資期限：期限原則為六個月，得申請延期六個月，並以一次為限。
5. 整戶擔保維持率
    (1) 計算方式為：

$$\frac{融資擔保市值 + 融券擔保品價款及保證金}{原融資金額 + 融券標的證券市值} \times 100\%$$

    (2) 擔保維持率低於 120% 時，授信機構應即通知信用交易戶，於通知送達日起兩個營業日內補繳。
6. 當日沖銷
    所謂當日沖銷是指投資人利用其信用交易，於同一交易日對同一種有價證券融資買進與融券賣出相同數量，即先融資買進再融券賣出或先融券賣出再融資買進，得於成交次日後以現金償還融資及現券償還融券方式，將應收與應付證券及款項抵沖，僅計算淨收與淨付差額。

3-6 股價指數的編製方法

3-6-1　市場價值加權法

　　臺灣加權股價指數、美國 S&P500 股價指數與東京證券交易所股價指數均採市場價值加權法編製。公式如下：

$$市場價值加權股價指數 = \frac{當期總發行市值}{基期總發行市值} \times 100\%$$

　　例如：某股價指數包含甲、乙兩種股票，兩股票之發行股數分別為 200 股及 400 股，基期時兩股票之價格分別為 30 元及 10 元，目前的兩股票之價格分別為 28 元及 10.5 元，如果基期的股價指數為 500 點，依市場價值加權則當期的股價指數為何？

　　說明：

　　基期總發行市值 = 200×30 + 400×10 = 10,000，

　　當期總發行市值 = 28×200（甲公司的市值）+

　　　　　　　　　10.5×400（乙公司的市值）= 9,800，

$$市場價值加權股價指數 = \frac{當期總發行市值}{基期總發行市值} \times 100\% = \frac{9,800}{10,000} \times 100\%$$
$$= 0.98。$$

　　表示當期的發行市值是基值的 0.98 倍，如果基期的股價指數為 500 點，則當期的股價指數為 500×0.98 = 490 點。

　　甲股票的發行市值占總發行市值的比重為 $\frac{28 \times 200}{9,800} = 0.5714$，

　　如果甲股票的股價上升 1%，則股價指數上升 1%×0.5714 = 0.5714%。

　　乙股票的發行市值占總發行市值的比重為 $\frac{10.5 \times 400}{9,800} = 0.4285$，

　　如果乙股票的股價上升 1%，則股價指數上升 1%×0.4285 = 0.4285%。因此，發行公司的市值越大，影響市場價值加權股價指數越大。

市場價值加權股價指數受哪一類的股票價格變動之影響最大？

(A) 股價高的股票 (B) 交易量大的股票 (C) 總市值高的股票 (D) 股本大的股票

（107 年第 3 次高業投資學）

答：**(C)**

3-6-2　簡單算術平均法

美國的道瓊 (Dow Jones) 和日本的日經指數皆採簡單算術平均法編製。公式如下：

$$簡單算術平均股價指數 = \frac{當期股價的平均}{基期股價的平均} \times 100\%$$

$$當期股價平均 = \frac{\sum_{i=1}^{n} P_{i,t}}{n}$$

$$基期股價平均 = \frac{\sum_{i=1}^{n} P_{i,o}}{n}$$

n 為公司家數

例如：某股價指數包含甲、乙、丙三種股票，三種股票之發行股數分別為 100 股、200 股、300 股，基期三股票之收盤價分別為 30 元、20 元、10 元，基期股價指數為 1,200，若當日三股票之收盤價分別為 32 元、19 元、11 元，依簡單算術平均方式計算，則當日的股價指數為何？

說明：

$$簡單算術平均股價指數 = \frac{當期股價平均}{基期股價平均} = \frac{\dfrac{32+19+11}{3}}{\dfrac{30+20+10}{3}}$$

$$= \frac{20.6667}{20} = 1.0333$$

表示當日股價指數是基期股價指數的 1.0333 倍，
如果基期的股價指數為 1,200 點，則當期的股價指數
為 1,200×1.0333 = 1,240 點。

投資IQ加油站

簡單股價平均指數受哪一類的股票價格變動之影響最大？
(A) 股本大的股票 (B) 股價高的股票 (C) 交易量大的股票 (D) 總市
值高的股票

（106 年第 1 次高業投資學）

答：**(B)**

3-6-3　配股、配息

公司將賺的盈餘分配給股東的形式。配息：發放現金股利給股東。配股：
配發股票股利，也把錢用來增加公司的股本，將股本的所有權配發給股東。

3-6-4　除權、除息

除權除息的概念是認為，如果發放出 1,000 萬元股利，股價就要向下調
整，減少 1,000 萬市值。因為這 1,000 萬是從公司內部轉移到股東身上的。市
值會用調降股價來減少，就是除權、除息。

1.除息：就是配發現金股利，股價扣除相應市值，除息的計算即配發 1 元的
　現金股利，股價就減少 1 元。

　計算公式如下：

除息後股價＝除息前股價－現金股利（元）

例如：甲公司股票股價 100 元，每股配 2 元現金股利，除息後股價 = 100 －
2 = 98 元，某乙有 1 張（1,000 股）甲公司股票，除息前市值 10 萬 (1,000
×100) 元。

除息後可以得到 2,000 (1,000×2) 元的現金股利，但股價除息後，變成 98

元，於是某乙擁有的變成 2,000 元現金股利，和市值 98,000 元的股票。

因此總價值還是 10 萬 (2,000 + 98,000) 元。

2. 除權：就是發放股票股利，股價扣除相應市值，除權的概念是，如果股本膨脹 1 倍，股價就應該減少 1 倍。

例如：甲公司股票股價 100 元，甲公司將發放 1 元的股票股利，而一股是 10 元，所以配股率為 0.1(1/10)。

計算公式如下：

$$除權後股價 = \frac{除權前股價}{1 + 股票股利配股率}$$

$$除權後股價 = \frac{100}{1 + 0.1} = 90.90 \ 元$$

某乙有 1 張（1,000 股）甲公司股票，配股前市值 10 萬元，配股後，某乙會拿到 100 股 (0.1×1,000) 甲公司股票，總股數變成 1,100 (100 + 1,000) 股，股價除權後，會變成 90.90 元，某乙的總市值仍是 10 萬 (1,100×90.90) 元。

3. 同時配發現金股利和股票股利

計算公式如下：

$$除權除息後股價 = \frac{除權除息前股價 - 現金股利}{1 + 股票股利配股率}$$

例如：甲公司股票股價 100 元，配發 2 元現金股利，和 1 元股票股利。

$$除權息後股價 = \frac{100 - 2}{1 + 0.1} = 89.09 \ 元。$$

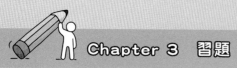

Chapter 3　習題

( )　1. 何者是股票在集中市場交易的功能？
　　　(A) 免證券交易稅　　　　　　(B) 價格資訊透明
　　　(C) 保證無風險　　　　　　　(D) 交易成本高

( )　2. 證券的價格決定於：
　　　(A) 大多數人的交易決策　　　(B) 投資銀行
　　　(C) 交易所　　　　　　　　　(D) 發行公司

( )　3. 股票的流動性風險與下列何者較有關？
　　　(A) 公司的獲利能力　　　　　(B) 股票的成交量
　　　(C) 股票價格的高低　　　　　(D) 利率

( )　4. 一般而言，市場報酬率利用何者計算而得？
　　　(A) 加權股價指數　　　　　　(B) 各上市公司的報酬率
　　　(C) 產業股價指數　　　　　　(D) 選項 (A)、(B)、(C) 皆非

( )　5. 除權前一日之收盤價與除權參考價之差稱為？
　　　(A) 股票股利　　　　　　　　(B) 權值
　　　(C) 息值　　　　　　　　　　(D) 息票

( )　6. 為了使臺灣股票市場更有效率性，政府可以採取何種措施？
　　　(A) 提高散戶比例　　　　　　(B) 取消漲跌幅限制
　　　(C) 落實護盤機制　　　　　　(D) 選項 (A)、(B)、(C) 皆是

( )　7. 簡單股價平均指數受哪一類的股票價格變動之影響最大？
　　　(A) 股本大的股票　　　　　　(B) 股價高的股票
　　　(C) 交易量大的股票　　　　　(D) 總市值高的股票

( )　8. 市場價值加權股價指數受哪一類的股票價格變動之影響最大？
　　　(A) 股價高的股票　　　　　　(B) 交易量大的股票
　　　(C) 總市值高的股票　　　　　(D) 股本大的股票

(　)　9. 甲股票占臺灣證券交易所編製之股價指數比重較大，是因為甲股票之：

(A) 股價較高 　　　　　　(B) 股本較大

(C) 盈餘較多 　　　　　　(D) 市值較大

1.(B)　2.(A)　3.(B)　4.(A)　5.(B)　6.(B)　7.(B)　8.(C)　9.(D)

● **Chapter 3　習題解析**

1. 在集中市場公開交易，使股價資訊透明化。

2. 證券的價格是由買方和賣方共同決定的。

3. 股票的成交量越低，表示參與買賣的情況很少，如果要在市場上出售可能不容易有人願買入，此為流動性風險。

4. 加權股價的指數是表示，當期的發行總市值是基期的發行總市值的倍數，或是上市的百分比，所以視為大盤的市場報酬率。

5. 除權參考價＝$\dfrac{除權前一日之收盤價}{1＋股票股利配股率}$，

　除權參考價（1＋股票股利配股率）＝除權前一日之收盤價，

　除權參考價＋除權參考價 × 股票股利配股率＝除權前一日之收盤價，

　除權前一日之收盤價－除權參考價＝除權參考價 × 股票股利配股率＝權值。

7. 簡單算術平均股價指數＝$\dfrac{當期股價平均值}{基期股價平均值} \times 100 = \dfrac{\dfrac{\sum_{i=1}^{n} P_{i,t}}{n}}{\dfrac{\sum_{i=1}^{n} P_{i,o}}{n}} \times 100$。

　故股價 $(P_{i,t})$ 高的股票會影響簡單算術平均股價指數。

8. 市場價值加權股價指數＝$\dfrac{當期總發行市值}{基期總發行市值} \times 100$，故總市值高的股票會影響市場價值加權股價指數。

Chapter **4**

共同基金與各類投資公司

投資公司 (Investment Company) 屬金融中介機構,它向個別投資人募集資金,再將資金投資於各類有價證券及資產中。

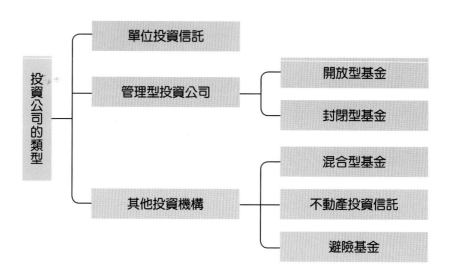

4-1-1 單位投資信託

透過募集資金建構投資組合,組合的成分在基金存續時固定不變。

4-1-2 管理型投資公司

分成兩類,開放型基金 (Open-end Funds) 的贖回及發行以淨值為基準,該類基金投資人可隨時以淨值將持股賣回給基金公司(要求基金公司贖回)。封閉型基金 (Closed-end Funds) 不接受投資人的贖回要求,也不會在發行後銷售新股。

4-1-3 其他投資機構

1. 混合型基金 (Commingled Funds):是由不同基金集合而成。
2. 不動產投資信託 (Real Estate Investment Trusts, REITs):型態類似封閉式基金,投資標的為不動產或不動產抵押貸款。

3. 避險基金 (Hedge Funds)：募集對象是
   巨額交易或機構投資人，上述投資人將
   聚集的資產，交由基金經理人管理的另
   一種投資工具。

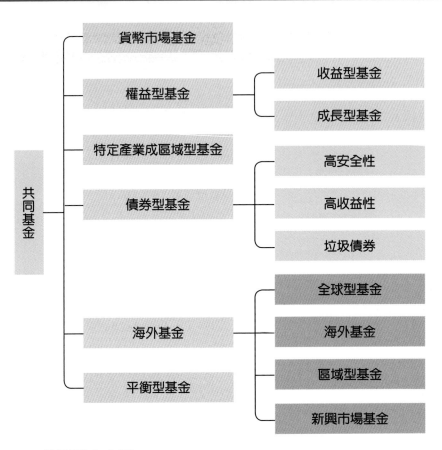

4-2-1 共同基金定義

由證券投資信託公司以發行受益憑證的方式，召募社會大眾的資金，累積成為一筆龐大資金後，委由專業的基金經理人管理並運用其資金於適當之管道，如：股票、債券等，當其投資獲利時則由投資大眾分享，賠錢時由投資大眾分攤，證券信託投資公司則賺取基金的手續費與管理費。

4-2-2　共同基金的組織型態

組織型態	特性
契約制 (Contract Type)	1. 基金公司、保管銀行、投資人三方共同訂立信託契約，並受其契約規範。 2. 基金公司發行受益憑證給予投資人並操作基金，而產生的利潤則歸於投資人。 3. 保管銀行則負責保管基金的資產。
公司制 (Company Type)	公司發行股份，由投資人購買公司的股票，進而成為股東，待基金達成立規模後再和基金公司訂約，委請其管理及運作此基金。

4-2-3　以基金註冊地點區分

境外 / 國內	特性
境外基金 (Offshore Fund)	1. 登記註冊地於我國以外地區，由國外基金公司發行的基金，經行政院金融監督管理委員會（簡稱金管會）證券期貨局核准後在國內銷售。 2. 境外基金計價幣別為外幣，絕大多數為美元計價。
國內基金 (Onshore Fund)	1. 登記註冊於我國地區，由國內投信公司發行的基金，經行政院金融監督管理委員會（簡稱金管會）證券期貨局核准後在國內募集及銷售，並受到臺灣相關證券法規所規範。 2. 國內基金計價幣別為新臺幣。

4-2-4　以基金交易方式區分

交易方式	特性
開放型 (Open-ended Fund)	1. 基金的規模是變動，投資人可隨時買入或賣出基金。 2. 交易須透過投信公司依每日淨值進行買賣。 3. 投信公司每日公告淨值（註）。
封閉型 (Close-ended Fund)	1. 基金的規模是固定，當發行期滿或達到預定基金規模時，將不再接受投資人申購或贖回。 2. 交易須透過集中市場依市價進行買賣。 3. 基金公司計算每日淨值。當市價高於淨值，即為溢價；當市價低於淨值，即為折價。

【註】基金淨值：

　　基金淨值表示共同基金的實際價值，計算的公式為：

$$基金淨值 = \frac{基金總資產 - 基金總負債}{基金總單位數}$$

　　即基金所擁有的總資產價值，減去所有的負債和平均攤提的開銷成本後，所得的淨資產價值再除以該基金發行在外的總單位數，即得到**每一單位基金的淨資產價值，亦為基金淨值。**

投資IQ加油站

　　有關臺灣之開放型共同基金的敘述，何者正確？

　　(A) 提供投資人保證的報酬率 (B) 基金規模固定 (C) 於集中市場交易 (D) 投資人可依淨資產價值買賣

　　　　　　　　（106 年第 4 次普業證券投資與財務分析）

答：**(D)**

投資IQ加油站

　　以下關於封閉型與開放型基金的敘述，何者為非？

　　甲 . 封閉型基金以淨值交易

　　乙 . 封閉型基金的規模不會改變，開放型則會

　　丙 . 封閉型基金可轉型成開放型基金

　　丁 . 開放型基金在集中市場交易，封閉型基金則否

　　(A) 甲、丙 (B) 乙、丙 (C) 丙、丁 (D) 甲、丁

　　　　　　　　（106 年第 4 次普業證券投資與財務分析）

答：**(D)**

4-2-5 操作方式分類

操作方式	特性
主動型基金	基金經理人採主動的操作策略，追求最佳的績效。
指數型基金	基金經理人採追蹤技術，使得基金的表現能與相對應指數相近。

4-2-6 以基金投資區域區分

一般而言何種股票共同基金的分散風險的效果最大？

(A) 大型股基金 (B) 中小型基金 (C) 全球基金 (D) 亞洲基金

（106 年第 3 次高業投資學）

答：(C)

4-2-7　以基金投資目標區分

4-2-8　以基金投資標的區分

類型	定義
股票型基金 (Equity Fund)	1. 以上市、上櫃公司股票等有價證券為主要投資標的，投資股票總額達基金淨值 70% 以上。 2. 以追求長期資本增值為主要目的，具有高報酬高風險的特性。
債券型基金 (Bond Fund)	1. 以債券為主要投資標的。 2. 以追求穩定收益為主要目的。 3. 債券價格波動通常較股票小，並且會有固定配息收入，但並非投資債券型基金便可以穩賺不賠，其仍會受到景氣走勢以及通膨狀況之影響，而可能有本金虧損的機會。

類型	定義
平衡型基金 (Mixed Asset Fund)	1.同時投資於股票以及債券的共同基金。 2.以兼顧長期資本增值以及穩定收益為主要目的。 3.投資於股票的金額占基金淨資產的 70% 以下且不低於 30%。
貨幣市場基金 (Money Market Fund)	1.以平均存續期間小於 180 天的貨幣市場工具為主要投資標的，例如：定期存單、短天期票券、商業本票、銀行存款等。 2.具有高度的本金保障以及良好流動性。
指數型基金 (Index Fund)	1.根據所選定指數的採樣股票成分與比重，決定該基金投資組合之個股的成分與比重。 2.目標是以基金淨值的漲跌和指數的漲跌相同。
指數股票型基金 (Exchange Traded Fund, ETF)	1.「被動式管理」為指數股票型基金主要特色，操作的重點在於追蹤指數以期與標的指數走勢相同。 2.在證券交易所買賣，兼具基金及股票特性之產品。
組合型基金 (Fund of Funds)	是以基金為主要投資標的，又可稱為「基金中的基金」。
傘型基金 (Umbrella Fund)	1.傘型基金是由具有不同投資標的、投資策略、投資地區，及不同風險程度的子基金所組合而成的基金集合。 2.子基金各自有基金經理人依不同投資策略進行操作，故其管理相互獨立。

Chapter 4

共同基金與各類投資公司

下列哪一項基金之風險最高？

(A) 平衡型基金 (B) 指數型基金 (C) 全球型基金 (D) 產業型基金

（106 年第 2 次普業證券投資與財務分析）

答：**(D)**

一般來説，下列何種基金之風險最低？

(A) 貨幣市場基金 (B) 平衡型基金 (C) 債券型基金 (D) 股票型基金

（106 年第 3 次高業投資學）

答：**(A)**

4-2-9 投資共同基金基金優點

1. 專業投資管理

共同基金是由專業基金經理人進行資金操作管理，同時基金公司均擁有研究分析團隊協助基金經理人，隨時因應市場變化有效調整投資策略，所以共同基金是完全不懂投資理財的投資人一個很好的選擇。

2. 投資門檻低

投資人只要每月小額扣款即可投資於全球股市或債券，投資門檻低同時也具有分散投資風險之效果。

3. 多樣化投資標的

共同基金依投資區域、投資標的、產業之不同，可發展出不同類型的基金以滿足投資人投資需求。

4. 流動性佳

投資人可依本身需求隨時提出基金贖回之申請。以開放型基金為例，國內基金贖回款大約三至五個工作天即可入帳，境外基金贖回款大約五至七個工作天即可入帳。

5. 分散投資風險

共同基金可分散投資於全球、區域或單一國家的不同投資標的，可有效達到風險分散之效果，即風險程度為單一國家＞區域＞全球。

4-2-10　投資共同基金的風險

1. 市場風險：

投資的基金淨值或價格，會因投資標的市場價格而上漲或下跌，造成投資上的損失。

2. 財務風險：

所投資標的的不同也會產生不同的風險，如投資債券基金時，必須對債信進行評估，以免無法收回本金及利息；投資股票基金時，必須考量是否會因該公司經營不善而使股票價值狂跌，無法分配股利。

3. 利率風險：

利率的變化對債券或貨幣市場投資，可能會帶來造成虧損的風險，而海外基金因各國或各地區的利率水準不同而風險高低也不一樣。

4. 購買力風險：

基金的獲利若低於物價上漲的幅度，實質上是購買力損失。

5. 匯率風險：

投資海外基金，通常基金的淨值以美元或其他外幣作為計價基礎，若投資的基金幣值相對新臺幣升值，則有匯兌利益，反之，若投資基金的幣值相對新臺幣貶值，則有匯兌損失。

4-2-11 衡量基金績效的各項指標

衡量指標	內容
平均報酬率 $$\mu_i = \frac{\sum_{i=1}^{n} R_i}{n}$$	1. 評估報酬期間包括過去一個月、三個月、六個月、一年、三年、五年、十年及自基金成立日起至今第七個評估期間。 2. 基金過去一年以內的績效，可視為短期績效，三年為中期績效，三年以上為長期績效。 3. 中、長期績效較能反應基金經理人的能力；短期績效則反應基金經理人之基本理念、操作型態是否與最近市場走勢一致。
標準差 $$\sigma_i = \sqrt{\frac{\sum_{i=1}^{n}(R_i - \bar{R})}{n}}$$	標準差越大代表報酬率波動越大，即總風險越高。
貝它係數 (Beta Coefficient) $$\beta_i = \frac{\Delta R_i}{\Delta R_M}$$	1. $\beta_i = \frac{\Delta R_i}{\Delta R_M} > 1 \rightarrow \Delta R_i > \Delta R_M$，共同基金報酬率的變動大於全體市場報酬率的變動。 2. $\beta_i = \frac{\Delta R_i}{\Delta R_M} = 1 \rightarrow \Delta R_i = \Delta R_M$，共同基金報酬率的變動等於全體市場報酬率的變動。 3. $\beta_i = \frac{\Delta R_i}{\Delta R_M} < 1 \rightarrow \Delta R_i < \Delta R_M$，共同基金報酬率的變動小於全體市場報酬率的變動。
夏普指數 (Sharpe Ratio) $$\frac{R_i - R_f}{\sigma_i}$$	夏普指數是指，共同基金每承擔一單位投資組合總風險 (σ_i) 所帶來的超額報酬 $(R_i - R_f)$。所謂超額報酬是基金過去一年平均月報酬率 (R_i) 超過平均月定存利率 (R_f) 的部分。 1. $\frac{R_i - R_f}{\sigma_i} = 0 \rightarrow R_i = R_f$，則表示每承擔一分風險所得到的實際報酬和銀行定存利率相同。 2. $\frac{R_i - R_f}{\sigma_i} > 0 \rightarrow R_i > R_f$，則表示每承擔一分風險所得到的實際報酬高於銀行定存利率。 3. $\frac{R_i - R_f}{\sigma_i} < 0 \rightarrow R_i < R_f$，則表示每承擔一分風險所得到的實際報酬低於銀行定存利率。

成本	內容
1. 申購手續費	1. 海外的股票型基金的申購手續費大多為 2.5 ～ 3%。 2. 債券型基金為 1.5%。
2. 信託管理費	1. 透過銀行購買基金時所需支付的費用，大部分在贖回時收取。 2. 金額為每支基金現值的 0.2%。
3. 保管費	1. 從基金的淨值內直接扣除。 2. 該費用是基金公司支付培訓專業人才或研究相關趨勢的支出。
4. 轉換手續費	目前各銀行收取金額為 500 元，且規定只能同家公司裡的基金相互轉換。

投資IQ加油站

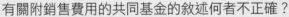

有關附銷售費用的共同基金的敘述何者不正確？

(A) 投資人通常只有在購買時才需支付銷售費用 (B) 銷售費用會使投資人的淨投資額減少 (C) 對長期投資人而言，銷售費用對其報酬率影響較小 (D) 附銷售費用的共同基金，通常績效較佳

（107 年第 3 次高業投資學）

答：**(D)**

收益	內容
資本利得	共同基金投資於各種金融商品，可能因其低買高賣而賺取價差。
匯率損益	投資於海外共同基金時，因其計價的單位為外幣，所以當匯率有所波動時自然也就會影響基金的收益。
利息收入	1.共同基金若投資於股票，該公司的配股或配息，稱為股利收入。 2.共同基金若投資於金融機構（活存、定存）或購買債券，該金融商品所產生利息收入。

投資IQ加油站

投資 ETF 之敘述何者不正確？

(A) ETF 的投資報酬有兩類，買賣價差及持有 ETF 所派發的股息收入 (B) 投資 ETF 可能有市場風險、被動式風險及追蹤風險 (C) ETF 屬於被動式管理 (D) 投資 ETF 可以規避市場風險

（107 年第 3 次高業投資學）

答：**(D)**

投資IQ加油站

國內共同基金由下列何單位核准募集？

(A) 證券投資信託及顧問商業同業公會 (B) 臺灣證券交易所 (C) 櫃檯買賣中心 (D) 金融監督管理委員會

（107 年第 2 次高業投資學）

答：**(D)**

(　) 1. 所謂 No-Load 共同基金，是指該基金不收：

(A) 管理費　　　　　　　　　(B) 保管費

(C) 銷售手續費　　　　　　　(D) 轉換手續費

(　) 2. 投資共同基金之好處為：

甲 . 可保證獲取高於市場平均之報酬率

乙 . 可分散投資分險

丙 . 可透過專家操作管理

丁 . 基金市價往往高於其淨值，可創造價值

(A) 僅甲、乙　　　　　　　　(B) 僅乙、丙、丁

(C) 僅乙、丙　　　　　　　　(D) 僅甲、丙

(　) 3. 有關附銷售費用的共同基金的敘述何者不正確？

(A) 投資人通常只有在購買時才須支付銷售費用

(B) 銷售費用會使投資人的淨投資金額減少

(C) 對長期投資人而言，銷售費用對其報酬率影響較小

(D) 附銷售費用的共同基金，通常績效較佳

(　) 4. 下列三種基金依風險大小排列應為：

I. 股票型基金；II. 組合型基金；III. 債券型基金

(A) I ＞ III ＞ II　　　　　　(B) I ＞ II ＞ III

(C) II ＞ I ＞ III　　　　　　(D) II ＞ III ＞ I

(　) 5. 一般而言，何種股票型共同基金的分散風險的效果最大？

(A) 大型股基金　　　　　　　(B) 中小型基金

(C) 全球基金　　　　　　　　(D) 亞洲基金

(　) 6. 組合型基金的優點為：

甲 . 減少挑選基金的複雜性

乙 . 分散單一基金操作績效不佳的風險

丙 . 在資產配置上較不受限

(A) 僅甲、乙 　　　　　　　　(B) 僅乙、丙

(C) 僅甲、丙 　　　　　　　　(D) 甲、乙、丙皆是

（　）7. 一般來説，下列何種基金之風險最低？

(A) 貨幣市場基金 　　　　　　(B) 平衡型基金

(C) 債券型基金 　　　　　　　(D) 股票型基金

（　）8. 投資國內債券型基金之好處為：

甲. 風險較小

乙. 可獲得高於市場的報酬率

丙. 可獲得穩定的收益

丁. 可獲得基金之溢價

(A) 僅甲、乙、丙 　　　　　　(B) 僅甲、乙、丁

(C) 僅甲、丙 　　　　　　　　(D) 僅丙、丁

（　）9. 何者為避險基金之特色？

甲. 資訊透明度高

乙. 可小額投資

丙. 追求絕對報酬

丁. 又稱對沖基金

(A) 僅甲、乙 　　　　　　　　(B) 僅乙、丙

(C) 僅丙、丁 　　　　　　　　(D) 甲、乙、丙與丁皆是

（　）10. 欲比較評估某基金之投資績效，則應將該基金之報酬率與下列何種
標準比較方為合理？

(A) 同業拆款利率

(B) 銀行平均一年定存利率

(C) 所有基金之平均報酬率

(D) 風險性質相同之其他基金報酬率

（　）11. 臺灣 50ETF（指數股票型基金）與一般開放型基金之比較，何者正
確？

甲. 在基金管理費用上，臺灣 50ETF 較低，一般開放型基金較高

乙．臺灣 50ETF 可以放空，一般開放型基金則不行

丙．兩者均無折溢價的問題

(A) 僅甲、乙   (B) 僅乙、丙

(C) 僅甲、丙   (D) 甲、乙、丙均正確

( )12. 假設滬深 300 指數單日大跌 8.7%，則有關其反向型 ETF 的表現，下列何者正確？

(A) 漲幅限制為 10%

(B) 漲幅可能高於 8.7%，但不會超過 10%

(C) 漲幅可能低於 8.7%

(D) 無漲跌幅限制

( )13. 有關臺灣之開放型共同基金的敘述，何者正確？

(A) 提供投資人保證的報酬率 (B) 基金規模固定

(C) 於集中市場交易   (D) 投資人可依淨資產價值買賣

( )14. 若小達欲 100% 投資於較低風險的資產中，且不想花時間管理其投資組合，下列何者較適合他？

(A) 貨幣市場基金   (B) 成長型股票基金

(C) 數種不同的貨幣市場工具 (D) 數種不同的股票

( )15. 何者不是封閉型基金的特性？

(A) 基金規模不會改變

(B) 在集中交易市場交易

(C) 以淨值的漲跌為基金買賣的價格

(D) 投資者不能向基金公司要求贖回

( )16. 何者不是開放型基金的特性？

(A) 有存續期限   (B) 基金規模會改變

(C) 以基金淨值為買賣價格 (D) 可向基金公司要求贖回

( )17. 以下關於封閉型與開放型基金的敘述，何者為非？

甲．封閉型基金以淨值交易

乙．封閉型基金的規模不會改變，開放型則會

丙. 封閉型基金可轉型成開放型基金

丁. 封閉型基金可向基金公司贖回

(A) 甲、丙　　　　　　　　　(B) 乙、丙

(C) 丙、丁　　　　　　　　　(D) 甲、丁

（　）18. 何者不是開放型基金的特性？

(A) 可在集中市場買賣　　　　(B) 基金規模會改變

(C) 以基金淨值為買賣價格　　(D) 可向基金公司要求贖回

（　）19. 下列哪一項基金之風險最高？

(A) 平衡型基金　　　　　　　(B) 指數型基金

(C) 全球型基金　　　　　　　(D) 產業型基金

（　）20. 避險基金 (Hedge Fund) 為規避風險並增加收益，通常會：

甲. 買賣衍生性金融商品

乙. 使用槓桿

丙. 運用買進和放空之投資策略

(A) 僅甲、丙　　　　　　　　(B) 僅乙、丙

(C) 僅甲、乙　　　　　　　　(D) 甲、乙、丙

（　）21. 有關 ETF 的敘述何者正確？

甲. ETF 風險較投資單一標的為高

乙. 是被動式管理

丙. 一般證券投資信託基金不得投資於 ETF

丁. 只需要少許資金，即可參與多家績優股行情

(A) 僅甲、丁　　　　　　　　(B) 僅乙、丙

(C) 僅甲、乙與丁　　　　　　(D) 僅乙、丁

（　）22. 當 ETF 之市價大於淨值，存在套利機會時，套利者應如何操作？

甲. 買進一籃子股票

乙. 賣出一籃子股票

丙. 於市場上賣出 ETF

丁. 於市場上買進 ETF

(A) 僅甲、丙   (B) 僅乙、丁

(C) 僅乙、丙   (D) 僅甲、丁

(　　) 23. 價值型共同基金,通常集中於持有哪類股票?

    (A) 小型股票   (B) 低價股票

    (C) 高股價淨值比股票   (D) 低本益比股票

1.(C)　2.(C)　3.(D)　4.(B)　5.(C)　6.(D)　7.(A)　8.(C)　9.(C)　10.(D)

11.(A)　12.(D)　13.(D)　14.(A)　15.(C)　16.(A)　17.(D)　18.(A)　19.(D)

20.(D)　21.(D)　22.(A)　23.(D)

● **Chapter 4　習題解析**

1. No-Load 是免收銷售費的共同基金。基金投資人支付銷售費，理論上，是補償基金銷售中介提供服務，協助挑選合適的基金。

2. 共同基金具有匯集投資大眾的基金及委由專家操盤的特性，同此除了有風險分散的效果外，亦可彌補一般投資人專業能力的不足。

3. 銷售費可分為認購時支付的申購手續費、贖回時支付的贖回手續費，以及持有期間支付的分攤手續費，銷售費是基金外收的費用，不算進基金的操作費用中。此外，是否收取銷售費對基金的績效並沒有明顯的關聯性。

4. 組合型基金是以其他共同基金為投資標的共同基金，風險分散效果優於一般共同基金。

5. 依投資區域區分，大致可分為全球型、區域型與單一市場型。當投資標的的種類越多，標的之間的報酬率相關性越低，則共同基金的風險越低。

6. 投資組合型基金的好處在於可分散單一經理人的風險，減少投資人自行挑選共同基金的困擾，且風險分散效果優於一般共同基金。

7. 貨幣市場基金是以貨幣市場的金融工具為主要投資標的，主要的功能在於規劃資金的停泊站，待有新的投資機會出現後再行轉出。

8. 係以政府公債、公司債、金融債券等固定收益證券，為主要投資標的共同基金。

10. 相同的風險是指面對的是系統風險或是總風險的情況下作比較。

11. 甲. 在基金管理費上，臺灣 50ETF 為 0.32%，一般開放型基金為 1.5% ～ 1.8%。

乙. 臺灣 50ETF 的交易方式與股票相同，ETF 在上市（櫃）首日即可進行信用交易。

12. 反向型 ETF 的目標則是追蹤、模擬或複製標的指數之反向倍數表現，沒有漲跌限制。

13. 1. 開放型基金的資本額不設限，基金規模不固定。
    2. 投資人向投信公司申購或贖回共同基金。

14. 貨幣市場基金主要投資在貨幣市場之金融工具，適合短期資金停泊的投資人。

15. 封閉型基金的投資公司只在發行期間出售受益憑證，且不再依淨值購回受益憑證。

16. 開放型基金投資人得隨時向發行公司購買受益憑證，也得隨時要求購回受益憑證。

17. 甲 . 買賣封閉型基金時，是以市場價格為交易的價格，而非淨值本身。
    丁 . 封閉型基金發行後，投資人不能向投信公司申購或贖回共同基金。

18. 1. 開放型基金的投資額不設限，基金規模不固定。
    2. 投資人向投信公司申購或贖回共同基金。

19. 以投資目標分類的是平衡型基金、指數型基金。

21. 甲 .ETF 的發行機構會將一整籃子可追蹤標的予以指數化，所以風險較投資單一標的低。

22. 買低賣高，當 ETF 市價＞單位淨值時，投資人將會申請創造 ETF，然後在證券交易所賣出 ETF 套利。

23. 主要的投資標的以低股價淨值比、低本益比或高股息的股票為投資標的。

Chapter **5**

風險與報酬

5-1 報酬的意義

報酬就是投資的利潤，可分成資本利得與利息收入或股利收入，而資本利得是指買入與賣出的價差，所以資本利得有可能是大於、等於或小於 0。

王老師的投資實務筆記

你是不是賺了股利賠了價差？

某甲以每股 100 元的成本買入中華電信股票一張，該公司配現金股利每股 5 元，所以現金殖利率為 $\frac{5}{100} = 0.05$，也就是今年可以得到的股利收入為 $1{,}000 \times 5 = 5{,}000$（元），如果今年的股價下跌至 80 元，則損失的價差為 $(80 - 100) \times 1{,}000 = (20{,}000)$，最後淨賠 $20{,}000 - 5{,}000 = 15{,}000$（元）。這就是賺了股利賠了價差。此外，投資以外幣計價的金融商品也常有賺了利差賠了價差的情況。

5-2 報酬的衡量方式

依投資的時間長短，可分為單一期間報酬率與多重期間報酬率。

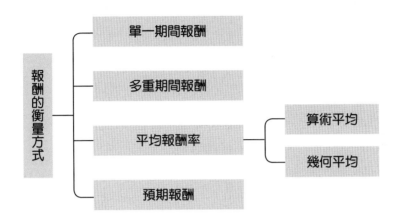

5-2-1 單一期間報酬率（持有期間報酬率）

在某一段投資期間，只進行一次買賣交易，將這段期間的證券價格變動，加上該期間的投資收入後再除以買進價格。

公式

$$r_{i,t} = \frac{p_{i,t} - p_{i,t-1} + D_{i,t}}{p_{i,t-1}}$$

符號表示如下：

$r_{i,t}$ ：在第 t 期第 i 種證券的報酬率

$p_{i,t}$ ：在第 t 期末第 i 種證券的價格

$p_{i,t-1}$ ：在第 t-1 期初第 i 種證券的價格

$D_{i,t}$ ：在第 t 期第 i 種證券所分配的現金股利

Chapter 5

風險與報酬

 例 1

你投資甲公司，甲公司的股價目前每股 100 元。你預估未來一年，該公司將配發每股 4 元的現金股利，一年後股價會上漲到 110 元，求持有期間報酬為何？

解

$$r_{甲} = \frac{110 - 100 + 4}{100} = 0.14$$

5-2-2 多重期間報酬率

連續投資期的報酬率，採複利的觀念，亦即每一期投資結束後會再投資至下一期。

公式

$$1 + r_{jt} = (1 + r_{j1})(1 + r_{j2})(1 + r_{j3})...(1 + r_{jn})$$

符號表示如下：

r_{jt}：投資 n 期的第 j 種證券的報酬率

r_{j1}：第 1 期的報酬率

r_{j2}：第 2 期的報酬率

r_{j3}：第 3 期的報酬率

$\vdots$

r_{jn}：第 n 期的報酬率

 例 2

某甲持有乙公司的股票，預期第一年的報酬率為 3%，預期第二年的報酬率為 4%，預期第三年的報酬率為 5%，求連續三年的報酬率？

解

$$1 + r_{Z} = (1 + 3\%)(1 + 4\%)(1 + 5\%) = 1.1247 \text{，得：}$$
$$r_{Z} = 0.1247$$

5-2-3 平均報酬率

是指在一段投資期間裡，平均所得之報酬率，稱為平均報酬率，其中又可分為算術平均與幾何平均。

$$\overline{r} = \frac{r_{j1} + r_{j2} + r_{j3} + \dots + r_{jn}}{n}$$

 例 3

某甲持有乙公司的股票，預期第一年的報酬率為 3%，預期第二年的報酬率為 4%，預期第三年的報酬率為 5%，求三年的算術平均報酬率？

解

$$\overline{r} = \frac{3\%+4\%+5\%}{3}=0.04$$

$$(1+r_{jt})^n = (1+r_{j1})(1+r_{j2})(1+r_{j3})\dots(1+r_{jn})$$
$$或$$
$$(1+r_{jt})^n = [(1+r_{j1})(1+r_{j2})(1+r_{j3})\dots(1+r_{jn})]^{1/n}$$

 例 4

某甲持有乙公司的股票，預期第一年的報酬率為 3%，預期第二年的報酬率為 4%，預期第三年的報酬率為 5%，求三年的幾何平均報酬率？

解

$$(1+r_z) = [(1+3\%)(1+4\%)(1+5\%)]^{\frac{1}{3}} = 1.039967 \quad ，得：$$
$$r_z = 0.039967 。$$

5-4 風險的衡量方式

風險的衡量方式
- 標準差
- 變異係數
- β 值

5-4-1 標準差

　　從統計公式來看它是用來衡量實際報酬與平均報酬的差距,站在保守的立場,投資人希望得到平均報酬,所以實際報酬與平均報酬的差距是越少越好,或是波動越小越好。

$$\sigma^2 = \sum_s p(s) [r(s) - E(r)]^2 \quad \text{變異數}$$
$$\sigma = \sqrt{\sigma^2} \quad \text{標準差}$$

 例 6

題目同例 5,求上述的標準差?

解

$$\sigma^2 = 0.25 \times (0.31 - 0.0976)^2 + 0.45 \times (0.14 - 0.0976)^2 + 0.25$$
$$\times (-0.0675 - 0.0975)^2 + 0.05 \times (0.52 - 0.0976)^2$$
$$= 0.038$$
$$\sigma = \sqrt{0.038} = 0.1949$$

5-4-2　變異係數

表達為獲得一單位報酬，所需承擔之風險，為相對風險之概念，通常變異係數是越小越好，即分母項 (μ) 越大或分子項 (σ) 越小。

公式

$$CV = \frac{\sigma}{\mu}$$

 **例 7**

若股票的變異數為 0.36，變異係數為 5，其平均報酬為：
(A)0.012　(B)0.675　(C)0.12　(D)0.35

（107 年第 1 次高級證券營業員）

答 (C)

$\sigma^2 = 0.36$，$\sigma = \sqrt{\sigma^2} = 0.6$　　由 $\dfrac{\sigma}{\mu} = 5$，$\dfrac{0.6}{\mu} = 5$，得 $\mu = 0.12$。

5-4-3　β 值

由市場模式可以看出 β 值就是個別證券之報酬率的變動，與市場報酬率的變動得比值。

市場模式

$$r_{it} = a_i + \beta_i r_{mt} + e_t$$

公式 $\beta_i = \dfrac{\Delta r_{it}}{\Delta r_{mt}}$　該係數就是市場模式的斜率。

$\beta_i > 1 \rightarrow \Delta r_{it} > \Delta r_{mt}$ 表示個別證券報酬率的變動大於市場報酬率的變動。

$\beta_i = 1 \rightarrow \Delta r_{it} = \Delta r_{mt}$ 表示個別證券報酬率的變動等於市場報酬率的變動。

$\beta_i < 1 \rightarrow \Delta r_{it} < \Delta r_{mt}$ 表示個別證券報酬率的變動小於市場報酬率的變動。

 **例 8**

當貝它係數 = 0.8，表示：
(A) 系統風險較小　(B) 個別資產報酬率變動幅度會比市場報酬率大　(C) 市場報酬率變動 1% 時，個別資產報酬率變動 2%　(D) 無系統風險

（107 年第 1 次高級證券營業員）

答 (A)

(A) 系統風險較小
(B) 個別資產報酬率變動幅度會比市場報酬率小
(C) 市場報酬率變動 1% 時，個別資產報酬率變動 0.8%
(D) 無非系統風險

5-4-4　投資組合的 β_P 值

$$\beta_p = W_A \times \beta_A + W_B \times \beta_B$$

式中：W_A 為金融商品 A 的資金比重，W_B 為金融商品 B 的資金比重，β_A 為金融商品 A 的 β 值，β_B 為金融商品 B 的 β 值

 投資IQ加油站

若小明將其資金 40% 投資於國庫券、60% 投資於市場投資組合，請問其投資組合之貝它係數為何？
(A)1　(B)0.4　(C)0.5　(D)0.6

（106 年第 4 次高業投資學）

答：**(D)**

因為國庫券的 β 值為 0，而市場投資組合的 β 值為 1，代入下式。

$$\beta_p = W_A \times \beta_A + W_B \times \beta_B = 40\% \times 0 + 60\% \times 1 = 60\%$$

5-5 風險的偏好類型

有三種風險偏好程度不一的投資人，其效用無異曲線可表示如下：

1. 風險愛好者：投資人每增加一單位的風險所要求的報酬是遞減的，表示承擔的風險越多，每次要求的報酬減少都比上一次多。

2. 風險中立者：投資人每增加一單位的風險所要求的報酬是固定的，表示承擔的風險越多，每次要求的報酬都和上一次相同。

3. 風險趨避者：投資人每增加一單位的風險所要求的報酬是遞增的，表示承擔的風險越多，每次要求的報酬增加都比上一次多。

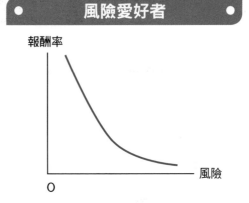

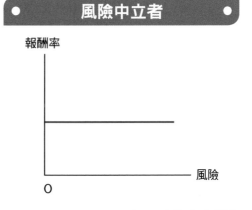

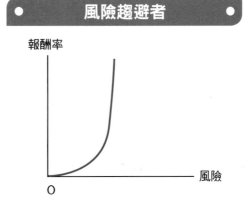

有關風險態度的敘述中，何者最正確？

(A) 一般投資理論重視風險中立者　(B) 風險偏好者在風險增加時所要求的報酬率會倍數增加　(C) 風險中立者在風險增加時所要求的新報酬率不變　(D) 不同投資人面對相同的效率前緣應該會選出相同的投資組合

（107 年第 4 次普業證券投資與財務分析）

答：**(C)**

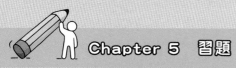 **Chapter 5 習題**

( ) 1. 張先生兩年來投資 A 公司股票，第一年期間股價從 200 元下跌至 120 元，第二年期間卻又從 120 元回漲至 150 元，請問以幾何平均法計算之報酬率為何？
(A) -25% (B) -12.5%
(C) -7.5% (D) -13.4%

( ) 2. 若由 5 種股票構成投資組合，每種股票在此投資組合中的權重皆相等，若每種股票的預期報酬率者皆為 18%，則此投資組合的預期報酬率為：
(A) 4% (B) 16%
(C) 18% (D)12%

( ) 3. 投資組合分析中假設股票報酬率呈常態分配，此種假設對股票之價格風險為何？
(A) 僅考慮下跌之風險
(B) 僅考慮上漲之風險
(C) 忽略了下跌之風險
(D) 同時考慮了上漲及下跌對稱之風險

( ) 4. X 證券的報酬率標準差等於 20%，Y 證券的報酬率標準差等於 30%，則下列敘述何者正確？
(A) Y 的貝它係數必較 X 為大
(B) Y 的期望報酬率必較 X 為高
(C) Y 的總風險必較 X 為大
(D) Y 的非系統風險必較 X 為大

( ) 5. 何者不是用來衡量投資風險的方法？
(A) 全距 (Range) (B) β 係數
(C) 變異數 (D) 算術平均數

( ) 6. 影響金融市場中所有資產報酬的事件，其衝擊屬於全面性的風險

為：

(A) 某大集團負責人去世　　　(B) 購買力風險

(C) 某大公司被國外企業併購　(D) 手機大廠產品瑕疵全面回收

（　）7. 小明半年前買進自強公司股票 1 張，每股成本為 210 元，這期間獲發股票股利 6 元，目前股價為 142 元，這半年以來小明的投資報酬率為：（忽略交易成本）

(A) 4.10%　　　　　　　　　(B) 8.19%

(C) -32.38%　　　　　　　　(D) -16.19%

（　）8. 當貝它係數＝ 0.8，表示：

(A) 系統風險較小

(B) 個別資產報酬率變動的幅度會比市場報酬率大

(C) 市場報酬率變動 1% 時，個別資產報酬率變動 2%

(D) 無系統風險

（　）9. 下列對無風險證券之描述何者正確？

甲 . 其報酬低於市場報酬率

乙 . 其貝它係數約等於 1

丙 . 其報酬率標準差 0

丁 . 其報酬率與任何其他證券報酬率之相關係數等於 1

(A) 僅甲、乙、丙　　　　　　(B) 僅乙、丙、丁

(C) 僅甲、丙　　　　　　　　(D) 僅乙、丁

（　）10. 股票的變異數為 0.25，平均報酬率為 0.4，其變異係數為：

(A) 0.4　　　　　　　　　　(B) 1.25

(C) 2.5　　　　　　　　　　(D) 0.625

（　）11. 若小明將其資金 40% 投資於國庫券、60% 投資於市場投資組合，請問其投資組合之貝它係數為何？

(A) 1　　　　　　　　　　　(B) 0.4

(C) 0.5　　　　　　　　　　(D) 0.6

（　）12. 小黃今年以 62 元股價買進一張 A 公司股票，假設一年間配發 2 元

的現金股利及 2.5 元的股票股利，一年後以 65 元賣出，請問一年後小黃將可獲利多少？（忽略交易成本）

(A) 17,250 元   (B) 23,250 元

(C) 22,250 元   (D) 21,250 元

( ) 13. 某股票的貝它 (Beta) 係數等於 0.9，表示：

(A) 該股票的期望報酬率應為市場的 0.9 倍

(B) 該股票價格的波動率為市場的 0.9 倍

(C) 該股票報酬率與市場報酬率相關係數為 0.9

(D) 該股票報酬率受總體經濟因素之影響程度為市場的 0.9 倍

( ) 14. 變異數及貝它係數都可用來衡量風險，兩者不同之處在於：

(A) 貝它係數衡量系統及非系統風險

(B) 貝它係數只衡量系統風險，但變異數衡量總風險

(C) 貝它係數只衡量非系統風險，但變異數衡量總風險

(D) 貝它係數衡量系統及非系統風險，但變異數只衡量系統風險

( ) 15. 投資者 A 買入某股票，每股成本為 40 元，它預期一年後可賣到 42 元，且可收到現金股利 5 元，則它的預期股利殖利率是：

(A) 12.5%   (B) 8%

(C) 7.5%   (D) 5%

( ) 16. 何者可衡量投資風險？

(A) 標準差   (B) 報酬率

(C) 本益比   (D) 移動平均數

( ) 17. 下列何者是用來衡量投資風險的方法？

甲 . 風險值（VaR）

乙 . 貝它 (β) 係數

丙 . 變異數

丁 . 半變異數

(A) 僅甲、乙   (B) 僅甲、乙、丙

(C) 僅丙、丁   (D) 甲、乙、丙、丁皆是

（　）18. 小安今年以 23 元買進一張 X 公司股票，假設一年間配發 2 元的現金股利及 0.5 元的股票股利，一年後以 25 元賣出，請問一年後小安將可獲利多少？（忽略交易成本）

(A) 6,250 元 　　　　　　　　　(B) 28,250 元

(C) 5,250 元 　　　　　　　　　(D) 26,250 元

（　）19. 甲為風險厭惡（趨避）的投資者；乙為風險厭惡程度較甲低的投資者。若兩人同時進入一投資市場，其所選擇投資標的的不同在於：

(A) 在相同的風險下，乙會要求較高的報酬

(B) 在相同的報酬下，甲能夠忍受較高的風險

(C) 在相同的風險下，甲會要求較低的報酬

(D) 在相同的報酬下，乙能夠忍受較高的風險

（　）20. 兩種股票可獲利 30% 與 6% 的機會分別為 1/3、2/3，則此投資期望報酬率為：

(A) 20% 　　　　　　　　　　　(B) 10%

(C) 14% 　　　　　　　　　　　(D) 7%

（　）21. 投資組合中的貝它係數計算方式，係將所有個別證券的貝它係數做：

(A) 算術平均 　　　　　　　　　(B) 幾何平均

(C) 加權平均 　　　　　　　　　(D) 調和平均

（　）22. 當公司舉債過多時，公司營運會面臨較大的風險，以致投資報酬產生不確定性，此類風險稱之為：

(A) 利率風險 　　　　　　　　　(B) 購買力風險

(C) 贖回風險 　　　　　　　　　(D) 財務風險

（　）23. 下列何者無法用來衡量投資風險？

(A) 標準差 　　　　　　　　　　(B) 變異係數

(C) 貝它係數 　　　　　　　　　(D) 幾何平均數

（　）24. 在投資學理論中，假設理性投資人的風險態度為下列何者？

(A) 風險規避 　　　　　　　　　(B) 風險愛好

(C) 風險中立　　　　　　　　(D) 風險溫和

（　）25. 小華以每股 40 元買入股票 1 張，並以每股 44 元賣出，期間並收到其現金股利每股 2 元，請問小華得到的股利收益為何？
(A) 4,000 元　　　　　　　　(B) 6,000 元
(C) 2,000 元　　　　　　　　(D) 46 元

（　）26. 安真以每股 20 元買進 1 張普通股，並於三個月後以每股 23 元賣出，期間並收到現金股利。若安真投資該普通股之報酬率為 20%，則現金股利應為：
(A) 0.8 元　　　　　　　　　(B) 1 元
(C) 1.5 元　　　　　　　　　(D) 2 元

（　）27. 甲股票自 2010 年到 2013 年的股票報酬率分別為 9%、-20%、15%、20%，請問甲股票這四年的算術平均年報酬率為何？
(A)5%　　　　　　　　　　　(B)6%
(C)3%　　　　　　　　　　　(D)2%

（　）28. 有關風險態度的敘述中，何者最正確？
(A) 一般投資理論假設投資大眾是風險中立者
(B) 風險偏好者在風險增加時所要求的新增報酬率會倍數增加
(C) 風險中立者在風險增加時所要求的新增報酬率不變
(D) 不同投資人面對相同的效率前緣應該會選出相同的投資組合

（　）29. 若新加入投資組合之證券，其貝它 (β) 係數比原投資組合貝它係數小，則新投資組合貝它係數會：
(A) 增加　　　　　　　　　　(B) 不變
(C) 減少　　　　　　　　　　(D) 不一定

（　）30. 若投資報酬率的機率分配形狀越集中，表示風險：
(A) 越大　　　　　　　　　　(B) 越小
(C) 相等　　　　　　　　　　(D) 無關

（　）31. 若甲公司股票在明年之可能報酬率分別為 20%、30%，而其機率分

別為 0.4、0.6，則此甲股票在明年之期望報酬率為：

(A) 24% (B) 25%

(C) 26% (D) 27%

( ) 32. 王先生投資 T 公司股票可獲利 20% 與 5% 的機會分別為 1/3、2/3，則此投資期望報酬率為：

(A) 20% (B) 10%

(C) 5% (D) 0%

( ) 33. 請問下列哪一貝它係數所代表系統風險最大？

(A) 0.6 (B) 1

(C) -0.9 (D) 2.1

( ) 34. 假設甲股票的報酬率標準差為 10%，乙股票的報酬率標準差為 60%，丙股票的報酬率標準差為 25%，請問投資人應選擇哪一支股票？

(A) 甲股票 (B) 乙股票

(C) 丙股票 (D) 無法判斷

( ) 35. 比較兩種以上的投資商品的風險時，為了衡量系統性風險的差異，一般而言會使用哪一類指標？

(A) 貝它係數 (B) 變異係數

(C) 標準差 (D) 變異數

( ) 36. 投資於股票的報酬等於：

(A) 資本利得 (B) 股利所得

(C) 資本利得加股利所得 (D) 資本利得加利息所得

( ) 37. 一般而言，投資人在選擇投資計畫時：

(A) 應選擇風險最高的計畫

(B) 報酬率最高的計畫通常風險程度最低

(C) 報酬率最低的計畫通常風險程度最低

(D) 風險程度和報酬率之間並無關係

( ) 38. 在計算投資者投資報酬率時，若用實質報酬率法計算報酬，擇其採

用的觀念係為：

(A) 單利計算報酬

(B) 扣除無風險利率之溢酬，不必考慮時間價值

(C) 平減物價水準後的報酬

(D) 調整標準差後的報酬

(　) 39. 假設甲股票的預期報酬率為 15%，乙股票的預期報酬率為 20%，
丙股票的預期報酬率為 30%，請問投資人應選擇哪一支股票？

(A) 甲股票　　　　　　　　(B) 乙股票

(C) 丙股票　　　　　　　　(D) 無法判斷

1.(D) 2.(C) 3.(D) 4.(C) 5.(D) 6.(B) 7.(B) 8.(A) 9.(C) 10.(B)
11.(D) 12.(D) 13.(A) 14.(B) 15.(A) 16.(A) 17.(D) 18.(C) 19.(D)
20.(C) 21.(C) 22.(D) 23.(D) 24.(A) 25.(C) 26.(B) 27.(B) 28.(C)
29.(C) 30.(B) 31.(C) 32.(B) 33.(D) 34.(D) 35.(A) 36.(C) 37.(C)
38.(C) 39.(D)

● **Chapter 5 習題解析**

1. $\dfrac{120-200}{200}=-0.4,\ \dfrac{150-120}{120}=0.25$,

   $(1+r)^2=(1-0.4)(1+0.25),\ r=0.1339$ 。

2. $\dfrac{18\%+18\%+18\%+18\%+18\%}{5}=18\%$ 。

4. 標準差表示總風險，標準差越大則總風險越大。

5. 算術平均數是用來衡量報酬率的。

7. 投資金額：$210\times1,000=210,000$，股票股利：$\dfrac{6}{10}\times1,000=600$ 股，共持
   有 $1,000+600=1,600$ 股，
   出售金額：$142\times1,600=227,200$，投資報酬率：$227,200-210,000/$
   $210,000=0.08190$ 。

8. $\beta=\dfrac{\Delta R_i}{\Delta R_m}=0.8$，表示 R_m 變動 1 單位而 R_i 僅變動 0.8 單位。

10. $cv=\dfrac{\sigma}{\mu}=\dfrac{\sqrt{0.25}}{0.4}=1.25$ 。

11. 由 $\beta_P=W_A\beta_A+W_B\beta_B=40\%\times0+60\%\times1=60\%$ 。

12. 投資金額：$62\times1,000=62,000$，持有期間獲得配發：$\dfrac{2.5}{10}\times1,000=250$股
    及 $2\times1,000=2,000$ 現金股利，賣出金額：$65\times（1,000+250）=$
    $81,250$，獲利：$81,250-62,000+2,000=21,250$（元）。

13. $\beta = \dfrac{\Delta R_i}{\Delta R_m} = 0.9$，即 R_m 變動 1 單位而 R_i 僅變動 0.9 單位。

14. 變異數（或標準差）衡量總風險，包括系統風險和非系統風險，而 β 係數是用來衡量系統風險的。

15. $\dfrac{5}{40} = 12.5\%$。

18. 買進時：投資金額＝ $23 \times 1,000 = 23,000$，持有期間：獲得配發 $\dfrac{0.5}{10} \times$ $1,000 = 50$ 股及 $2 \times 1,000 = 2,000$ 現金股利，賣出時：共持有 $1,000 + 50 = 1,050$ 股，賣出金額 $25 \times 1,050 = 26,250$，獲利＝ $26,250 - 23,000 + 2,000 = 5,250$。

19. 在相同的報酬下 $(\bar{R})$，乙的無異曲線較平坦，故可忍受較多的風險，如圖所示：

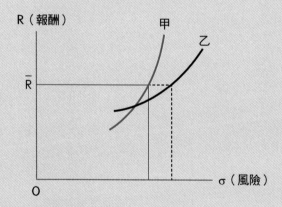

20. 期望報酬＝ $30\% \times \dfrac{1}{3} + 6\% \times \dfrac{2}{3} = 14\%$。

21. $\beta_P = W_A \beta_A + W_B \beta_B$，式中 W_A 為金融商品 A 的資金比重，W_B 為金融商品 B 的資金比重，β_A 為金融商品 A 的 β 值，β_B 為金融商品 B 的 β 值。

23. 幾何平均數是用來衡量報酬率的。

25. 股利收益＝ $2 \times 1,000$（股）＝ $2,000$（元）。

26. $\dfrac{(23-20)+現金股利}{4} = 20\%$，現金股利＝ 1（元）。

27. $\dfrac{9\% - 20\% + 15\% + 20\%}{4} = 6\%$。

29. 由 $\beta_P = W_A\beta_A + W_B\beta_B$，若其他條件 W_A、W_B 不變，當 β_A（或 β_B）下降則 β_P 會降低。

30. 投資報酬率的機率分配形狀越集中在平均報酬的附近，則分散的程度越小，即標準差越小，表示風險越小。

31. 期望報酬 $= 20\% \times 0.4 + 30\% \times 0.6 = 26\%$。

32. 期望報酬 $= 20\% \times 1/3 + 5\% \times 2/3 = 10\%$。

34. 應該比較甲、乙、丙的變異係數，若變異係數最小則該選擇該股票。

35. 衡量系統風險的大小，採 β 係數，β 係數越大表示系統風險越大。

39. 應該比較甲、乙、丙的變異係數，若變異係數最小則該選擇該股票。

Chapter 6

投資組合之風險與報酬

6-1 投資組合的報酬率

假設我們把所有資金完全投入兩種金融資產，第一種金融資產的預期報酬率為 R_1，第二種金融資產的預期報酬率為 R_2，第一種金融資產的資金投入比重為 w_1，第二種金融資產的資金投入比重為 w_2，我們將這兩種金融資產形成投資組合，投資組合的報酬率為 R_p，$R_p = w_1R_1 + w_2R_2$。

如果將兩種金融資產推廣成 n 種，第 i 種金融資產的預期報酬率為 R_i，第 i 種金融資產的資金投入比重為 w_i，我們將 n 種金融資產形成投資組合，投資組合的報酬率為 R_p，

$$R_p = w_1R_1 + w_2R_2 + ... + w_nR_n = \sum_{i=1}^{n} R_i \times w_i$$

6-1-1 統計學複習

若 X、Y 為隨機變數，a、b 為任意兩個常數，我們可以形成一個線性組合稱為 Z，$Z = aX + bY$，如果要求出線性組合 Z 的期望值，可以寫成 $E(Z) = E(aX + bY) = aE(X) + bE(Y)$。

如果以上面的兩種金融資產為例，假設第一種金融資產的報酬率為 r_1，第二種金融資產的報酬率為 r_2，因為真正的報酬為何並不知道，如同是隨機變數一般，形成一個線性組合 r_p，它也是一個隨機變數 $r_p = w_1r_1 + w_2r_2$，求線性組合 r_p 的期望值，可以寫成 $R_p = w_1R_1 + w_2R_2$。即 $E(r_p)$ 就是 R_p，$E(r_1)$ 就是 R_1，$E(r_2)$ 就是 R_2。

 例 1

某甲以一百萬元分別投資台股指數基金 60 萬元以及無風險資產 40 萬元，而台股指數基金的預期報酬率為 10%，無風險資產的預期報酬率為 3%，請問某甲投資組合的預期報酬率為何？

解

$$R_p = w_1R_1 + w_2R_2 = 10\% \times \frac{60}{100} + 3\% \times \frac{40}{100} = 0.072$$

6-2 投資組合的風險衡量

6-2-1 統計學複習

若 X、Y 為隨機變數，a、b 為任意兩個常數，我們可以形成一個線性組合稱為 Z，Z = aX + bY，若要求線性組合 Z 的變異數可寫成 $var(Z) = var(aX+bY) = a^2\sigma_X^2 + b^2\sigma_Y^2 + 2ab\,cov(X,Y)$，式中 σ_X^2 是隨機變數 X 的變異數，σ_Y^2 是隨機變數 Y 的變異數。

我們仍以上面的兩種金融資產為例，假設第一種金融資產的報酬率為 r_1，第二種金融資產的報酬率為 r_2，因為真正的報酬為何並不知道，如同是隨機變數一般，形成一個線性組合 r_p，它也是一個隨機變數 $r_p = w_1 r_1 + w_2 r_2$，求線性組合 r_p 的變異數可以仿照線性組合 Z 的變異數的求解：

$$var(Z) = (aX+bY) = a^2\sigma_X^2 + b^2\sigma_Y^2 + 2ab\,cov(X,Y)$$
$$var(r_p) = var(r_1 w_1 + r_2 w_2) = w_1^2\sigma_1^2 + w_2^2\sigma_2^2 + 2w_1 w_2\,cov(r_1, r_2)$$
$$= w_1^2\sigma_1^2 + w_2^2\sigma_2^2 + 2w_1 w_2 \rho_{12}\sigma_1\sigma_2$$

式中 $\rho_{12} = \dfrac{cov(r_1, r_2)}{\sigma_1\sigma_2}$，

$var(r_P)$ 可表示成 σ_P^2，則 $\sigma_P = \sqrt{\sigma_P^2} = \sqrt{w_1^2\sigma_1^2 + w_2^2\sigma_2^2 + 2w_1 w_2\rho_{12}\sigma_1\sigma_2}$，

式中 σ_P 為標準差。

6-3 最小風險的組合

即然風險一定是存在的，面對投資組合的風險我們是否能找到使風險最低的資金投入比重，其實就是執行使風險最小的資金配置，以下我們以一個兩種金融資產形成的投資組合為例，說明如何達成風險最小的資金配置。

假設有包含第一種及第二種這兩種金融資產的投資組合 P，若欲使該投資組合 P 的變異數最小，求出第一種金融資產的資金投入比重 w_1，可由以下的算式求得，即：

$\frac{\partial \sigma_P^2}{\partial w_1} = 0$，求出 $w_1 = ?$。至於 w_2 如何求解？我們可由關係式 $w_1 + w_2 = 1$ 得知，即 $w_2 = 1 - w_1$。

計算過程如下：

方程式為 $\sigma_P^2 = w_1^2 \sigma_1^2 + w_2^2 \sigma_2^2 + 2w_1 w_2 \, cov(r_1, r_2)$，

極小化 $\sigma_P^2 = w_1^2 \sigma_1^2 + w_2^2 \sigma_2^2 + 2w_1 w_2 \, cov(r_1, r_2)$，

先將 $w_2 = 1 - w_1$ 代入上式，得到下式：

$$w_1^2 \sigma_1^2 + w_2^2 \sigma_2^2 + 2w_1 w_2 \rho_{12} \sigma_1 \sigma_2 = w_1^2 \sigma_1^2 + (1 - w_1)^2 \sigma_2^2 + 2w_1(1 - w_1) cov(r_1, r_2)$$
$$= w_1^2 \sigma_1^2 + (1 - 2w_1 + w_1^2) \sigma_2^2 + 2(w_1 - w_1^2) cov(r_1, r_2)$$

上式對 w_1 微分等於 0 時，可得到極值：

$$\frac{\partial \sigma_P^2}{\partial w_1} = \frac{\partial \left(w_1^2 \sigma_1^2 + (1 - 2w_1 + w_1^2)\sigma_2^2 + 2(w_1 - w_1^2)cov(r_1, r_2) \right)}{\partial w_1} = 0 ,$$

$$2w_1\sigma_1^2 + (-2 + 2w_1)\sigma_2^2 + 2(1 - 2w_1)cov(r_1, r_2) = 0$$

將上式移項提出整理得：

$$(\sigma_1^2 + \sigma_2^2) \times w_1 - 2cov(r_1, r_2) \times w_1 = \sigma_2^2 - cov(r_1, r_2)$$

則　$w_1 = \dfrac{\sigma_2^2 - cov(r_1, r_2)}{\sigma_1^2 + \sigma_2^2 - 2cov(r_1, r_2)}$　，式中 $w_2 = 1 - w_1$ ，

請記住這個結果，考試時直接套此公式以節省時間。

相關係數 (ρ_{xy}) 是用來衡量兩個變數 (X,Y) 直線相關的程度的統計量，當 $\rho_{xy} = 1$ 稱 X,Y 呈完全正相關，當 $\rho_{xy} = -1$ 稱 X,Y 呈完全負相關，當 $\rho_{xy} = 0$ 稱 X,Y 呈完全無關。所謂風險是指投資組合的風險，我們以統計學的特徵數標準差作為衡量風險的指標，即投資組合 P 的標準差 σ_P 來表示投資組合 P 的風險，那麼相關係數為何會與投資組合 P 的風險有關呢？

我們以投資組合 P 的標準差 σ_P 下式為例，說明與相關係數的關係。

已知兩種資產，第一種金融資產的投入資金比重為 w_1，變異數為 σ_1^2；第二種金融資產的投入資金比重為 w_2，變異數為 σ_2^2。兩種金融資產的相關係數為 ρ_{12}，兩種金融資產形成的投資組合 P 標準差為 σ_P，而 σ_P 又可寫成下式：

$$\sigma_P = \sqrt{w_1\sigma_1^2 + w_2\sigma_2^2 + 2w_1w_2\rho_{12}\sigma_1\sigma_2}$$

討論相關係數在 $\rho_{12} = 1$, $\rho_{12} = 0$, $\rho_{12} = -1$，對 σ_P 的影響：

1. $\rho_{12} = 1$

$$\sigma_P = \sqrt{w_1\sigma_1^2 + w_2\sigma_2^2 + 2w_1w_2\rho_{12}\sigma_1\sigma_2} = \sqrt{(\sigma_1 \times w_1 + \sigma_2 \times w_2)^2}$$
$$= \sigma_1 \times w_1 + \sigma_2 \times w_2$$

2. $\rho_{12} = 0$

$$\sigma_P = \sqrt{w_1\sigma_1^2 + w_2\sigma_2^2 + 2w_1w_2\rho_{12}\sigma_1\sigma_2} = \sqrt{w_1^2\sigma_1^2 + w_2^2\sigma_2^2}$$

3. $\rho_{12} = -1$

$$\sigma_P = \sqrt{w_1\sigma_1^2 + w_2\sigma_2^2 + 2w_1w_2\rho_{12}\sigma_1\sigma_2} = \sqrt{(\sigma_1 \times w_1 - \sigma_2 \times w_2)^2}$$
$$= \left|\sigma_1 \times w_1 + \sigma_2 \times w_2\right|$$

由上述得討論可知 ρ_{12} 越低，則 σ_P 越小。也就是若求如何使投資組合 P 的風險最小？我們應該選擇這兩種資產的報酬率之走勢呈現負的完全正相關 ($\rho_{12} = -1$)，而不是選擇正的完全正相關 ($\rho_{12} = 1$) 或完全無關 ($\rho_{12} = 0$)。

假設有三組投資組合 X、Y、Z，畫在橫軸座標是投資組合的總風險（標準差），縱軸座標是投資組合的預期報酬（期望值），如下圖。

1. 當相關係數是 +1 時，投資組合的預期報酬與風險的關係如 $\overline{XZ}$ 直線，由 X 組合調整不同的投資比重至 Z 組合的過程，預期報酬與風險是同時增加。

2. 當相關係數是 −1 時，投資組合的預期報酬與風險的關係如 $\overline{XYZ}$ 直線，由 X 組合調整不同的投資比重至 Y 組合的過程，預期報酬上升而風險是下降的。由 Y 組合調整不同的投資比重至 Z 組合的過程，預期報酬與風險是同時上升的。

3. 當相關係數是介於 +1 與 −1 之間，在相同的預期報酬下相關係數越接近 −1，其風險越小。

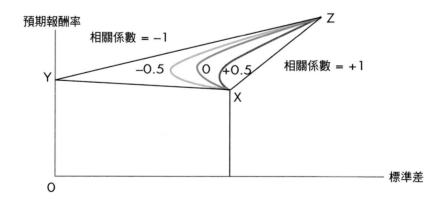

6-6 總風險與資產個數

假設投資組合 P 內有 n 種股票,其報酬分別為 $r_1, r_2, r_3, ..., r_n$,而且投資組合的每一種股票其資金投入比例都是相等的,即 $w_i = \dfrac{1}{n}$,投資組合 P 為:

$$r_p = w_1r_1 + w_2r_2 + ... + w_nr_n = \sum_{i=1}^{n} r_i \times w_i$$

則其投資組合 P 的風險 σ_p^2 為:

$$
\begin{aligned}
\mathrm{var}(r_p) &= \mathrm{var}(w_1r_1 + w_2r_2 + ... + w_nr_n) = \mathrm{var}\left(\sum_{i=1}^{n} r_i \times w_i\right) \\
&= \sum_{i=1}^{n} w_i^2 \sigma_i^2 + \sum_{i=1}^{n}\sum_{j=1}^{n} w_i w_j \sigma_{ij} = \sum_{i=1}^{n}\left(\frac{1}{n}\right)^2 \sigma_i^2 + \sum_{i=1}^{n}\sum_{j=1}^{n} \frac{1}{n}\frac{1}{n}\sigma_{ij} \\
&= \left(\frac{1}{n}\right)^2 \sum_{i=1}^{n}\sigma_i^2 + \sum_{i=1}^{n}\sum_{j=1}^{n}\left(\frac{1}{n}\right)^2 \sigma_{ij} \\
&= \left(\frac{1}{n}\right)^2 \times n \times \sum_{i=1}^{n}\frac{\sigma_i^2}{n} + \left(\frac{1}{n}\right)^2 \sum_{i=1}^{n}\sum_{j=1}^{n}(n)\times(n-1)\times \frac{\sigma_{ij}}{(n)(n-1)} \\
&= \left(\frac{1}{n}\right)^2 \times n \times \overline{\sigma_i^2} + \frac{n-1}{n}\sum_{i=1}^{n}\sum_{j=1}^{n}\frac{\sigma_{ij}}{(n)(n-1)} = \frac{1}{n}\times\overline{\sigma_i^2} + \frac{n-1}{n}\times\overline{\sigma_{ij}}
\end{aligned}
$$

式中:

$\overline{\sigma_1^2}$:個別股票變異數的平均,

$\overline{\sigma_{ij}}$:股票共變異數的平均。

$\mathrm{var}(r_p) = \dfrac{1}{n}\times\overline{\sigma_1^2} + \dfrac{n-1}{n}\times\overline{\sigma_{ij}}$ 的經濟涵義是:總風險 = 非系統風險 + 系統風險。

當 $n \to \infty$ 時,表示我們把所有的上市上櫃股票全部買下來,形成一個投

資組合，即：

$$\lim_{n\to\infty}\sigma_p^2 = \lim_{n\to\infty}\frac{1}{n}\times\overline{\sigma_1^2} + \lim_{n\to\infty}\frac{n-1}{n}\times\overline{\sigma_{ij}} = 0 + \overline{\sigma_{ij}} = \overline{\sigma_{ij}}$$

　　總風險＝0＋系統風險＝系統風險。

　　表示透過投資組合，我們可以分散掉非系統風險（或稱為個別風險），但系統風險仍然還是存在的。這個道理很簡單，當我們把所有的上市上櫃股票全部買下來形成一個投資組合，一遇到景氣衰退，所有的公司獲利均減少，只是有的公司獲利減少較小，有

的減少較大，所以景氣衰退就是系統風險（或稱為市場風險），如下圖。

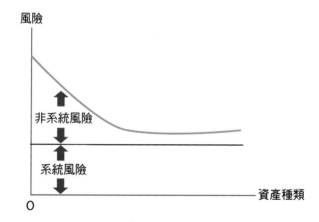

( ) 1. 甲公司股票貝它係數為 1.2，若現有 500 萬元，想投資在國庫券及甲公司股票，且希望投資組合之貝它係數為 0.84，應投資多少元在甲公司股票上？

(A) 500 萬元　　　　　　　(B) 420 萬元

(C) 350 萬元　　　　　　　(D) 300 萬元

( ) 2. X 證券之報酬率標準差較 Y 證券為小，對於 X 與 Y 組成之最小變異投資組合，下列敘述何者正確？

(A) X 證券在組合中占之比例較大

(B) Y 證券在組合中占之比例較大

(C) X 證券與 Y 證券之比例相同

(D) 該組合之報酬率變異數必等於 0

( ) 3. 甲股票的報酬率標準差為 0.1，乙股票的報酬率標準差也是 0.1，甲和乙股票的報酬率共變數是 0.005，則兩股票報酬率的相關係數為：

(A) 0.1　　　　　　　　　(B) 0.05

(C) 0.5　　　　　　　　　(D) 0.01

( ) 4. 有關風險分散的敘述，何者正確？

(A) 一個完全分散的投資組合，由於風險均已分散，其報酬率應等於無風險利率

(B) 完全分散風險的投資組合，並未能將所有風險消除

(C) 完全分散風險的投資組合，其報酬率應較無風險利率為低

(D) 系統風險和非系統風險皆可經由投資組合完全分散

( ) 5. 當投資組合內個別資產間的相關係數為 0 時，代表：

(A) 無風險分散效果

(B) 有風險分散效果

(C) 風險分散達到最佳

(D) 風險分散優於相關係數為 −1 之投資組合

( ) 6. 股票之個別風險為：
(A) 系統的、可分散風險 　　(B) 非系統的、可分散風險
(C) 系統的、不可分散風險 　(D) 非系統的、不可分散風險

( ) 7. 一證券與其自身之報酬率相關係數等於：
(A) −1 　　　　　　　　　　(B) 0
(C) 1 　　　　　　　　　　　(D) 可能為 −1 與 1 之間任何數

( ) 8. 一個投資組合中包含甲股票 1,000 股，每股 30 元，和乙股票 4,000 股，每股 22.5 元，則甲股票在投資組合中所占的權重為：
(A)1/2 　　　　　　　　　　(B)1/3
(C)1/4 　　　　　　　　　　(D)3/5

( ) 9. 某投資組合包含二種投資標的，其權數及標準差分別為 W_1、σ_1、W_2、σ_2，當投資組合的報酬率標準差為 0 時，代表：
(A) 不可賣空下，個別資產相關係數 $= -1$
(B) 風險有效分散
(C) $W_1 \times \sigma_1 = W_2 \times \sigma_2$
(D) 選項 (A)、(B)、(C) 皆是

( )10. 下列敘述何者有誤？
(A) 增加資產種類一定可使風險分散之效果更好
(B) 不能賣空下，股票之間相關係數越低，風險分散之效果越好
(C) 股票之風險溢酬越高，其貝它係數越大
(D) 投資組合之建構多以平均數−變異數分析為基礎

( )11. 關於風險分散的敘述中，何者為非？
(A) 投資組合內，個別資產相關係數為 0 時，有風險分散的效果
(B) 透過投資組合的方式可以避免風險過度集中於單一投資標的
(C) 不可賣空下，相關係數越大，分散的效果越佳
(D) 分散的效果視組合內個別資產間的相關係數而定

( ) 12. 下列何種事件的發生，是屬於非系統風險？

(A) 政府宣布調整存款準備率，上一季經濟成長率為 6.1%

(B) 中共臺海演習

(C) 通貨膨脹率維持穩定

(D) 公司發生火災

( ) 13. 市場風險是指：

(A) 系統、可分散風險   (B) 非系統、可分散風險

(C) 系統、不可分散風險   (D) 非系統、不可分散風險

( ) 14. 某投資組合的期望報酬率等於無風險利率，則下列敘述何者正確？

(A) 該投資組合必為無風險投資組合

(B) 該投資組合之個別風險均已分散

(C) 該投資組合不受市場風險的影響

(D) 該投資組合的貝它係數必為 −1

( ) 15. 衡量風險時，需考慮到多方面的風險來源，如石油危機、世界大戰即屬於：

(A) 企業風險   (B) 財務風險

(C) 市場風險   (D) 流動性風險

( ) 16. 投資者進行投資時，當可能最大報酬率與可能最低報酬率的差距越大時，表示風險：

(A) 越大   (B) 越小

(C) 無關   (D) 無法判斷

( ) 17. 某手機大廠推出新產品有重大瑕疵，影響該公司股價下跌，請問這屬於何種風險？

(A) 利率風險   (B) 違約風險

(C) 事業風險   (D) 市場風險

( ) 18. 當投資組合之個別證券的種類夠多時，則：

(A) 只剩下非系統風險   (B) 只剩下系統風險

(C) 無任何風險   (D) 報酬率越高

（　）19.「不要把所有的雞蛋放在同一個籃子裡」的投資策略可以降低何種
風險？
(A) 非系統風險 　　　　　　(B) 系統風險
(C) 利率風險 　　　　　　　(D) 景氣循環風險

（　）20. 若排除市場風險，股票之個別風險為：
(A) 系統的、可透過投資組合分散的
(B) 系統的、不可分散的
(C) 非系統的、可透過投資組合分散的
(D) 非系統的、不可分散的

（　）21. 對投資人而言，下列何者屬於可分散風險？
(A) 甲公司主動為員工全面加薪增加成本
(B) 英國脫離歐盟
(C) 貨幣供給額的變動
(D) 法定正常工時由「每 2 週 84 小時」縮減為「每週 40 小時」

（　）22. 投資人透過有效的分散投資：
(A) 可以獲得較大的預期報酬 　　(B) 無法獲得預期報酬
(C) 可降低風險 　　　　　　　　(D) 保證獲得無風險報酬

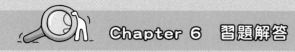 **Chapter 6　習題解答**

1.(C)　2.(A)　3.(C)　4.(B)　5.(B)　6.(B)　7.(C)　8.(C)　9.(D)　10.(A)

11.(C)　12.(D)　13.(C)　14.(C)　15.(C)　16.(A)　17.(C)　18.(B)　19.(A)

20.(C)　21.(A)　22.(C)

● Chapter 6　習題解析

1. $\beta_P = W_1\beta_1 + W_2\beta_2$，已知 $\beta_P = 0.84$，$\beta_1 = 1.2$，$\beta_2 = 0$，$W_1 + W_2 = 1$，則 $0.84 = W_1 \times 1.2 + W_2 \times 0$，得 $W_1 = 0.84/1.2 = 0.7$，$500 \times 0.7 = 350$（萬）。

2. 最小變異投資組合可得到 $W_X = \dfrac{\sigma_Y^2 - cov(X, Y)}{\sigma_X^2 + \sigma_Y^2 - 2cov(x, Y)}$，$W_Y = 1 - W_X$，若 $\sigma_Y > \sigma_X$ 則 $\sigma_Y^2 > \sigma_X^2$，即 $W_X > W_Y$。

3. 已知 $\sigma_甲 = 0.1$，$\sigma_乙 = 0.1$，$cov(甲, 乙) = 0.005$，

   則 $\rho_甲 = \dfrac{cov(甲, 乙)}{\sigma_甲\sigma_乙} = \dfrac{0.005}{0.1 \times 0.1} = 0.5$。

4. 投資組合僅能分散非系統風險，而系統風險仍是存在的。

5. 由 $\sigma_P = \sqrt{W_1\sigma_1^2 + W_2\sigma_2^2 + 2W_1W_2\rho_{12}\sigma_1\sigma_2}$，若 $\rho_{12} = 0$，則 $\sigma_P = \sqrt{W_1\sigma_1^2 + W_2\sigma_2^2}$，即 $\rho_{12} = 0$，有風險分散效果。

7. 由 $\rho_{12} = \dfrac{cov(R_1, R_2)}{\sigma_1\sigma_2}$，若 $\rho_{11} = \dfrac{cov(R_1, R_1)}{\sigma_1 \cdot \sigma_1} = \dfrac{E(R_1 - \mu_1)(R_1 - \mu_1)}{\sigma_1 \cdot \sigma_1} = \dfrac{\sigma_1^2}{\sigma_1 \cdot \sigma_1} = 1$。

8. $W_甲 = \dfrac{1,000 \times 30}{1,000 \times 30 + 4,000 \times 22.5} = \dfrac{1}{4}$。

9. $\sigma_P = \sqrt{W_1\sigma_1^2 + W_2\sigma_2^2 + 2W_1W_2\rho_{12}\sigma_1\sigma_2}$，當 $\rho_{12} = -1$，

   則 $\sigma_P = \sqrt{(\sigma_1W_1 - \sigma_2W_2)^2} = |\sigma_1W_1 - \sigma_2W_2|$，令 $\sigma_P = |\sigma_1W_1 - \sigma_2W_2| = 0$，

   則 $W_1\sigma_1 = W_2\sigma_2$。

11. 由 $\sigma_P = \sqrt{W_1\sigma_1^2 + W_2\sigma_2^2 + 2W_1W_2\rho_{12}\sigma_1\sigma_2}$，當 $\rho_{12} = 1$，則 $\sigma_P = \sigma_1W_1 + \sigma_2W_2$，

當 $\rho_{12} = -1$，則 $\sigma_P = |\sigma_1 W_1 - \sigma_2 W_2|$，故 ρ_{12} 越大則 σ_P 越大，風險分散的效果越差。

12. 公司發生火災是屬於個別風險或稱為非系統風險。

15. 石油危機、世界大戰皆為市場風險或稱為系統風險。

16. 當可能最大報酬率－可能最低報酬率＝全距，全距越大表示風險越大。

17. 個別公司在經營上面臨的風險，是屬於事業風險。

18. 投資組合僅能分散非系統風險。

19. 透過投資組合可分散非系統風險。

20. 股票之個別風險是屬於非系統風險，可透過投資組合分散的。

21. 依題意，(A) 為個別公司的行為，屬於個別風險，可經由投資組合予以分散。

22. 總風險＝非系統風險＋系統風險，經由投資組合可分散非系統風險，使得總風險下降。

Chapter **7**

資本市場理論

7-1 資本配置線 (CAL)

假設投資在風險性投資組合 R 的比例為 W，投資在無風險性資產 f 的比例為 1 − W，若 r_R 表示風險性投資組合的報酬率，r_f 表示無風險性資產的報酬率，$E(r_P)$ 表示預期報酬，σ_P 為標準差。整體投資組合 P 的報酬率 r_P 為 $r_P = wr_R + (1 − w)r_f$，期望報酬為：$E(r_P) = wE(r_R) + (1 − w)r_f$，變異數為：

$Var(r_P) = Var(wr_P + (1 − w)r_f) = Var(wr_R) = w^2 Var(r_R)$，即 $\sigma_P = w\sigma_R$。

當 w = 1，表示把全部資金都投資風險性資產，則：

$$r_P = 1 \times r_R + (1 − 1)\, r_f = r_R，\sigma_P = w\sigma_R = 1 \times \sigma_R = \sigma_R，$$

當 w = 0，表示把全部資金都投資無風險性資產，則：

$$r_P = 0 \times r_R + (1 − 0)\, r_f = r_f，\sigma_P = w\sigma_R = 0 \times \sigma_R = 0。$$

將 w = 1 的 $(r_P, \sigma_P) = (r_R, \sigma_R)$ 與 w = 0 的 $(r_P, \sigma_P) = (r_R, 0)$ 這兩點座標連成一條直線。

由國中數學公式：

$$\frac{y − y_0}{x − x_0} = m = \frac{y_1 − y_0}{x_1 − x_0}，\quad m：斜率$$

$\dfrac{\sigma_P − 0}{r_P − r_f} = \dfrac{\sigma_R − 0}{r_R − r_f}$ 移項得 $r_P − r_f = \dfrac{r_R − r_f}{\sigma_R}\sigma_P$，

即 $r_P = r_f + \dfrac{r_R − r_f}{\sigma_R}\sigma_P$，稱為資本配置線 (CAL)。

7-2 效率投資組合與效率前緣

如下圖左所示：假設有 A、B、C、D 四個投資組合，「在相同報酬率下，選擇風險最低的」且「在相同風險下，選擇報酬最高的」原則下稱為效率投資組合，所以只有 A、D 是符合效率投資組合，再將 A、D 連成一線，即稱為「效率前緣」。如果納入新的投資組合可以降低風險，則在相同的報酬較低的風險下，效率前緣將由 A 往左上方 A′ 移動。如下圖右所示：

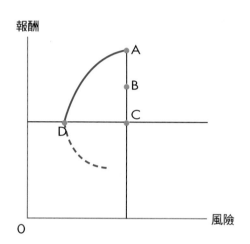
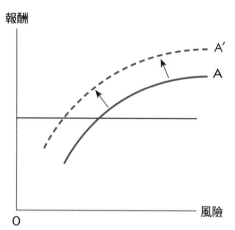

Chapter 7

資本市場理論

7-3　效率前緣線的特性

效率前緣線上的投資組合皆是**效率投資組合**。

效率前緣線往**左上方**移動，表示投資組合的報酬率越高且風險越低；效率前緣線往**右下方**移動，表示投資組合的報酬率越低且風險越高，屬於**無效率**的投資組合。

王老師的投資實務筆記

你是在執行投資組合或資產配置？

某甲投資股票、黃金、房地產等，這是「資產配置」。某乙買股票包括電子股、金融股、生技股等，這是「投資組合」。通常投資組合是指基金經理人將市場所募集的資金，在法令的規範下從事投資標的之資金配置。「投資學」的投資組合的風險與平均報酬，其實是以基金經理人的立場而言。至於散戶從事股票操作僅以三檔股票左右即可，不需要仿效基金經理人一般，買多檔股票形成所謂的投資組合。

7-4 資本市場線 (CML)

如下圖所示，如果把前面的資本配置線 (CAL) 與效率前緣線相切在 M 點上，把 M 點和 r_f 連線，這條線稱為資本市場線 (CML)，這條線的位置都比任何位於效率前緣線的投資組合如 P′、T 點，在相同的風險下卻有較高的預期報酬率。圖形上的 M 點是表示投資人把全部的資金都購買最適風險性的投資組合，即 W = 1。r_f 點是表示投資人把全部的資金都購買無風險性的投資組合，即 W = 0。

當 w = 1，$(r_P, \sigma_P) = (r_M, \sigma_M)$，

當 w = 0，$(r_P, \sigma_P) = (r_f, 0)$。

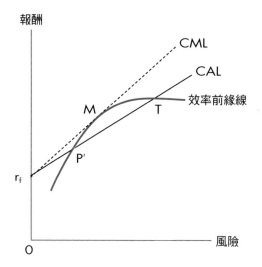

由國中數學公式：

$$\frac{y - y_0}{x - x_0} = m = \frac{y_1 - y_0}{x_1 - x_0}，m：斜率$$

$$\frac{\sigma_P - 0}{r_P - r_f} = \frac{\sigma_M - 0}{r_M - r_f} \ 移項得 \ r_P - r_f = \frac{r_M - r_f}{\sigma_M} \sigma_P，$$

即 $r_P = r_f + \dfrac{r_M - r_f}{\sigma_M}\sigma_P$ ，稱為資本市場線 (CML)。

7-4-1 資本市場線 (CML) 的資金配置

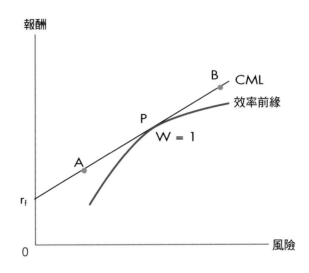

如上圖所示，P 點：w = 1，表示投資人完全持有風險性資產，該資金比例配置等於 1。

A 點：w < 1，表示投資人對於風險性資產的資金比例配置小於 1。

例：若 W = 0.7，$r_P = wr_R + (1 - w) r_f = 0.7r_R + (1 - 0.7) r_f = 0.7r_R + 0.3r_f$，$\sigma_P = w\sigma_R = 0.7\sigma_R$。

B 點：w > 1，表示投資人對於風險性資產的資金比例配置大於 1。

例：若 W = 1.4，$r_P = wr_R + (1 - w) r_f = 1.4r_R + (1 - 1.4) r_f = 1.4r_R - 0.4r_f$，$\sigma_P = w\sigma_R = 1.4\sigma_R$。

7-5 資本資產定價模式 (CAPM)

資本資產定價模式 (CAPM)，用來評估個別有價證券風險與預期報酬的關係，一般而言，市場投資組合係包括市場上所有的資產投資組合，要形成此投資組合是件困難的事，例如：以股票市場而言要把上市與上櫃公司的發行股票形成投資組合，在資金上的配置就要大費周章了，所以在實務上常以大盤的指數來替代市場的投資組合，由於採大盤的指數等於是把公司風險（或稱為個別風險）全部分散了，

僅剩下無法經由投資組合予以分散的系統風險。先前的資本市場線 (CML) 是用來評估資產投資組合的風險，與資產投資組合的預期報酬的關係，而資本資產定價模式 (CAPM) 是把投資組合改成個別資產的預期報酬，風險則僅有系統風險這一項了。

7-5-1 資本資產定價模式 (CAPM) 的基本假設

1. 所有投資人均為風險規避者。
2. 投資人作決策時，只根據投資組合報酬之期望值與標準差來選擇風險性資產。
3. 投資人對投資組合有一致的預期報酬。
4. 資本市場為完全競爭市場，投資者為價格接受者。
5. 存在一個無風險利率，投資人可在此無風險利率下，進行無限制借貸。
6. 所有資產都可以交易且可以無限分割。
7. 無任何交易成本及所得稅的問題。

7-5-2 資本資產定價模式 (CAPM)

在資本資產定價模式 (CAPM) 的假設下，可推導出在市場均衡時，資產的期望報酬。

$$E(R_i) = R_f + (E(R_m) - R_f) \times \beta_i$$

$E(R_i)$：第 i 項資產的期望報酬

R_f：無風險利率

R_m：市場投資組合報酬

β_i：第 i 項資產之系統風險，$\beta_i = \dfrac{\text{cov}(R_i, R_m)}{\sigma_m^2}$

7-5-3 β 係數

在資本資產定價模式 (CAPM) 的假設下，Shape (1963) 發展出市場均衡模式，資產的期望報酬係由其相對之 β 來決定，而資產的值，可以由歷史資料之個別資產報酬，與市場投資組合報酬作迴歸分析而求得。其迴歸式為：

$$R_{i,t} = \alpha + \beta_i R_{m,t} + e_{i,t}$$

$$\beta_i = \frac{\text{cov}(R_i, R_m)}{\sigma_m^2} = \frac{\rho_{i,m} \sigma_i \sigma_m}{\sigma_m^2} = \frac{\rho_{i,m} \sigma_i}{\sigma_m}$$

式中：$\rho_{i,m}$：第 i 項資產和市場投資組合的相關係數

$\quad\quad\ \sigma_i$：第 i 項資產報酬的標準差

$\quad\quad\ \sigma_m$：市場投資組合報酬的標準差

對市場模式全微分得 $\Delta R_{i,t} = \Delta\alpha + \beta_i \Delta R_{m,t} + \Delta e_{i,t}$，$\Delta R_{i,t} = \beta_i \Delta R_{m,t}$，

$\beta_i = \dfrac{\Delta R_{i,t}}{\Delta R_{m,t}}$ 表示市場投資組合報酬變動後，相對於第 i 項資產報酬的變動。

情況 1：

$\beta_i = \dfrac{\Delta R_{i,t}}{\Delta R_{m,t}} > 1$，$\Delta R_{i,t} > \Delta R_{m,t}$，表示第 i 項資產報酬率的變動大於市場投資

組合報酬的變動。

情況 2：

$\beta_i = \dfrac{\Delta R_{i,t}}{\Delta R_{m,t}} = 1$，$\Delta R_{i,t} = \Delta R_{m,t}$，表示第 i 項資產報酬率的變動等於市場投資

組合報酬的變動。

情況 3：

$\beta_i = \dfrac{\Delta R_{i,t}}{\Delta R_{m,t}} < 1$，$\Delta R_{i,t} < \Delta R_{m,t}$，表示第 i 項資產報酬率的變動小於市場投資

組合報酬的變動。

注意：當 $\beta_i = 1$ 時，代入 $E(R_i) = R_f + (E(R_m) - R_f)\beta_i$，則：

$E(R_i) = R_f + (E(R_m) - R_f) \times 1 = E(R_m)$，表示當系統風險值等於 1 時，個別
資產的預期報酬，等於市場投資組合的報酬。

7-6 證券市場線 (SML)

資本資產定價模式 (CAPM)，若以橫軸座標為系統風險係數，縱軸座標為個別資產的期望報酬率，如下圖，表示如下：

$$E(R_i) = R_f + (E(R_m) - R_f)\beta_i$$

$$斜率 \frac{\Delta E(R_i)}{\Delta \beta_i} = E(R_m) - R_f$$

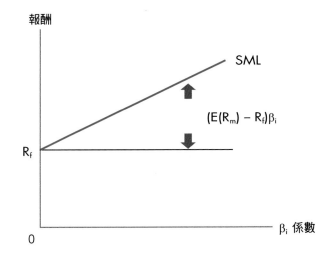

均衡的調整：如下圖，當市場達於均衡時，所有個別資產之報酬均落在 SML 線上，例如 C′ 點。若個別資產之報酬未落在 SML 上，表示市場未達均衡，而將經由市場機能自動調整達成均衡。

例如：A 點，在 β_A 的風險水準下所對應的資產報酬應為 R_A'，但實際的報酬為 R_A，而 $R_A > R_A'$ 表示該資產的價格被低估了，因此會引起投資人爭相購買，使得該資產的價格上升，而報酬率也跟著下降，直到 A 點回到 SML 線上之 A′ 為止。

報酬

SML

$(E(R_m) - R_f)\beta_i$

R_f

β_i 係數

0

例如：B 點，在 β_B 的風險水準下所對應的資產報酬應為 R_B'，但實際的報酬為 R_B，而 $R_B > R_B'$ 表示該資產的價格被高估了，因此會引起投資人爭相拋售，使得該資產的價格下降，而報酬率也跟著上升，直到 B 點回到 SML 線上之 B′為止。

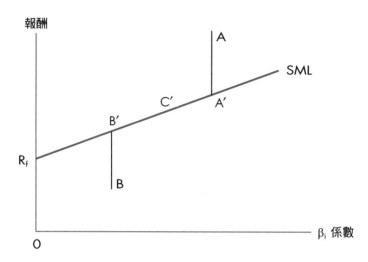

7-7 套利定價理論 (APT)

套利定價理論 (APT) 係由 Ross (1976) 提出的它的假設如下：

1. 投資人對資本報酬有相同的預期報酬。
2. 資本市場為完全競爭市場且無任何交易成本。
3. 個別證券預期報酬率與多個共同因子呈線性關係。

套利定價理論 (APT)

$$E(R_i) = R_f + b_{i,1}F_1 + b_{i,2}F_2 + ... + b_{i,k}F_k = R_f + b_{i,1}(E(R_1) - R_f)$$
$$+ b_{i,2}(E(R_2) - R_f) + ... + b_{i,k}(E(R_k) - R_f)$$

式中：

$E(R_i)$：資產 i 的預期報酬率

R_f：無風險利率

$b_{i,k}$：第 i 項資產與第 k 個共同因子變動的敏感度係數，稱為因素負荷量 (Factor Loading)

F_k：資產的第 k 個共同因子

$(E(R_k) - R_f)$：第 k 個共同因子之風險溢酬

7-7-1 套利定價理論 (APT) 與資本資產定價模式 (CAPM) 的關係

若套利定價理論 (APT) 中，當 k = 1 時，則模式為 $E(R_i) = R_f + b_{i,1}F_1 = R_f + b_{i,1}(E(R_1) - R_f)$，相當於資本資產定價模式 (CAPM)，所以資本資產定價模式 (CAPM) 是套利定價理論 (APT) 的特例，或是套利定價理論 (APT) 為資本資產定價模式 (CAPM) 的一般式。

 **例 1**

在二因素 APT 模式中,第一和第二因素之風險溢酬分別為 6% 及 3%。若某股票相對應於此二因素之貝它係數分別為 1.5 及 0.6,且其期望報酬率為 17%。假設無套利機會,則無風險利率應為:
(A)6.2%　(B)6.5%　(C)7%　(D)8%

(106 年第四次高業投資學)

答 (A)

由 APT 模式:
$$E(R_i) = R_f + b_{i,1}(E(R_1) - R_f) + b_{i,2}(E(R_2) - R_f)$$

已知 $(E(R_1) - R_f) = 6\%$,$(E(R_2) - R_f) = 3\%$,$b_{i,1} = 1.5$,$b_{i,2} = 0.6$,$E(R_i) = 17\%$,代入上式,得 $17\% = R_f + 1.5 \times 6\% + 0.6 \times 3\%$,得 $R_f = 6.2\%$。

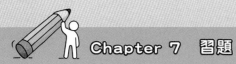

(　) 1. 根據 CAPM，非系統風險高之證券：

    (A) 其期望報酬率應較高　　　　(B) 其系統風險也較高

    (C) 其貝它係數也較高　　　　　(D) 其期望報酬率不一定較高

(　) 2. 甲股票之報酬率與市場報酬率之相關係數為 1，其標準差為 20%，
若市場報酬率標準差為 10%，請問該股票之貝它係數為何？

    (A) 2.00　　　　　　　　　　　(B) 1.67

    (C) 1.33　　　　　　　　　　　(D) 資料不足，無法計算

(　) 3. 所謂效率投資組合 (Efficient Portfolio) 是指：

    甲 . 在固定風險水準下，期望報酬率最高的投資組合

    乙 . 在固定期望報酬率水準下，風險最高之投資組合

    丙 . 在固定風險水準下，期望報酬率最低之投資組合

    丁 . 在固定期望報酬率水準下，風險最低之投資組合

    (A) 甲與乙　　　　　　　　　　(B) 甲與丁

    (C) 乙與丙　　　　　　　　　　(D) 丙與丁

(　) 4. 在 CAPM 模式中，若已知甲股票的預期報酬率為 16.5%，甲股票
的貝它係數為 1.1，目前無風險利率為 5.5%，則市場風險溢酬為：

    (A) 8%　　　　　　　　　　　 (B) 9%

    (C) 10%　　　　　　　　　　　(D) 11%

(　) 5. 根據 CAPM，下列何者正確？

    (A) 所有證券都在資本市場線上

    (B) 所有證券都在證券市場線上

    (C) 價值低估的證券位在證券市場線上的下方

    (D) 選項 (B) 與 (C) 都正確

(　) 6. 一風險性證券，其貝它係數為正，估計該證券一年後的期望價格為
106 元，無風險利率為 106%。請問該證券目前的合理價格應：

    (A) 高於 100 元　　　　　　　　(B) 等於 100 元

(C) 低於 100 元　　　　　　　(D) 無法決定

( )　7. 在報酬率─標準差的圖形中，連接無風險利率與市場投資組合的線
是：
(A) 資本市場線　　　　　　　(B) 無異曲線
(C) 效用曲線　　　　　　　　(D) 證券市場線

( )　8. 在 CAPM 模式中，若已知無風險利率為 6%，市場預期報酬為
11%，則證券市場的方程式為：
(A) 6% + β × 11%　　　　　　(B) 6% + β × 5%
(C) 7% + β × 11%　　　　　　(D) 5% + β × 11%

( )　9. 關於具有風險厭惡（規避）特性的投資者而言，以下何者為是？
(A) 他們僅考量報酬率來選擇投標的
(B) 他們僅接受期望報酬高於無風險利率的風險性投資標的
(C) 他們願意接受較低報酬及高風險的投資標的
(D) 以上 (A)、(B) 選項皆是

( )10. 有關市場投資組合之敘述何者錯誤？
(A) 包括市場上所有的資產或證券的投資組合
(B) 通常以大盤股價指數衡量市場投資組合價格
(C) 貝它係數為 1 之投資組合
(D) 市場投資組合可以避免系統風險

( )11. 下列對無風險證券之描述何者正確？
甲 . 其報酬率低於市場報酬率
乙 . 其貝它係數約等於 1
丙 . 其報酬率標準差等於 0
丁 . 其報酬率與任何其他證券報酬率之相關係數等於 1
(A) 僅甲、乙、丙　　　　　　(B) 僅乙、丙、丁
(C) 僅甲、丙　　　　　　　　(D) 僅乙、丁

( )12. 請問何者為資本市場線 (CML) 存在的假設條件？

甲.無風險資產的存在

乙.投資人對所有證券報酬率的機率分配有一致性的預期

丙.投資人風險態度。

(A) 僅甲、乙　　　　　　　　　(B) 僅乙、丙

(C) 僅甲、丙　　　　　　　　　(D) 甲、乙、丙

(　　) 13. 在市場投資組合右上方之投資組合，其市場投資組合與無風險資產權重可能為多少？

(A) 0.7 及 0.3　　　　　　　　(B) 0.9 及 0.1

(C) −0.2 及 0.2　　　　　　　(D) 1.3 及 −0.3

(　　) 14. 所有風險相同而期望報酬率最高，且期望報酬率相同而風險最低之投資組合構成的集合稱為：

(A) 效率前緣　　　　　　　　　(B) 最小風險集合

(C) 最大報酬集合　　　　　　　(D) 最小變異數集合

(　　) 15. 若某個別證券的報酬位於證券市場線 (SML) 之上方，表示：

(A) 個別證券未能提供預期報酬率

(B) 價格被低估

(C) 對該證券的需求將會減少

(D) 價格被高估

(　　) 16. 有關資本市場線的敘述，何者不正確？

(A) 為效率前緣

(B) 斜率為正

(C) 投資人效用無異曲線與資本市場線的相切之處，即為市場投資組合

(D) 在市場投資組合與無風險資產之間的投資組合，其投資於市場投資組合之權重介於 0 與 1 之間

(　　) 17. 套利定價理論 (Arbitrage Pricing Theony) 是何人所提出？

(A) L.Fisher　　　　　　　　　(B) H.Markowitz

(C) S.Ross　　　　　　　　　　(D) W.Sharpe

（　）18. 當資本市場投資人更加規避風險，並且預期通貨膨脹將上升時，證券市場線之形狀將如何變化？

(A) 截距上升、斜率增加　　　(B) 截距上升、斜率減少

(C) 截距下降、斜率增加　　　(D) 截距下降、斜率減少

（　）19. 證券市場線中，何者的變動將使 SML 斜率變平緩？

(A) β 的減少　　　　　　　　(B) 通貨膨脹率下降

(C) R_m 的減少　　　　　　　(D) R_f 的減少

（　）20. 描述期望報酬率與 β 值之間關係的線，稱為：

(A) 資本市場線 (Capital Market Line)

(B) 效率集合 (Efficient Set)

(C) 證券市場線 (Security Market Line)

(D) 等平均線 (Iso-Ment Line)

（　）21. 由無風險利率和風險溢酬組成，描述預期報酬率和多個因子存在線性關係的理論是：

(A) 套利定價理論 (Arbitrage Pricing Theory)

(B) 投資組合理論 (Portfolio Theory)

(C) 證券市場線 (Capital Asset Pricing Model)

(D) 等平均線 (Efficient Market Theory)

（　）22. 下列敘述何者有誤？

(A) 效率投資組合必落於 SML 上

(B) 效率投資組合必落於 CML 上

(C) 在 SML 上之投資組合皆為效率投資組合

(D) 在 CML 上之投資組合皆為效率投資組合

（　）23. 資本資產定價理論是描述哪二者之間的關係？

(A) 利率一期望報酬率　　　　(B) 風險一期望報酬率

(C) 利率一價格　　　　　　　(D) 貝它一風險

（　）24. 根據 CAPM，某證券期望報酬率僅與該證券之系統風險有關，是因為：

(A) 非系統風險可分散，故投資者不會對其要求額外報酬

(B) 該證券的非系統風險很小，固可忽略不計

(C) CAPM 理論上的缺陷，無法考慮非系統風險

(D) 非系統風險無法衡量，故將之忽略不計

( ) 25. 套利定價理論是根據下列何種觀念？

(A) 風險不同的證券，其期望報酬率也可能相同

(B) 風險完全相同的證券，其期望報酬率也應該相同

(C) 不同種類的證券，即使其風險完全相同，其期望報酬率也不會相同

(D) 選項 (A)、(B)、(C) 皆是

( ) 26. 設無風險利率為 4%，市場預期報酬率為 11%。證券 X 之貝它係數為 1.3，其報酬率預期為 12%，則投資者應：

(A) 買入證券 X，因其價格低估　(B) 賣出證券 X，因其價格低估

(C) 賣出證券 X，因其價格高估　(D) 買入證券 X，因其價格高估

( ) 27. 對一風險趨避 (Risk Aversion) 的投資者而言，投資風險性投資組合：

(A) 會要求風險溢酬 (Risk Premium)

(B) 只要求無風險報酬率

(C) 只要求與市場相同之報酬率

(D) 根本不會投資任何風險性資產

( ) 28. 根據 CAPM，非系統風險高的證券：

(A) 該股票必為瀕臨破產之問題股

(B) 該股票的期望報酬率必小於無風險利率

(C) 該股票價值低估，應有套利機會

(D) 該股票必為大型績優股

( ) 29. APT 不同於 CAPM，主要原因是 APT：

(A) 更強調市場風險　　　　　(B) 不須強調分散風險

(C) 包含多項非系統風險因素　(D) 包含多項系統風險因素

（　）30. A 股票之期望報酬率等於 13%，其貝它係數為 1.2，設無風險利率為 5%，市場預期報酬率等於 10%。根據 CAPM，該證券的價格為：
(A) 低估　　　　　　　　　(B) 高估
(C) 公平　　　　　　　　　(D) 無法得知

（　）31. 對於市場投資組合 (Market Portflion) 之敘述，下列何者錯誤？
(A) 它包括市場上所有的證券
(B) 它位於效率前緣 (Efficient Frontier) 上
(C) 它所包含的證券投資比重均相同
(D) 它的非系統風險已充分分散

（　）32. 資本資產定價理論 (CAPM)，預測一股票之期望報酬率高於市場投資組合報酬率，則貝它係數：
(A) 小於 1　　　　　　　　(B) 大於 1
(C) 大於 0　　　　　　　　(D) 小於 0

（　）33. 有關效率前緣理論的敘述何者為非？
(A) 在相同風險下，其預期報酬率最高者
(B) 在相同預期報酬下，風險最低者
(C) 效率前緣可指出哪些投資組合是有效率的
(D) 效率前緣右上方的投資組合都是無效的

（　）34. 有關一價格高估之股票，下列敘述何者正確？
(A) 位於證券市場線 (SML)　　(B) 位於 SML 下方
(C) 位於 SML 上方　　　　　(D) 報酬等於無風險利率

（　）35. 若證券預期報酬率等於無風險利率，則貝它係數為：
(A) 0　　　　　　　　　　　(B) 1
(C) –1　　　　　　　　　　(D) 不一定

（　）36. 若一投資組合為所有相關期望報酬率的投資組合中，風險最小者，則我們稱此投資組合為：
(A) 市場投資組合　　　　　(B) 最小變異投資組合
(C) 效率投資組合　　　　　(D) 切線投資組合

（　）37. 某甲持股之貝它係數為 1，若市場預期酬率為 12%，則其持股之預期報酬為：
(A) 高於 12%　　　　　　　　　(B) 12%
(C) 低於 12%　　　　　　　　　(D) 選項 (A)、(B)、(C) 皆非

（　）38. 由無風險資產報酬延伸與效率前緣相切的直線稱為：
(A) 證券市場線 (Security Market Line)
(B) 資本市場線 (CML)
(C) 效用曲線
(D) 報酬等於無風險利率

（　）39. 依資本市場線 (CML)，風險規避程度很低的投資人，為了效用極大化，會採取下列何種策略？
(A) 不進行借貸行為，而將本身自有的資金全部購買市場投資組合
(B) 會將資金借給他人，再將剩餘的資金全部購買市場投資組合
(C) 會向他人借入資金，再將全部的資金全部購買市場投資組合
(D) 僅投資於共同資金

（　）40. 一個適當分散風險之投資組合的報酬主要是受下列何者影響？
(A) 包含證券數目　　　　　　　(B) 系統風險
(C) 選證券所屬的產業　　　　　(D) 非系統風險

（　）41. 根據資本資產訂價模型 (CAPM)，若一證券之期望報酬率低於市場投資組合報酬率，則：
(A) 貝它係數小於 1　　　　　　(B) 貝它係數大於 1
(C) 貝它係數等於 0　　　　　　(D) 貝它係數小於 0

（　）42. 當投資人的風險態度轉趨保守時，證券市場線 (SML) 將會：
(A) 向上平移　　　　　　　　　(B) 向下平移
(C) 斜率變陡　　　　　　　　　(D) 斜率變緩

（　）43. 市場投資組合的預期報酬值為 20%，無風險利率為 6%，則風險溢酬為：
(A) 3%　　　　　　　　　　　　(B) 9%

(C) 14%   (D) 資訊不足

( )44. 何者不是影響資本市場線 (CML) 的斜率因素？
     (A) 市場報酬率   (B) 無風險利率
     (C) 市場報酬率標準差   (D) 投資組合報酬標準差

( )45. 若一投資組合的貝它係數小於 0，則其與市場投資組合的相關係數
     為：
     (A) 1   (B) 小於 0
     (C) 大於 0   (D) 資料不足，無法判斷

( )46. 貝它 (Beta) 係數為負之證券最能：
     (A) 提高投資組合報酬率
     (B) 降低投資組合風險
     (C) 提高夏普 (Sharpe) 績效指標
     (D) 提高投資組合風險

( )47. 根據資本資產訂價模型 (CAPM)，某積極成長型基金的基金經理
     人，其購買證券的貝它係數應為：
     (A) 大於 1   (B) 小於 1
     (C) 等於 0   (D) 小於 0

1.(D) 2.(A) 3.(B) 4.(C) 5.(B) 6.(C) 7.(A) 8.(B) 9.(B) 10.(D)
11.(C) 12.(A) 13.(D) 14.(A) 15.(B) 16.(A) 17.(C) 18.(A) 19.(C)
20.(C) 21.(A) 22.(C) 23.(B) 24.(A) 25.(B) 26.(C) 27.(A) 28.(B)
29.(D) 30.(A) 31.(C) 32.(B) 33.(D) 34.(B) 35.(A) 36.(C) 37.(B)
38.(B) 39.(C) 40.(B) 41.(A) 42.(C) 43.(C) 44.(C) 45.(B) 46.(B)
47.(A)

● Chapter 7 習題解析

1. CAPM 的模式為 $E(R_i) = R_f + (E(R_m) - R_f)\beta_i$，影響 $E(R_i)$ 的風險僅討論系統風險 (β_i)，並未包括非系統風險。

2. $\beta_i = \dfrac{\rho_{i,m}\sigma_i}{\sigma_m} = \dfrac{1 \times 20\%}{10\%} = 2$。

3. 乙. 在固定期望報酬率水準下，風險最低之投資組合。
   丙. 在固定風險水準下，期望報酬最高之投資組合。

4. 由 $E(R_i) = R_f + (E(R_m) - R_f) \times \beta_i$，已知 $E(R_i) = 16.5\%$，$\beta_i = 1.1$, $R_f = 5.5\%$，代入上式 $16.5\% = 5.5\% + (E(R_m) - 5.5\%) \times 1.1$，得 $E(R_m) = 0.155$，市場風險溢酬 $0.155 - 5.5\% = 10\%$。

5. 將 CAPM 模式以橫軸為 β 係數，縱軸為個別證券的期望報酬率所描繪的圖形，就是證券市場線 (SML)。

6. $R_f = 6\%$，$106 = P_0(1 + 6\%)$，得 $P_0 = \dfrac{106}{1+6\%} = 100$。

8. 由 SML 模式：$E(R_i) = R_f + (E(R_m) - R_f) \times \beta_i$，已知 $R_f = 6\%$, $E(R_m) = 11\%$，代入上式得 $E(R_i) = 6\% + (11\% - 6\%)\beta_i = 6\% + 5\%\beta_i$。

9. 風險規避者的投資人，其投資將介於無風險利率和市場投資組合之間，但其期望報酬高於無風險利率。

10. 市場投資組合無法避免系統風險，僅能避免非系統風險。

11. 乙：當 $\beta_i = 1$ 時，$E(R_i) = E(R_m)$。

丁：無風險證券的報酬率與任何其他證券報酬率的相關係數為 0。

13. 在市場投資組合右上方之投資組合，表示投資人對於風險性資產的資金比例的配置大於 1，例如：1.3，而在無風險資產是採借入現金的方式，例如：1 − 1.3 = −0.3。

15. 某證券的報酬位於 SML 之上方，表示該證券的價值被低估，會引起投資人爭相購買，使得其價格上升，而報酬率也跟著下降，一直到回到 SML 線為止。

16. 投資人的效用無異曲線與資本市場線的相切之處，是投資人決定在市場投資組合與無風險資產的資金配置情形。

18. 要求規避風險則 R_f 上升，將使 SML 截距上升，並且預期通貨膨脹上升，則對 $E(R_m)$ 的要求提高，將使 SML 斜率增加。

19. SML 的斜率 $\dfrac{\Delta E(R_i)}{\Delta \beta_i} = E(R_m) - R_f$，當 R_m 下降或 R_f 上升，則 SML 的斜率變平緩。

23. CAPM 的模式為 $E(R_i) = R_f + (E(R_m) - R_f) \times \beta_i$，其圖形橫軸為 β_i（系統風險），縱軸為 R_i（預期報酬率）。

24. CAPM 的模式為 $E(R_i) = R_f + (E(R_m) - R_f) \times \beta_i$，其圖形橫軸為 β_i，縱軸為 R_i，表示風險僅有系統風險，而非系統風險已經被分散了。

26. 由 SML 模式：$E(R_i) = R_f + (E(R_m) - R_f) \times \beta_i$，已知 $R_f = 4\%$，$E(R_m) = 11\%$，$\beta_i = 1.3$ 代入上式得 $E(R_i) = 4\% + (11\% - 4\%) \times 1.3 = 0.131$，即 $E(R_i) = 0.131 > 12\%$。表示其價格被高估，應賣出。

30. 由 CAPM 模式：$E(R_i) = R_f + (E(R_m) - R_f) \times \beta_i$，已知 $\beta_i = 1.2$，$R_f = 5\%$，$E(R_m) = 10\%$ 代入得 $E(R_i) = 5\% + (10\% - 5\%) \times 1.2 = 0.11$，即 $E(R_i) = 0.11 < 13\%$，表示其價格被低估。

31. 市場投資組合是表示投資人把全部的資金，都購買最適風險性的投資組合，即資金的投入比重 $W = 1$。

32. 由 $R_i = \alpha + \beta_i R_m$，$\dfrac{\Delta R_i}{\Delta R_m} = \beta_i$，若 $\beta_i > 1$，則 $\Delta R_i > \Delta R_m$。

34. 在 SML 下方，表示該資產的價格被高估了，因此會引起投資人拋售，使該資產價格下降，而報酬率也跟著上升，直到回到 SML 線為止。

35. 由 $E(R_i) = R_f + (E(R_m) - R_f) \times \beta_i$，已知 $E(R_i) = R_f$，則 $(E(R_m) - R_f) \times \beta_i = 0$，

即 $(E(R_m) - R_f) = 0$ 或 $\beta_i = 0$。

36. 效率投資組合是在固定期望報酬水準下，風險最低的投資組合。或是在固定風險水準下，期望報酬最高之投資組合。

37. 由 $\dfrac{\Delta R_i}{\Delta R_m} = \beta_i$，已知 $\beta_i = 1$，$\Delta R_m = 12\%$，則 $\dfrac{\Delta R_i}{12\%} = 1$，即 $\Delta R_i = 12\%$。

39. 風險規避程度越小，無風險資產的投資比重則越低，甚至借入資金來增加市場投資組合的投資比重。

41. 由 $\dfrac{\Delta R_i}{\Delta R_m} = \beta_i$，若 $\beta_i < 1$，則 $\Delta R_i < \Delta R_m$。

42. SML 的斜率 $\dfrac{\Delta E(R_i)}{\Delta \beta_i} = E(R_m) - R_f$，當投資人的風險態度轉趨保守時，$E(R_m) - R_f$ 增加，則 SML 的斜率變大。

43. 風險溢酬＝市場投資組合的預期報酬值 － 無風險利率 = 20% － 6% = 14%。

44. CML 的斜率 $\dfrac{\Delta r_p}{\Delta \sigma_p} = \dfrac{r_m - r_f}{\sigma_m}$，表示 r_m、r_f、σ_m 皆會影響 CML 的斜率。

45. $\beta_i = \dfrac{\rho_{i,m} \sigma_i}{\sigma_m}$，若 $\beta_i < 0$，且 $\sigma_i > 0$，$\sigma_m > 0$，則 $\rho_{i,m} < 0$。

46. $\beta_i = \dfrac{\text{cov}(R_i, R_m)}{\sigma_m^2} = \dfrac{\rho_{i,m} \times \sigma_i}{\sigma_m}$，若 $\beta_i < 0$ 則 $\rho_{i,m} < 0$，表示該證券和投資組合成負相關。

47. $\dfrac{\Delta R_i}{\Delta R_m} = \beta_i$，若 $\beta_i > 1$，則 $\Delta R_i > \Delta R_m$，表示該證券期望報酬率的變動大於市場報酬率的變動。

Chapter **8**

效率市場假說

8-1 市場假說

　　股價已充分反應所有既有訊息的假設，我們稱為效率市場假說 (Efficient Market Hypothesis, EMH)。效率市場假說的三個層次：即股價對於過去、現在與未來的資訊之反應。

效率市場假說

01 弱式效率市場假說

02 半強式效率市場假說

03 強式效率市場假說

8-1-1　弱式效率市場假說 (Weak-form Efficient Market Hypothesis)

　　認為股價充分反應了過去所有的歷史訊息，包括各種已發生的交易資訊，如過去的成交價或交易量等。

8-1-2　半強式效率市場假說 (Semistrong-form Efficient Market Hypothesis)

　　認為股價已反應已公開的即時訊息。

8-1-3　強式效率市場假說 (Strong-form Efficient Market Hypothesis)

　　認為股價反應了過去的歷史資訊、已公開的即時資訊，同時也反應了公司的內線消息。

8-2 弱式效率市場的檢測

歷史資訊無法獲利,則弱式效率市場假說是成立的。

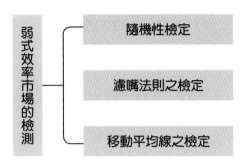

8-2-1　隨機性檢定

若依據先前股價的走勢(歷史資料)來預測股價未來的走勢卻無法獲利,則弱式效率市場假說是成立的。

8-2-2　濾嘴法則之檢定

當短期股價上漲某一比例時買進,反之,當股價下跌某一比例時賣出,執行一段時間後買賣所累積的報酬率並未高於買入即長期持有者,表示該買賣策略無法獲得超額報酬,則弱式效率市場假說是成立的。

8-2-3　移動平均線之檢定

不同期間的移動平均線(歷史資料)是表示不同期間投資人的持有成本,若採移動平均線法則作為買賣的判斷依據所累積的報酬並未高於買入即長期持有者,表示該買賣策略無法獲得超額報酬,則弱式效率市場假說是成立的。

8-3 半強式效率市場的檢測

若使用已公開資訊卻無法獲利,則半強式效率市場假說是成立的。

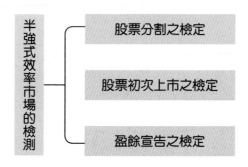

半強式效率市場的檢測
- 股票分割之檢定
- 股票初次上市之檢定
- 盈餘宣告之檢定

8-3-1 股票分割之檢定

若股票分割後(已公開的資訊)卻無法為投資人帶來超額報酬,則半強式效率市場假說是成立的。

8-3-2 股票首次公開發行之檢定

若股票首次公開發行(已公開的資訊)卻無法為投資人獲得超額報酬,則半強式效率市場假說是成立的。

8-3-3 盈餘宣告之檢定

若盈餘宣告的資訊(已公開的資訊)卻無法為投資人獲得超額報酬,則半強式效率市場假說是成立的。

8-4 強式效率市場的檢測

未公開資訊無法獲利，則強式效率市場假說是成立的。

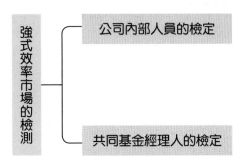

8-4-1 公司內部人員的檢定

若公司內部人員利用內線消息（未公開資訊）卻無法獲取超額報酬，則強式效率市場假說是成立的。

8-4-2 共同基金經理人的檢定

若基金的投資績效因取得內線消息（未公開資訊）卻無法勝過大盤的報酬率，則強式效率市場假說是成立的。

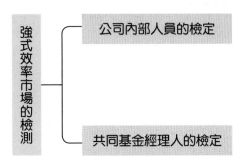

Chapter 8

效率市場假說

效率市場	已反應的資訊	特色
弱式	歷史資訊	技術分析無用
半強式	歷史資訊、已公開資訊	技術分析無用、基本分析無用
強式	歷史資訊、已公開資訊、未公開資訊	技術分析無用、基本分析無用、內線消息無用

王老師的投資實務筆記

技術分析到底有沒有效？

　　股票市場裡的參與者是資訊最不對稱的，例如：上市櫃公司擁有的內部財務資訊或非財務資訊，外界是不得而知的。此外，機構投資者為了彌補未公開資訊不足之處，會透過研究團隊所蒐集的資訊並加以分析，最終所擁有的市場資訊也比散戶多，散戶為了彌補資訊不對稱的缺失，透過有線電視的財經台或財經網紅的投資資訊，甚至道聽塗說的「報名牌」，最後不是慘遭高檔套牢，就是殺在相對低點。是否有方法扭轉資訊不對稱的頹勢？其實股價的量、價變化是有規則的，因為這些都是股市交易的結果，而且歷史一定會重演。在學術上討論市場是否具有效率性，應該都不是投資獲利的重點，若運用技術分析確實可以大賺小賠，那至少可彌補散戶在資訊不對稱的劣勢吧！

8-6 無法被效率市場假說所解釋的異常現象

元月效應　**01**

本益比效應　**02**

違反效率市場假說的異常現象

規模效應　**03**

04　市價淨值比效應

8-6-1 元月效應

每年元月份的股價報酬率，通常會大於一年中的其他月份。

8-6-2 本益比效應

本益比（P/E：每股價格 / 每股盈餘）。
越大的股票即買入的股價越大或該股的盈餘越少者，其股價報酬率越小。

8-6-3 規模效應

小型股股價的漲勢大於大型股股價的漲勢。

8-6-4 市價淨值比效應

市價淨值比（P/B：每股價格 / 每股帳面價值）。越小的股票即買入的股價越低或每股帳面價值越高者，其股價報酬率越大。

投資IQ加油站

所謂的規模效應是指：

(A) 投資低本益比股票的報酬率通常較高本益比之股票為高

(B) 投資小公司的報酬率大於大公司的現象

(C) 投資組合的規模越大風險越小

(D) 投資大型公司風險較小

（107 年第 2 次高業投資學）

答：**(B)**

投資IQ加油站

當價格能反應公開資訊時，則股票市場至少能滿足：甲 . 半強式效率市場假說；乙 . 強式效率市場假說

(A) 僅甲　　　　　　　　(B) 僅乙

(C) 甲、乙均對　　　　　(D) 甲、乙均不對

（106 年第 3 次高業投資學）

答：**(A)**

投資IQ加油站

何者的報酬率可用來檢定市場是否符合強式效率市場？

(A) 公司董事長　　　　　(B) 公司大股東

(C) 基金經理人　　　　　(D) 選項 (A)、(B)、(C) 皆是

（106 年第 2 次高業投資學）

答：**(D)**

Chapter 8 習題

( ) 1. 當股票價格能反應公開資訊時，則股票市場至少滿足：甲.半強式
效率市場假說；乙.強式效率市場假說
(A) 僅甲 　　　　　　　　(B) 僅乙
(C) 甲、乙均對 　　　　　(D) 甲、乙均不對

( ) 2. 何者不是效率市場的假設？
(A) 每個市場參與者能同時免費地獲得市場的資訊
(B) 沒有交易成本、稅賦，以及其他交易的障礙
(C) 每位投資者均為價格的接受者
(D) 市場交易的作業流程完全電腦化

( ) 3. 在半強式效率市場中，若公司宣告 EPS 的水準不如市場預期時，其
股價會：
(A) 上漲 　　　　　　　　(B) 下跌
(C) 沒有反應 　　　　　　(D) 無法得知

( ) 4. 若一市場為半強式效率市場，則：
(A) 此一市場必可以讓技術分析專家賺取超額利潤
(B) 股價未來之走勢可以預測
(C) 投資小型股的獲利通常比大型股為佳
(D) 此市場僅可能是內部人賺取超額利潤

( ) 5. 哪些分析工具可從半強式效率市場中賺取超額的利潤？
(A) 技術分析 　　　　　　(B) 基本分析
(C) 內線消息 　　　　　　(D) 選項 (A)、(B)、(C) 皆非

( ) 6. 下列關於風險的敘述何者正確？
(A) 一顆老鼠屎壞了一鍋粥，是指非系統風險
(B) 覆巢之下無完卵，可比喻非系統風險
(C) 雞蛋不要放在一個籃子，是為了降低系統風險
(D) 富貴險中求，可比喻高報酬、高風險

（　）　7. 在弱式效率市場中，下列哪項分析工具可能可以協助投資人賺取超額報酬？
(A) K 線圖　　　　　　　　　(B) 公司的營收
(C) RSI 指標　　　　　　　　(D) KD 值

（　）　8. 就市場效率性而言，設置漲跌幅之限制：
(A) 可能會延緩資訊反應在股價上之速度
(B) 對於股價反應資訊並無任何影響
(C) 是一個具有效率的市場必有的措施
(D) 是半強式效率市場之特質

（　）　9. 某公司公告其上一季之獲利超過市場上的預期，其股價因此一正面消息之揭露而大漲，此一現象乃為何種市場效率形式之表彰？
(A) 強式　　　　　　　　　　(B) 半強式
(C) 弱式　　　　　　　　　　(D) 半弱式

（　）10. 交易成本與稅：
(A) 會促進市場效率　　　　　(B) 會阻礙市場效率
(C) 與市場效率無關　　　　　(D) 是每一個股票市場都必須有的

（　）11. 弱式效率市場表示不能以哪一項資料獲得超額報酬？
(A) 技術分析　　　　　　　　(B) 財務報表分析
(C) 盈餘宣告　　　　　　　　(D) 內線消息

（　）12. 公司內部人員無法藉由內線消息而獲取超額報酬時，表示此時市場屬於：
(A) 半弱式效率市場　　　　　(B) 弱式效率市場
(C) 半強式效率市場　　　　　(D) 強式效率市場

1.(A)　2.(D)　3.(B)　4.(D)　5.(C)　6.(D)　7.(B)　8.(A)　9.(B)　10.(B)
11.(A)　12.(D)

● Chapter 8　習題解析

3. 半強式效率市場是認為股價已反應已公開的即時資訊，公司宣告 EPS 的水準即是已公開的即時資訊。但未被預期的部分尚未被反應，若一經公開資訊，則股價即刻反應。

4. 半強式效率市場是認為股價反應已公開的即時資訊，但未公開的資訊（內線）無法反應。

5. 半強式效率市場無法反應未公開的資訊（內線），故可透過內線消息賺取超額報酬。

6. (A) 是系統風險，(B) 是系統風險，(C) 是非系統風險。

7. 已公開的即時資訊（如公司的營收），若為弱式效率市場僅反應過去的歷史資訊。

11. 弱式效率市場反應過去的資訊，故以歷史資訊為分析的技術分析，無法獲取超額報酬。

12. 強式效率市場已反應公司的內線消息。

Chapter **9**

債券價格與收益率

9-1 固定收益證券

固定收益證券又稱為債務證券,是指持有者可以在特定的時間內取得固定的收益並預先知道取得收益的數量和時間,如債券、特別股等。

王老師的投資實務筆記

債券型基金是否配息率越高越好?

所謂債券型基金就是一整籃債券的概念,債券基金雖然有配息的特性,但配息來源並非都是來自資本利得,基金淨值也會有漲跌,不能單靠配息來判斷基金的總報酬。配息高不代表一定好,假設一檔債券基金配息率 10%,但基金淨值波動也來到正負 20%;另一檔基金配息率 4%,但基金淨值波動只有正負 8%,該選哪一檔基金投資?

如果是資產部位較大、比較在意虧損的投資人,像是退休族群,那選擇配息率低,但相對基金淨值波動較小的基金會比較適合;而對於偏積極型的投資人,追求較高的收益報酬、願意承受較大波動,可選擇高配息高基金淨值波動的基金。(摘自群益投信基金網站)

9-2 債券的特性

　　債券是發行公司依《公司法》之規定，約定於一定日期或分期支付一定之本金，及定期支付一定利息給投資人的書面承諾憑證，以下為公司債的特性：

1. 面額 (Par Value)：

    發行人在到期日償還持有人的金額。

2. 發行日 (Issue Date)：

    發行債券的日期。

3. 到期日 (Maturity Date)：

    發行人償還持有人債券面額的日期。

4. 票面利率 (Coupon Interest Rate)：

    一般債券的票面利率為固定。

5. 殖利率 (Yield to Maturity, YTM)：

    債權人持有債券開始至到期日所賺到的利率。

9-3 債券的收益

債券的收益是債券投資人所關心的，如何衡量計算有下列幾種方式：

9-3-1 票面收益率

債券的票面利息除以債券面額的報酬率。

$$票面收益率 = \frac{票面利息}{債券面額}$$

9-3-2 當期收益率

當期收益率是假設公司債的投資者僅持有一期的投資報酬率。公式如下：

$$當期收益率 = \frac{票面利息}{債券價格}$$

9-3-3 到期收益率

到期收益率或稱為到期殖利率（簡稱YTM），是指投資人購買債券後一直持有至到期日，所取的投資報酬率，它的計算是在已知的債券價格 P、每一期可收到的票面利息 C、到期的債券面額 M 與期數 n，由公式可以看出到期殖利率 y，是使債券的價格等於未來的利息收入加上面額的現值總合，所以又稱為折現率。

$$P = \frac{C}{(1+y)} + \frac{C}{(1+y)^2} + \frac{C}{(1+y)^3} + ... + \frac{C}{(1+y)^n} + \frac{M}{(1+y)^n}$$

由上式在已知 P、C、M、n 的情況下，即可求出 y。

9-4 債券的評價模式

所謂的債券的評價是指如何衡量債券的價格，債券價格的衡量隨著債券的特性，而有不同的衡量方式。

9-4-1 基本的模式

典型的債券是一種固定收益證券，在債券到期日前，由發行者按票面利率支付利息給投資者，並且在到期時償還本金，所以投資人認為這一張債券值多少？投資人會把未來每期可領取的利息加上到期本金，配合他所要求的報酬率，衡量這一張債券的價格「現在」應該是多少。未來的利息加上到期本金現在是多少價值，這就是折現的概念。

債券的價格（現值）等於未來各期利息及到期本金折現值的總合，可以下列關係式表示：

$$P = \frac{C}{(1+y)} + \frac{C}{(1+y)^2} + \frac{C}{(1+y)^3} + ... + \frac{C}{(1+y)^n} + \frac{M}{(1+y)^n} = \sum_{t=1}^{n} \frac{C}{(1+y)^t} + \frac{M}{(1+y)^n}$$

式中：C 為每年債券利息，M 為債券面值，y 為到期殖利率，n 為期間。

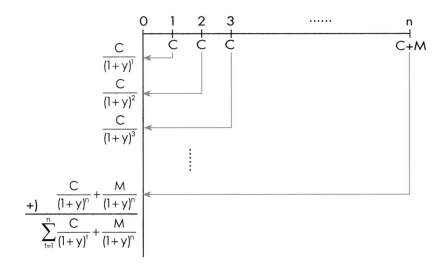

債券的價格與殖利率的關係：

由債券評價模式可以得知債券的價格與殖利率呈反向關係，如圖：

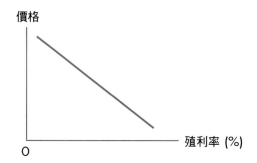

9-4-2　債券的價格與債券的面值

我們可以比較票面利率與殖利率的三種情況，來討論債券價格與債券面值的關係：

票面利率＞殖利率，表示公司債發行公司較市場提供較優厚的利率條件，故發行公司可以借得比票面金額更多的資金，也就是公司債的發行價格會比票面金額高→債券的價格＞債券的面值，稱為溢價發行。

票面利率＝殖利率，表示公司債發行公司較市場提供的利率條件和市場上一般人相同，故發行公司可以借得與票面金額相同的資金，也就是公司債的發行價格等於票面金額→債券的價格＝債券的面值，稱為平價發行。

票面利率＜殖利率，表示公司債發行公司較市場上一般人提供較差的利率條件，故發行公司可以借得比票面金額更少的資金，也就是公司債的發行價格會比票面金額低→債券的價格＜債券的面值，稱為折價發行。

9-4-3　零息債券的評價

所謂零息債券是指投資人購入債券時先計算出利息的折現值，然後直接從

債券之面值裡扣除，因此投資人只需負擔面值減掉利息折現值後的部分金額，而在投資期間，發行者不另行支付利息，等到到期日時，發行債券的公司再以面值贖回公司債。所以投資人持有到期將賺到利息收益。茲舉一例說明如下：

假設某零息債券年期是 30 年，在市場利率是 10% 的情況下，發行的面額為 1,000，則發行的價格（現在的價格）是 $\dfrac{1,000}{(1+10\%)^{30}} = 57.31$，那發行公司就以 57.31 出售給投資人，將來到期時以面額 1,000 將債券贖回，所以投資這種零息債券表面上沒有每一期收到利息，其實是賺取到期收益即 1,000 − 57.31 = 942.69。

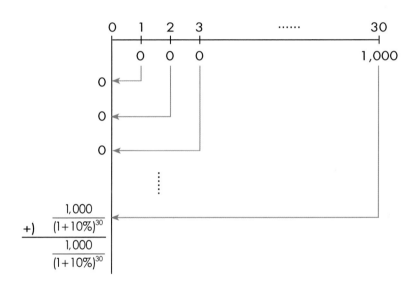

9-4-4 可贖回公司債的評價

發行公司能提早把債券贖回，我們可以把債券基本模式的到期日改成贖回日，面額改成贖回價格，所計算的價格稱為可贖回公司債的價格。

$$P = \frac{C}{(1+y)} + \frac{C}{(1+y)^2} + \frac{C}{(1+y)^3} + ... + \frac{P_c}{(1+y)^{n_c}}$$

式中：C 為每年債券利息，p_c 為贖回價格，y 為投資人要求的贖回收益率，n_c 為距贖回日的期數。

9-4-5 永久公司債的評價

是指每期皆領取固定的利息，但永遠沒有到期日及不需還本金，我們可以把債券基本模式的到期日改成無限，所計算的價格稱為永久公司債的價格。

$$P = \frac{C}{(1+y)} + \frac{C}{(1+y)^2} + \frac{C}{(1+y)^3} + \ldots = \frac{C}{y}$$

式中：C 為每年債券利息，y 為投資人要求的收益率。

9-4-6 可轉換公司債的評價

公司債的轉換價值 = 轉換比例 × 股價。

當轉換公司債的轉換價值 > 一般公司債的價值，持有可轉換公司債的投資人會選擇轉換成股票。

當轉換公司債的轉換價值 < 一般公司債的價值，持有可轉換公司債的投資人不會選擇轉換成股票，仍持有轉換公司債。

所以轉換公司債的轉換價值與一般公司債的價值選取最大的，稱為可轉換公司債的理論價格，而可轉換公司債的價格 = 可轉換公司債的理論價格 + 轉換權利的價值。

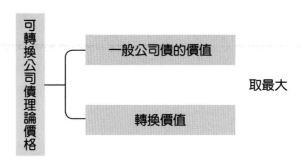

可轉換公司債價格 = 可轉換公司債理論價格 + 轉換權利的價值

9-4-7　附認股權公司債的評價

附認股權公司債的價格 = 附認股權 + 公司
債的價格,附認股權與公司債的價格兩者是獨
立的,行使認股權與否並不會影響公司債的價
格,當可認購的股票市場價格上升高於認購價
格時,附認股權公司債的投資人將會行使認股
權來賺取股票的市場價格與認購價格的價差。

9-4-8　馬凱爾債券價格五大定理

馬凱爾 (Burton G. Malkiel) 債券價格五大定理,主要説明債券的價格與
殖利率的關係,茲列舉如下:

第 1 定理:債券的價格與殖利率呈反向關係。

→由債券的價格與殖利率的關係圖,可看出兩者呈反向關係。

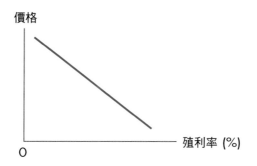

第 2 定理:到期期間越長,債券的價格對殖利率的敏感度越大。到期期
間越長則存續期間 D 越長,$D = -\dfrac{\Delta p / p}{\Delta(1+y) / (1+y)}$,故債券的價格對殖利率的敏
感度越大。

第 3 定理:債券的價格對殖利率的敏感性增加程度,隨著到期期間的增
加而增加。

第 4 定理:殖利率下降使債券價格上升的幅度,大於殖利率上升使債券
價格下降的幅度。由債券的凸性可以看出殖利率下降,使債券價格上升的幅度
大於殖利率上升使債券價格下降的幅度。

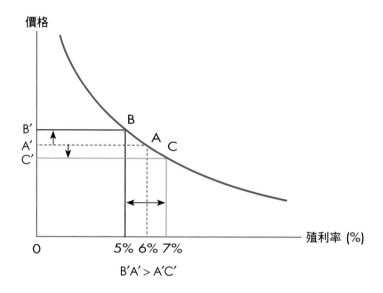

$B'A' > A'C'$

　　第 5 定理：低票面利率的債券的價格對殖利率的敏感度，高於高票面利率的債券的價格對殖利率的敏感度。低票面利率有較高的存續期間，債券的價格對殖利率的敏感度較高。高票面利率有較低的存續期間，債券的價格對殖利率的敏感度較低。

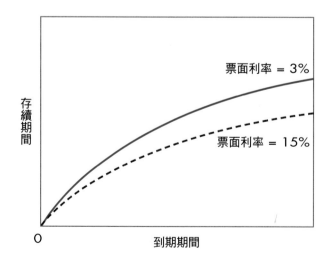

9-5 債券的種類

9-5-1 信用公司債

當公司發行公司債時，並沒有以公司的特定資產做抵押，而完全是依賴公司的信用做保證，稱為信用公司債。

9-5-2 可贖回公司債

公司債發行時附有贖回條款，允許發行公司在到期日前，以事先約定的贖回價格購回債券，稱為可贖回公司債，對持有者而言是最沒有保障的。

9-5-3 可轉換公司債

可轉換公司債是指持有人可在公司債發行若干時日後，有權利要求發行公司依契約規定，將公司債轉換為普通股。轉換公司債與普通股交換的比例，稱為「轉換比例」，它是事先已設定的轉換價格和已知債券面額下所計算出來的，即：

$$轉換比例 = \frac{債券面額}{轉換價格}$$

除了轉換比例外，另有保護條款的設計稱為「反稀釋條款」，當發行公司辦理現金增資或發放股票股利時，轉換價格將隨之調降，用以維護投資人的利益。例如：發放股票股利，將轉換價格調整如公式所示：

$$調整後轉換價格 = \frac{調整前轉換價格}{1+ 配股率}$$

9-5-4 可賣回公司債

持有人可選擇要求發行公司提前贖回債券，以換取本金或延長該債券到期期限的債券。

9-5-5　浮動利率債券

票面利率會隨著市場某個利率指標的變動而改變，通常以國庫券利率為基準加碼調整，這種設計能使債券的票面利率接近市場利率。

9-5-6　反向浮動利率債券

公司債的票面利率 = 某一固定利率 – 指標利率，當指標利率上升時，公司債的票面利率反而下降。若預期指標利率會上升時，即可發行此種債券，因為它的票面利率將會因指標利率上升而下降。

9-5-7　抵押公司債

發行抵押公司債時，公司必須提供特定之固定資產作為發行之擔保抵押。若公司違約而無法清償公司債之債款時，即可處分抵押之擔保品以清償債務。

9-5-8　指數連動債券

公司債的票面利率與所選取的指數或指標連動的債券。例如：股價指數連動債券，該公司債的票面利率將會隨著股價指數連動而變動。

9-6 可轉換公司債的套利機會

當可轉換公司債的市場價格與轉換價值出現明顯價差時，即存有套利的機會。

例如：甲公司發行一檔可轉換公司債面額是 100,000 元，它可以轉換成甲公司發行的股票，甲公司所設定的「轉換價格」是 50 元，因此它的「轉換比例」為 2,000 股（$\frac{100,000}{50}$），假設目前甲公司可轉換公司債的市場價格為 110,000 元，甲公司的股票價格為 60 元，則我們可計算它的「轉換價值」等於轉換比例乘上甲公司股價，即 2,000 × 60 = 120,000（元），可轉換公司債的轉換價值大於市場價格，若買進市場價格為 110,000 元同時出售轉換價值 120,000 元，則獲利為 120,000 – 110,000 = 10,000（元）。

投資IQ加油站

可轉換公司債每張可轉換 2,500 股普通股，則普通股市價為 25 元時，每張轉換價值為：

(A)62,500 元　(B)75,000 元　(C)100,000 元　(D)110,000 元

（107 年第 1 次高業投資學）

答：(A)

已知轉換比例 = 2,500，股價 = 25，轉換價值 = 轉換比例 × 股價 = 2,500 × 25 = 62,500。

假設甲可轉換公司債面額為 100,000 元，轉換價格是 40 元，可轉換公司債的市場價格為 120,000 元，請問在不考慮任何其他因素下，標的股票的價格高於多少時，開始存在套利的機會？

(A) 40　(B) 42.5　(C) 48　(D) 48.4

（106 年第 4 次證券商高業投資學）

答：**(C)**

當可轉換公司債的轉換價值大於市場價格時，即存有套利的機會。

$$轉換比例 = \frac{公司債面額}{轉換價格}$$，已知公司債面額為 100,000 元，轉換價

格是 40 元，得：轉換比例為 2,500 股，轉換價值 = 轉換比例 × 股價，已知轉換價值為 120,000 元，帶入左式得：股價為 48 元，即股價高於 48 元開始存有套利的機會。

9-7 公司債的風險

以債券持有者的立場而言，將面臨以下所敘述的風險：

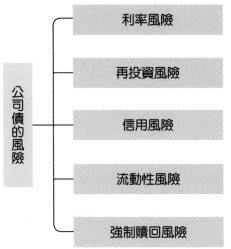

公司債的風險
- 利率風險
- 再投資風險
- 信用風險
- 流動性風險
- 強制贖回風險

9-7-1 利率風險

公司債價格和市場利率呈反向關係，若市場利率下降則公司債價格上升，若市場利率上升則公司債價格下跌，因市場利率的變動引起公司債價格的變動，稱為「利率風險」。

9-7-2 再投資風險

公司債的投資者在到期期間所領的利息，再投資於其他資產的報酬率，因為市場利率的變動引起增減，稱為「再投資風險」。

9-7-3 信用風險

又稱為違約風險，債券發行者違背付款承諾的行為稱違約 (Default)，發行者可能違約的風險稱為「違約風險」。

9-7-4 流動性風險

在交易不活絡的債券市場，要隨時出售取得現金是困難的，稱為「流動性風險」。

9-7-5 強制贖回風險

可贖回公司債可讓發行者在特定的期間，以贖回價格向投資人強制贖回公司債，對投資人而言，投資在公司債的利息收益就處於不確定的情況，稱為「強制贖回風險」。

9-8 債券存續期間

9-8-1 麥考利 (Macaulay) 存續期間 (Duration)

將債券的未來所有現金流量的加權平均到期期間。它可作為風險衡量的指標,代表債券的價格對利率變動的敏感程度。

它的計算如下:

$D = \sum_{t=1}^{T} t \times W_t$,D 表示存續期間,t 表示第 t 期的時間,$w_t$ 表示第 t 期的權重。

$w_t = \dfrac{CF_t / (1+y)^t}{P}$,$CF_t$ 表示第 t 期的現金流量,y 表示到期收益率,P 表示債券的價格。

例如:有一張 3 年期面額 1,000 元,票面利率 8% 的債券,目前市場利率為 10%,求該債券的存續期間?

$CF_t = 1,000 \times 8\% = 80$, $y = 10\%$, $P = \dfrac{80}{(1+10\%)} + \dfrac{80}{(1+10\%)^2} + \dfrac{80+1,000}{(1+10\%)^3}$

$= 950.263$。

由 $D = \sum_{t=1}^{3} t \times \dfrac{CF_t / (1+y)^t}{P} = 1 \times \dfrac{80 / (1+10\%)^1}{950.263} + 2 \times \dfrac{80 / (1+10\%)^2}{950.263}$

$+ 3 \times \dfrac{80 / (1+10\%)^3}{950.263} = 2.7774$。

債券的存續期間表示成債券的價格對利率變動的敏感程度。

$$D = -\dfrac{\Delta p / p}{\Delta(1+y) / (1+y)}$$

式中:$\Delta p/p$ 表示債券價格變動百分比,$\Delta(1+y)/(1+y)$ 表示(1+ 債券收益率)變動百分比。

9-8-2 修正的存續期間 (Modified Duration)

實務界常定義：$D_M = D/(1+y)$，則代入上式可以改寫成：

$$D_M = -\frac{\Delta p / p}{\Delta y}$$

國票持有債券部位 700 億元，修正存續期間為 5 年，請問當利率下降 1 個基本點 (1bp = 0.01%) 時，國票債券部位的價格變動為何？

已知 $D_M = 5$，$\Delta y = -0.01\%$，p = 700，代入

$D_M = -\dfrac{\Delta p / p}{\Delta y}$，得 $\Delta p = 0.35$（億元）。

9-8-3 影響存續期間的因素

歸納五項因素影響存續期間的關係，請配合下列圖形來輔助記憶，因為考試很常考這些內容：

1. 零息債券的存續期間等於它的到期期間。

　→由下列圖形零息債券的存續期間，等於它的到期期間皆為 30 年。

2. 其他條件不變，票面利率越低，債券存續期間越長。

　→由下列圖形假設到期收益率在 15% 的情況下，票面利率為 3% 的存續期間大於票面利率為 15% 的存續期間。

3. 其他條件不變，折價發行的債券比平價或溢價發行的債券，債券存續期間較長。

　→由下列圖形假設到期收益率在 15% 的情況下，折價發行的票面利率為 3%，其存續期間大於平價發行的票面利率為 15% 其存續期間。

4. 其他條件不變，到期收益率越低，附息債券存續期間越長。

　→由下列圖形假設票面利率在 15% 的情況下，到期收益率為 6% 的存續期

間大於到期收益率為 15% 的存續期間。

5.永續債券的存續期間等於 $\dfrac{(1+y)}{y}$，y 表示到期收益率。

　→例如：當到期收益率為 10% 時，無限期的每年都支付 200 元的永續債券，

　　該存續期間為 $\dfrac{(1+10\%)}{10\%} = 11$（年）。

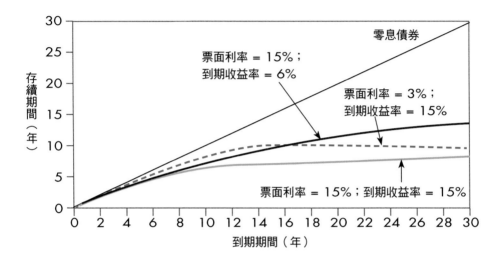

Chapter 9

債券價格與收益率

9-9 債券的凸性應用

存續期間的計算，乃假設債券價格與殖利率具有線性關係，即殖利率的變動與債券價格變動成比例關係；實際上債券價格與殖利率是非線性關係，即殖利率的變動與債券價格變動不是成比例關係，而是凸向原點的曲線，此現象稱為債券的凸性 (Convexity)。所以要精確衡量利率的變動對價格變動的影響，應該把債券的凸性的特性加以考量，否則將造成誤差。

如果我們將債券價格變動予以泰勒級數 (Taylor Series) 展開，可以表示如下：

$$dp = \frac{dp}{dy}dy + \frac{1}{2}\frac{d^2p}{dy^2}dy^2 + ...$$

將上式等號左右同乘 $\frac{1}{p}$ 可以得到下式：

$$\frac{1}{p}dp = \frac{1}{p}\frac{dp}{dy}dy + \frac{1}{2}\frac{1}{p}\frac{d^2p}{dy^2}dy^2 + ... \fallingdotseq -D_M dy + \frac{1}{2}cdy^2$$

其中 c 為凸性 (convexity)，
D_M 為修正的存續期間，
dy 為殖利率的變動。

 例 2

台積電公司債修正的存續期間為 3 年，凸性 (Convexity) 為 40，請問當利率上升 50 個基本點 (1bp = 0.01%) 時，台積電公司債價格漲跌的幅度為何？

答

$$\frac{1}{p}dp \fallingdotseq -D_M dy + \frac{1}{2}cdy^2 = -3 \times 0.005 + \frac{1}{2} \times 40 \times 0.005^2 = -1.45\%。$$

債券之價格 (P) 與殖利率的函數為 P = f(Y)，在價格敏感性衡量上，

債券（面額 100 元）價格對殖利率的第一階導函數 $\dfrac{dp}{dy} = -49$，當利率

上升 100bp (1bp = 0.01%)，可以解釋為債券價格將：

(A) 下跌 0.49 元   (B) 下跌 4.9 元

(C) 上漲 0.49 元   (D) 上漲 4.9 元

（107 年第 1 次高業投資學）

答：**(A)**

已知 $\dfrac{dp}{dy} = -49$，dy = 100 × 0.01% = 0.01，

$dp = \dfrac{dp}{dy}dy + \dfrac{1}{2}\dfrac{d^2p}{dy^2}dy^2 + ... = -49 \times 0.01 = -0.49$，下跌 0.49 元。

美國的投資公司在評估債券等級，常依債券發生違約的機率來決定，等級越高的債券，債券產生違約的可能性越小；反之，等級越差的債券，債券產生違約的可能性越大。下表是穆迪 (Moody) 及標準普爾 (S&P) 兩家公司的公司債分級表，其分類的等級和說明可供投資人參考。

Moody 公司及 S&P 公司之公司債分級表

Moody 公司	S&P 公司	說　　明
Aaa	AAA	最高級品質，本息具有最大保障。
Aa	AA	高級品質，常與以上公司債構成高級公司債，對本息保障之程度，略遜於最高級品質公司債。
A	A	中上品質，對本息的保障條件尚稱適當，但仍不及上述兩種。
Baa	BBB	中級品質，對目前本息的保障條件尚稱適當，但未來經濟情況發生變動時，約定的條件可能不足以保障本息的安全，此等級的公司債雖具有投資性但也有投機的成分。
Ba	BB	中下品質，具有投機性保障條件屬中等，未來經濟遠景不論好或壞，均不足以保障本息的安全。
B	B	具投機性而缺乏投資性，未來本息缺乏保障。
	CCC~CC	兩者皆屬投機性，而 CC 級又比 CCC 級更差，債息尚能支付，但景氣不佳時，債息可能停付。CC 級通常屬於有盈餘才可支付債息的公司債。
Caa		債信不佳，本息可能已違約停付。
	C	指無力支付本息的公司債。
Ca		本息已違約停付。
	DDD~D	已經停付本息，DDD 級表示公司債的殘值略高，DD 級次之，D 級最低。
C		品質最差，前景極不樂觀。

※ 凡是沒有「A 或 a」且沒有「3 個 B」的都是非投資等級的債券，稱之為「垃圾債券」。如藍色字標示的等級。

9-11 利率的期限結構

　　利率的期限結構，乃說明金融工具的收益率與到期日之間的關係。即表示債券收益率與到期日之關係的曲線，故稱為收益率曲線 (Yield Cure)，或稱為殖利率曲線。一般而言，收益率曲線之型態可分為四種，如下圖所示：

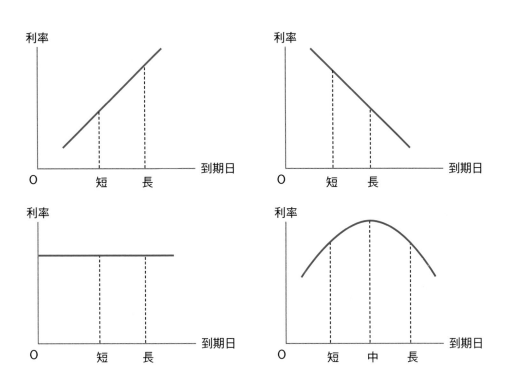

　　上述之收益率曲線之型態並非一成不變，它可能因經濟活動或總體因素之變化而產生變動。至於解釋收益率曲線為何有不同形狀的理論有三：預期理論、流動性偏好理論、市場區隔理論。

9-11-1　預期理論

　　預期理論主要觀點是認為；決定利率結構的走勢，主要是市場對未來短期利率之預期，因此長期利率乃是由目前已知的短期利率，與預期未來各期之短期利率來決定。在此理論下，必須根據下列假設：

1. 投資者認為長期證券與短期證券無差異，亦即兩者可以完全替代。
2. 投資者可以正確地預測未來的利率。
3. 投資者以追求最大利潤為目的。
4. 市場上不同到期日之證券，沒有倒帳風險與交易成本。

R_n 若代表 n 年期長期利率，

r_1 代表 1 年期的短期實際利率，

$r_2^e, r_3^e, \ldots r_n^e$ 分別代表第 2 年、第 3 年至第 n 年之預期短期利率。

第 n 年期的長期利率表示如下：

$$(1+R_n)^n = (1+r_1)(1+r_2^e)(1+r_3^e)\ldots(1+r_n^e)$$
$$\rightarrow (1+R_n) = \sqrt[n]{(1+r_1)(1+r_2^e)(1+r_3^e)\ldots(1+r_n^e)}$$
$$\rightarrow R_n = \sqrt[n]{(1+r_1)(1+r_2^e)(1+r_3^e)\ldots(1+r_n^e)} - 1$$

當投資人預期短期利率會上升時，長期利率也會跟著上升，則收益曲線呈上升型態如下圖左；當投資人預期短期利率會下跌時，長期利率也會跟著下跌，則收益曲線程下降型態如下圖右。

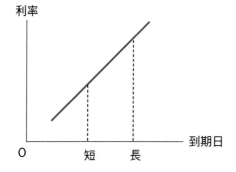

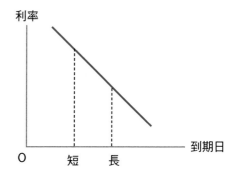

9-11-2　流動性貼水理論

　　流動性貼水（偏好）理論強調，投資人大多數是風險規避者，當他們購買證券時，認為長期證券比短期證券的風險大，故不願意投資於長期證券，除非證券發行者願意補償其風險承擔，即支付流動性貼水；對證券發行者而言，為了使長期證券順利發行，也願意支付給投資者流動性貼水，且證券期限越長流動性越低，因而支付的貼水也越高，即利率越高，故形成上升型態的收益率曲線。反之，短期證券流動性貼水乃隨著期限之增加而下降，故收益率曲線即可能形成下降型態。

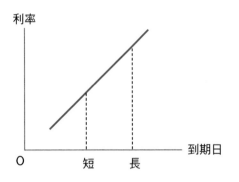
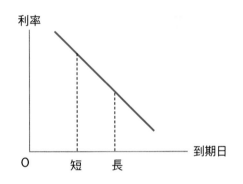

9-11-3　市場分割理論

　　在市場分割理論下，則是將長、短期證券市場完全區隔開，在短期證券市場中，由短期的資金供給與需求來決定短期利率，而在長期證券市場中，由長期的資金供給與需求來決定長期利率。

　　資金的供給與需求者皆會在其資金可以運用之期限範圍內，投資資金與尋求資金。如下圖左所示，S

代表短期證券市場之資金供給，D 代表資金需求，短期利率乃是由短期證券市場之資金供需決定，假設決定的短期均衡利率為 1%。而下圖中，S′代表長期

證券市場之資金供給，D′代表資金需求，長期利率乃是由長期證券市場之資金供需決定，假設決定的長期均衡利率為 3%，如此在繪製收益率曲線時，短期均衡利率為 1% 與長期均衡利率為 3% 將形成上升型態的收益率曲線，如下圖右；反之，若根據個別資金市場決定出來的利率是短期均衡利率大於長期均衡利率，則收益率曲線將形成下降型態。

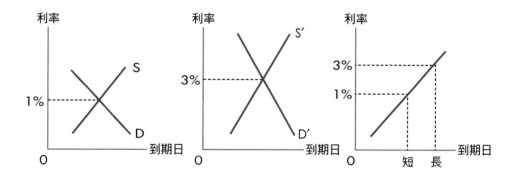

Chapter 9 習題

( ) 1. 國人購買中央政府發行之新臺幣債券具有：
(A) 信用風險 (B) 匯率風險
(C) 利率風險 (D) 稅負風險

( ) 2. 解釋利率期限結構的理論包含：
甲.流動性理論；乙.偏好理論；丙.市場區隔理論；丁.純粹預期理論
(A) 僅甲、乙、丁 (B) 僅甲、丙、丁
(C) 僅甲、乙、丙 (D) 甲、乙、丙、丁

( ) 3. 有關我國 10 年期公債期貨轉換因子的描述，何者為真？
甲.可交割債券之票面利率越高，轉換因子越大；
乙.轉換因子最大者，即為最便宜之交割債券
(A) 甲、乙皆是 (B) 僅甲
(C) 僅乙 (D) 甲、乙皆不是

( ) 4. 有一永續年金，每年給 1,000 元，年利率為 5%，則其現值為何？
(A) 500 元 (B) 1,053 元
(C) 20,000 元 (D) 100,000 元

( ) 5. 某企業可用以支付債息之盈餘為 600 萬元，其目前流通在外之負債計有抵押公司債 1,500 萬元，票面利率 6%。無抵押公司債 500 萬元，票面利率 8%，其全體債息保障係數為：
(A) 3,346 (B) 3,846
(C) 4,426 (D) 4,615

( ) 6. 在其他條件相同的情況下，一般公司債之利率通常較可轉換公司債之票面利率：
(A) 高 (B) 低
(C) 相同 (D) 視情況而定

( ) 7. 其他條件相同時，當殖利率改變時，到期日較短之債券，其價格變動幅度會：

(A) 較小 　　　　　　　　　　(B) 較大

(C) 一樣 　　　　　　　　　　(D) 不一定

( ) 8. 何種債券可提供投資人對利率上漲風險的保護？

(A) 浮動利率債券 　　　　　　(B) 固定利率債券

(C) 可提前償還公司債 　　　　(D) 股權連動債券

( ) 9. 何者為投資本國政府債券所會面臨的主要風險？

(A) 利率風險 　　　　　　　　(B) 違約風險

(C) 到期風險 　　　　　　　　(D) 匯率風險

( ) 10. 假設其他條件不變的情況之下，下列何者與債券利率風險呈反向關係？

(A) 債券的到期日

(B) 債券的票面利率

(C) 債券的存續期間 (Duration)

(D) 債券發行公司的違約風險

( ) 11. 可轉換公司債轉換價格越高：

(A) 轉換股數越多 　　　　　　(B) 轉換比率越高

(C) 轉換股數越少 　　　　　　(D) 不影響轉換比率及股數

( ) 12. 購買零息債券相較其他債券是可以避免哪項風險？

(A) 利率風險 　　　　　　　　(B) 違約風險

(C) 購買力風險 　　　　　　　(D) 再投資風險

( ) 13. 當公司的信用評等級越高時，表示何種風險越低？

(A) 違約風險 　　　　　　　　(B) 利率風險

(C) 匯率風險 　　　　　　　　(D) 贖回風險

( ) 14. 可轉換公司債的票面利率通常會比一般公司債低，其原因為何？

(A) 到期期間通常較短

(B) 違約風險較小

(C) 投資人有賣回給發行公司的權利

(D) 投資人具有轉換普通股的權利

( ) 15. 下列敘述何者正確？

(A) 債券價格與殖利率是正向關係

(B) 債券價格與票面利率呈反向關係

(C) 到期期限越長的債券，價格波動幅度越大

(D) 到期期限越長的債券，票面利率越高

( ) 16. 若存續期間 (Duration) 相同，則公債之殖利率將較公司債為：

(A) 高 (B) 低

(C) 相同 (D) 不一定

( ) 17. 若某地方政府預算赤字增加，則投資該地方政府債券的投資者，其
所面臨的違約風險會：

(A) 變大 (B) 變小

(C) 不變 (D) 無法判斷

( ) 18. 依據標準普爾公司 (S&P) 對債券信用評等的等級，A 等級與 AA 等
級何者違約風險較高？

(A) A (B) AA

(C) 相同 (D) 無法判斷

( ) 19. 下列何者列有對債權人較為有利之條款？
甲 . 可轉換公司債；乙 . 可贖回公司債；丙 . 附認股權公司債

(A) 僅甲、乙 (B) 僅乙、丙

(C) 僅甲、丙 (D) 甲、乙、丙

( ) 20. 下列敘述何者有誤？

(A) 債券價格與殖利率呈反向關係

(B) 期限越長的債券，價格波動幅度越小

(C) 票面利率與債券市場價格呈正向關係

(D) 債券市場價格與面額兩者無關

（　）21. 所謂溢價債券 (Premium Bond) 是指殖利率較票面利率：

        (A) 高   (B) 低

        (C) 相同   (D) 不一定

（　）22. 有關債券信用評等功能的敘述，何者正確？

        (A) 作為違約風險的指標

        (B) 評等越高籌資成本也越高

        (C) 經過評等即投資等級的保證

        (D) 作為投資股票的參考指標

（　）23. 一般債券會存在再投資風險，其原因為：

        (A) 利率的變動   (B) 債券被發行公司提前贖回

        (C) 債息之支付   (D) 選項 (A)、(B)、(C) 皆是

（　）24. 當預期利率上漲時，投資人的公債操作策略為：

        (A) 將短期公債換成長期公債

        (B) 將票面利率低的公債換成票面利率較高的公債

        (C) 將面額大的公債換成面額小的公債

        (D) 持有原來的公債不變

（　）25. twCCCF 是中華信評何種類型的評等等級之一？

        (A) 長期債信評等等級   (B) 短期債信評等等級

        (C) 債券型基金評等等級   (D) 特別股評等等級

（　）26. 公司債的市場價格主要受下列何者影響？

        (A) 票面利率   (B) 市場利率

        (C) 央行貼現率   (D) 一年期定存利率

（　）27. 假設到期年數與殖利率不變，下列何種債券之存續期間最短？

        (A) 溢價債券   (B) 折價債券

        (C) 評價債券   (D) 零息債券

（　）28. 若殖利率曲線為正斜率，在利率期限結構 (Term Structure) 中的流動性偏好理論 (The Liquidity Preference Theory) 中，投資人認為：

(A) 短期債券比長期債券有較高的報酬率

(B) 長短期債券有相同的報酬率

(C) 長期債券比短期債券有較高的報酬率

(D) 選項 (A)、(B)、(C) 皆有可能

( ) 29. 下列有關公司債之敘述，何者正確？

(A) 可贖回公司債賦予投資人可轉換一定數量的普通股股數

(B) 公司債券屬於擔保債券

(C) 可轉換公司債賦予投資人可轉換一定數量的普通股股數

(D) 公司債持有人對該投資公司擁有選舉權

( ) 30. 物價指數連動債券可有效降低何種風險？

(A) 利率風險　　　　　　　　(B) 通貨膨脹風險

(C) 非系統風險　　　　　　　(D) 流動性風險

( ) 31. 有關分割債券特性的描述，下列何者正確？

甲 . 無再投資風險；乙 . 存續期間小於到期年限；丙 . 分割債券的凸性 (Convexity) 較附息債券大

(A) 甲、乙、丙　　　　　　　(B) 僅甲、乙

(C) 僅甲、丙　　　　　　　　(D) 僅乙、丙

( ) 32. 若債券殖利率不隨到期期間改變，則當債券越接近到期期間，其溢價或折價的縮小變化速度：

(A) 遞減　　　　　　　　　　(B) 不變

(C) 遞增　　　　　　　　　　(D) 溢價遞增、折價遞減

( ) 33. 有關垃圾債券的敘述何者正確？

(A) 投資垃圾債券的實際報酬率高於一般債券

(B) 係指 S&P 公司評等等級在 BBB 以下（含）之債券

(C) 係指 Moody's 公司評等等級在 Baa 以上（含）之債券

(D) 垃圾債券與一般債券的差異主要在違約風險的高低

( ) 34. 債券票面利率低於期望殖利率，則債券價格：

(A) 高於面額　　　　　　　　(B) 低於面額

(C) 等於面額　　　　　　　　　　(D) 選項 (A)、(B)、(C) 皆非

（　）35. 當標的公司股票除權時，其可轉換公司債之轉換條件如何變化？
甲 . 轉換價格不變；乙 . 轉換比率不變；丙 . 轉換價值不變
(A) 僅乙　　　　　　　　　　　　(B) 僅丙
(C) 僅甲、乙　　　　　　　　　　(D) 僅乙、丙

（　）36. 甲公司發行一永續債券，票面利率為 6%，每張面額 10 萬元，若目
前同類型債券可提供 7%，請問其發行價格應為：
(A) 85,714 元　　　　　　　　　(B) 70,000 元
(C) 80,000 元　　　　　　　　　(D) 75,000 元

（　）37. 關於馬凱爾 (Malkiel) 債券五大定理的敘述，何者不正確？
(A) 債券價格與殖利率呈反向關係
(B) 到期期間越長，債券價格對殖利率之敏感性越小
(C) 債券價格對利率敏感性之增加程度隨到期時間延長而遞減
(D) 低票面利率債券之利率敏感性高於高票面利率債券

（　）38. 影響債券違約風險的描述，何者為真？
(A) 信用評等越高，違約風險會越小
(B) 經濟越不景氣，違約風險會越低
(C) 到期日越短，違約風險會越大
(D) 利率風險越大，違約風險會越大

（　）39. 在其他條件相同下，以下何者的票面利率會最高？
(A) 可轉換公司債　　　　　　　　(B) 可贖回公司債
(C) 可賣回公司債　　　　　　　　(D) 附認股權證公司債

（　）40. 假設有一債券的存續期間為 10，當時的殖利率 (YTM) 為 5%，請問
當其 TYM 變動 1bp 時，該債券價格變動的百分比為何？
(A) 10%　　　　　　　　　　　　(B) 200%
(C) 0.07%　　　　　　　　　　　(D) 0.1%

（　）41. 債券之價格 (P) 與殖利率 (Y) 的函數為 P = f(Y)，在價格敏感性衡

量上，債券（面額 100 元）價格對殖利率的第一階導函數 dP/dY = −49 元，當利率上升 100bp (1bp = 0.01%)，可解釋為債券價格將：

(A) 下跌 0.49 元 　　　　　(B) 下跌 4.9 元

(C) 上漲 0.49 元 　　　　　(D) 上漲 4.9 元

（　）42. 若其他條件不變，下列有關債券存續期間 (Duration) 的敘述何者為非？

(A) 債券到期日越長，其存續期間越長

(B) 債券價格越高，其存續期間越長

(C) 票面利率越高，其存續期間越短

(D) 到期收益率越高，其存續期間越短

（　）43. 假設甲可轉換公司債的面額為 100,000，轉換價格為 40，可轉換公司債的市場價格為 120,000，請問在不考慮任何其他因素下，標的股票的價格高於多少時，開始存在套利的機會？

(A) 40 　　　　　(B) 42.5

(C) 48 　　　　　(D) 48.4

（　）44. 一債券六個月的折現因子 (Discount Factor) 為 0.97，在六個月後該債券之價格為 15,000 元，目前該債券價格為多少？

(A) 14,700 元 　　　　　(B) 14,550 元

(C) −15,000 元 　　　　　(D) −14,500 元

（　）45. 甲、乙兩種具有相同票面利率、面額及到期殖利率之中央政府債券，目前均屬溢價債券，若甲債券尚餘 4 年到期，乙債券尚餘 2 年到期，則：

(A) 甲債券溢價額較乙債券溢價額大

(B) 甲債券溢價額與乙債券溢價額相等

(C) 甲債券溢價額較乙債券溢價額小

(D) 無法比較

（　）46. 有關債券存續期間之敘述，何者正確？

甲.是衡量現金流量之平均到期期間;乙.採用簡單平均之計算方式; 丙.可用以衡量債券之利率風險

(A) 僅甲、乙 　　　　　　　　(B) 僅乙、丙

(C) 僅甲、丙 　　　　　　　　(D) 甲、乙、丙

(　)47. 有關我國所實施的分割債券相關規定何者為真?

甲.不同期次債券分割出來之利息分割債券,若到期日相同,則視為同一債券;乙.不同期次債券分割出來之本金分割債券,若到期日相同,則視為同一債券

(A) 甲、乙皆是 　　　　　　　(B) 僅甲

(C) 僅乙 　　　　　　　　　　(D) 甲、乙皆非

(　)48. 下列敘述何者正確?

(A) 債券到期期限越短,利率風險越大

(B) 債券的存續期間越長,利率風險越高

(C) 債券的票面利率越低,利率風險越低

(D) 以上皆非

(　)49. 一般而言,購買公司債除與購買政府公債承擔相同風險外,尚可能有:

甲.信用風險;乙.流動性風險;丙.強制贖回風險

(A) 僅甲、乙 　　　　　　　　(B) 僅甲、丙

(C) 僅乙、丙 　　　　　　　　(D) 甲、乙、丙

(　)50. 債券的報價若採以價格報價,則其報價的指數等於:

(A) 債券價格／殖利率 　　　　(B) 債券價格／票面利率

(C) 債券價格／債券面額 　　　(D) 債券價格／到期期間

(　)51. 下列何者為公司債的贖回條款 (Call Provisions) 特性?

甲.延後該公司債的到期;乙.在利率下降時,公司可轉換為較便宜的低利率負債;丙.可降低公司的負債

(A) 僅甲、丙 　　　　　　　　(B) 僅甲、乙

(C) 僅乙、丙 　　　　　　　　(D) 甲、乙、丙

（　）52. 在其他條件不變下，轉換期間越長之可轉換公司債，其價值會：

(A) 越低　　　　　　　　　　(B) 越高

(C) 不變　　　　　　　　　　(D) 無從得知

（　）53. 哪些條件會使可轉換公司債之價值較低？

甲. 轉換價格較低；乙. 轉換比例較低；丙. 凍結期間越短；丁. 股票價格降低

(A) 甲、乙、丙、丁　　　　　(B) 僅甲、丙、丁

(C) 僅乙、丙、丁　　　　　　(D) 僅乙、丁

（　）54. 債券價格下跌的原因可能為：

(A) 市場資金大幅吃緊　　　　(B) 流動性增加

(C) 發行的公司債信評等調升　(D) 股市行情下跌

（　）55. 在 Standard & Poor's 的評等中，哪一評等等級以上（含）的債券始為投資等級？

(A) A　　　　　　　　　　　(B) BBB

(C) BB　　　　　　　　　　(D) AA

（　）56. 國內某上市可轉換公司債的轉換價格若為 25 元，則每張債券可轉換為普通股多少股？

(A) 2,000 股　　　　　　　(B) 2,500 股

(C) 4,000 股　　　　　　　(D) 10,000 股

（　）57. 在中華信評之短期債信評等等級中，下列何者表示債信最佳？

(A) twA-1　　　　　　　　(B) twA-2

(C) twA-3　　　　　　　　(D) twB

（　）58. 已知一債券的票面利率為 8%，面額為 100 元，5 年後到期，每半年付息一次，且目前此債券的殖利率為 5%，則此債券目前的價格約為：

(A) 93,372 元　　　　　　(B) 97,523 元

(C) 100,000 元　　　　　 (D) 113.128 元

（　）59. 依據馬凱爾五大定理，下列有關債券之敘述何者不正確？
(A) 債券價格和市場利率呈反向關係
(B) 到期時間越長，債券價格對殖利率敏感性越大
(C) 低票面利率債券之利率敏感度低於高票面利率債券
(D) 殖利率下跌使價格上漲的幅度，高於利率上揚使價格下跌的幅度

（　）60. 可轉換公司債每張可轉換成 2,500 股普通股，則在普通股市價為 25 元時，每張轉換價值為：
(A) 62,500 元　　　　　　　　(B) 75,000 元
(C) 100,000 元　　　　　　　(D) 110,000 元

（　）61. 已知一債券的票面利率為 7%，面額為 2,000 元，10 年後到期，每年付息一次，且目前此債券的殖利率為 7%，則此債券目前的價格為：
(A) 2,200 元　　　　　　　　(B) 2,000 元
(C) 1,000 元　　　　　　　　(D) 1,800 元

（　）62. 有一永續年金，每年給 1,200 元，年利率為 5%，則其現值為何？
(A) 500 元　　　　　　　　　(B) 1,053 元
(C) 20,000 元　　　　　　　(D) 24,000 元

（　）63. 對投資人而言，做多之公債保證金交易由下列何種交易組成？
(A) 買斷 (OB) 與附賣回 (RS)　　(B) 賣斷 (OS) 與附賣回 (RS)
(C) 買斷 (OB) 與附買回 (RP)　　(D) 賣斷 (OS) 與附買回 (RP)

（　）64. 張小姐急需資金，以 1,500 萬元之公債，用面額與證券公司承做附賣回 (RS) 交易，雙方約定利率為 8%，並於 20 天後向證券公司買回，屆時張小姐應支付價款為何？（一年以 365 天計算）
(A) 15,065,753 元　　　　　　(B) 10,023,747 元
(C) 10,043,843 元　　　　　　(D) 15,066,667 元

（　）65. 投資人購買零息債券 (Zero-Coupon Bonds)，並持有至到期日之報酬為何？

(A) 購買零息債券時之折價　　(B) 購買零息債券時之溢價

(C) 息票之利息　　(D) 以上皆非

( ) 66. 利率期限結構是利用下列何者導出？

(A) 可轉換公司債　　(B) 永續債券

(C) 無風險零息公債　　(D) 特別股

( ) 67. 信用評等對投資者有哪些好處？

甲. 簡易的信用風險指標；乙. 風險溢價評估；丙. 提供共同基金的經理人、資產受託人及資金擁有者有效的監視系統，以調整投資組合

(A) 僅甲、乙　　(B) 僅乙、丙

(C) 僅甲、丙　　(D) 甲、乙、丙

( ) 68. 依據流動性溢酬理論之主張，是指長期債券相較短期債券的流動性：

(A) 長期債券流動性低

(B) 長期債券流動性高

(C) 債券長短期不影響流動性

(D) 流動性與債券持有期間無關，與票面利率呈正相關

( ) 69. 某一可轉換公司債面額為 10 萬元，市價目前為 12 萬元，若轉換價格為 50 元，其標的股票市價為 60 元，則每張可轉換公司債可轉換之標的股的價值為多少？

(A) 14.4 萬元　　(B) 12.5 萬元

(C) 12 萬元　　(D) 10 萬元

( ) 70. 有關利率變動的影響，何者為是？

(A) 發行可贖回債券之利率一定會高於不可贖回債券，才會有人買

(B) 央行實施沖銷政策時，利率可能會下跌

(C) 公司債之債信評等被降級時，其利率亦會下降

(D) 附有償債基金規定之公司債，其利率會高於無償債基金設計之公司債

（　）71. 當市場利率或殖利率大於債券之票面利率時，該債券應屬：

(A) 折價   (B) 溢價

(C) 平價   (D) 無法判斷

（　）72. 國際債券除了一般債券所具有的風險外，還有何風險？

(A) 違約風險   (B) 再投資風險

(C) 利率風險   (D) 匯率風險

（　）73. 假設有一債券的存續期間為 10，當時的殖利率 (YTM) 為 5%，請問當其 YTM 變動 1bp 時，該債券價格變動的百分比為何？

(A)10%   (B)200%

(C)0.072468%   (D)0.095238%

（　）74. 殖利率曲線 (Yield Curve) 和下列哪一敘述較有關係？

(A) 在同一時間，相同條件下之不同到期日債券殖利率之比較圖

(B) 同一債券歷年來的殖利率走勢圖

(C) 不同銀行間的定存利率之比較圖

(D) 不同國家間的 AAA 債券殖利率比較

（　）75. 證券商以持有之轉換公司債承作資產交換與一般附買（賣）回交易的差異，何者正確？

I. 轉換公司債資產交換屬於買賣斷的交易；II. 證券商承作一般附買（賣）回交易，仍需承擔發行公司之信用風險

(A) 僅 I   (B) 僅 II

(C) I、II 皆正確   (D) I、II 皆不正確

（　）76. 當甲公司可轉換之轉換價值高於其市場價格時，投資人應如何套利？

(A) 放空甲公司可轉換債，買進其股票

(B) 買進甲公司可轉債，放空其股票

(C) 同時買進甲公司可轉債與股票

(D) 同時放空甲公司可轉債與股票

（　）77. 一債券票面利率為 8%，面額 2,000 元，目前債券為 1,600 元，15

年後到期，每年付息一次，則其當期收益率 (Current Yield) 約為：

(A) 15%　　　　　　　　　　(B) 9%

(C) 10%　　　　　　　　　　(D) 12%

（　）78. 其他條件不變，當市場利率下降時，持有存續期間 (Duration) 長的債券較存續期間短的債券：

(A) 獲利多　　　　　　　　　(B) 損失多

(C) 獲利少　　　　　　　　　(D) 損失少

（　）79. 有關我國所實施的分割債券之敘述何者正確？

甲. 債券分割後，可以申請重組

乙. 債券分割後，發行人之償付義務減少

(A) 甲、乙皆是　　　　　　　(B) 僅甲

(C) 僅乙　　　　　　　　　　(D) 甲、乙皆非

（　）80. 甲債券之存續期間 (Duration) 為 3 年，乙債券之存續期間為 4 年，丙債券之存續期間為 5 年，當市場利率下跌 0.1%，對何種債券之價格影響幅度最大？

(A) 甲　　　　　　　　　　　(B) 乙

(C) 丙　　　　　　　　　　　(D) 三者皆同

（　）81. 附認股權證公司債被執行時，以下敘述何者正確？

甲. 公司債即不存在

乙. 投資人不須再支付任何金額即可取得普通股

丙. 發行公司即償還公司債之本金

(A) 甲、乙、丙皆正確　　　　(B) 僅甲、乙

(C) 僅甲、丙　　　　　　　　(D) 甲、乙、丙皆不正確

（　）82. 甲債券之存續期間 (Duration) 為 3 年，乙債券之存續期間為 4 年，丙債券之存續期間為 5 年；當市場利率下跌 0.1% 時，對何種債券之價格影響幅度最大？

(A) 甲　　　　　　　　　　　(B) 乙

(C) 丙　　　　　　　　　　　(D) 甲、乙、丙皆同

（　）83. 下列哪一債券的認股權、轉換權、賣回權或贖回權，屬於發行公司的權利？
(A) 附認股權證公司債之認股權利
(B) 可贖回公司債
(C) 可賣回公司債
(D) 可轉換公司債

（　）84. 某上市公司最近將其先前所發行之公司債贖回後再發行新債，請問其主要原因可能為何？
(A) 利率上升
(B) 利率下跌
(C) 投資案暫緩
(D) 提高公司債價格

（　）85. 假設可轉換公司債的面額為 100,000 元，轉換價格為 40，市場價格為 120,000，請問在不考慮其他因素下，標的股票的價格高於多少時，開始存在套利的機會？
(A)40
(B)42.5
(C)48
(D)48.4

（　）86. 公司債與公債之間的利差，主要是受到何種風險所影響？（假設公司債與公債的存續期間相同）
(A) 購買力風險
(B) 違約風險
(C) 利率風險
(D) 再投資風險

（　）87. 已知一永續債券每年付息一次，其殖利率為 5%，則此永續債券之存續期間 (Duration) 為幾年？
(A) 20 年
(B) 21 年
(C) 22 年
(D) 25 年

（　）88. 可贖回公司債之贖回權利是操之於：
(A) 承銷之證券商
(B) 債權人
(C) 發行公司
(D) 以上均有可能

（　）89. 有關債券存續期間之敘述，何者正確？
I. 是衡量現金流量之平均到期期間

II. 採用簡單平均之計算方式

III. 可用以衡量債券之利率風險

(A) 僅 I、II

(B) 僅 II、III

(C) 僅 I、III

(D) I、II、III

1.(C)　2.(D)　3.(B)　4.(C)　5.(D)　6.(A)　7.(A)　8.(A)　9.(A)　10.(B)

11.(C)　12.(D)　13.(A)　14.(D)　15.(C)　16.(B)　17.(A)　18.(A)　19.(C)

20.(B)　21.(B)　22.(A)　23.(D)　24.(B)　25.(C)　26.(B)　27.(A)　28.(C)

29.(C)　30.(B)　31.(C)　32.(C)　33.(D)　34.(B)　35.(B)　36.(A)　37.(B)

38.(A)　39.(B)　40.(D)　41.(A)　42.(B)　43.(C)　44.(B)　45.(A)　46.(C)

47.(B)　48.(B)　49.(D)　50.(C)　51.(C)　52.(B)　53.(D)　54.(A)　55.(B)

56.(C)　57.(A)　58.(D)　59.(C)　60.(A)　61.(B)　62.(D)　63.(C)　64.(A)

65.(A)　66.(C)　67.(D)　68.(A)　69.(C)　70.(A)　71.(A)　72.(D)　73.(D)

74.(A)　75.(B)　76.(B)　77.(C)　78.(A)　79.(B)　80.(C)　81.(D)　82.(C)

83.(B)　84.(B)　85.(C)　86.(B)　87.(B)　88.(C)　89.(C)

● Chapter 9　習題解析

4. 永續公司債的現值 $= \dfrac{每年年金}{年利率} = \dfrac{1,000}{5\%} = 20,000$。

6. 當轉換公司債的轉換價值 > 一般公司債的價值，持有可轉換公司債的投資人會選擇轉換。當轉換公司債的轉換價值 < 一般公司債的價值，持有可轉換公司債的投資人不會選擇轉換。所以一般公司債之利率較可轉換公司債高。

7. 到期期間越長，債券的價格對殖利率的敏感度越大。

8. 票面利率會隨著市場某個利率指標的變動而改變，通常以國庫券利率為基準加碼調整，可以使債券的票面利率接近市場利率。

11. 轉換比例（股數）$= \dfrac{面額}{轉換價格}$，在面額固定下，轉換價格越高，轉換比例越低。

12. 公司債的投資者，在到期期間所領的利息，再投資於其他資產的報酬率，因為市場利率的變動引起增減，稱為「再投資風險」。

13. 信用評等高低就是在反應其「違約的可能性」，當信用評等的等級越高時，

違約風險越低。

15. 依馬凱爾債券價格五大定理：(A) 呈反向，(B) 呈正向，(D) 票面利率越低。

18. AA 等級高於 A 等級。

19. 可贖回公司債是指公司債發行時附有贖回條款，允許發行公司在到期日前，以事先約定的贖回價格購回債券。

20. 依馬凱爾債務價格五大定理：到期期間越長，債券的價格對殖利率的敏感度越大。

21. 當市場利率高於票面利率，公司債市價高於面額，稱為溢價發行。

22. 信用評等的等級越高，將來發生違約的可能性越低。

24. 預期利率將上升，可將票面利率低的公債換成票面利率高的公債。

26. 市場利率和公司債的價格呈反向關係。

27. 其他條件不變，折價發行的債券，比平價或溢價發行的債券，其債券存續期間較長。

30. 公司債的票面利率與所選取的指數和指標連動的債券，如物價指數連動債券，則可降低物價上漲的風險。

34. 債券票面利率 < 市場利率，發行價格將低於面額，即折價發行。

35. 調整後轉換價格 = $\dfrac{調整前轉換價格}{1 + 配股率}$，調整後的轉換比例 × 股票 = 轉換價值。

36. 永續債券的年金 $100{,}000 \times 6\% = 6{,}000$，永續債券的發行價格 $\dfrac{6{,}000}{7\%} = 85{,}714$。

37. 到期期間越長，債券價格對殖利率的敏感度越大。

40. $D = \dfrac{-\dfrac{\Delta P}{P}}{\Delta(1+Y)/(1+Y)} \cong \dfrac{-\dfrac{\Delta P}{P}}{\Delta Y/(1+Y)}$，$10 = \dfrac{-\dfrac{\Delta P}{P}}{0.01\%/(1+5\%)}$，得：$-\dfrac{\Delta P}{P} = 0.1\%$。

41. 已知 $dP/dY = -49$，$dY = 100 \times 0.01\% = 0.01$，$dP/0.01 = -49$，故 $dP = -0.49$。

44. 現值 = $15{,}000 \times 0.97 = 14{,}550$。

46. 存續期間：將債券的未來所有現金流量的加權平均到期期間。它代表債券價格對利率變動的敏感程度，可利用存續期間分析來從事利率風險管理。

47. 可分割公債係指將政府公債每一期的票面利息與到期面額分割為「分割利息公債」及「分割本金公債」，並在市場上個別交易。

50. 報價指數 = $\dfrac{債券價格}{債券面額}$，例如：債券報價指數為 97，債券面額為 100,000，則債券價格 = 97% × 100,000 = 97,000。

52. 轉換期間越長，轉換選擇權的時間價值越高，可轉換公司債的價值越高。

53. 轉換價值 = 轉換比例 × 股價，轉換比例 = $\dfrac{債券面額}{債券價格}$，當轉換比例下降，股價下降或轉換價格較高，皆使轉換價值較低。

55. 凡是設有「A 或 a」且沒有「3 個 B」的都是非投資等級的債券。

58. 利息費用 100 × 8% × 1/2 = 4，$p = \dfrac{4}{(1+5\%\times 1/2)^1} + \dfrac{4}{(1+5\%\times 1/2)^2} + \cdots\cdots +$

$$\dfrac{4}{(1+5\%\times 1/2)^{10}} + \dfrac{100}{(1+5\%\times 1/2)^{10}} = 113.128。$$

59. 低票面利率的債券價格對殖利率的敏感度，高於高票面利率的債券價格對殖利率的敏感度。

60. 轉換價值 = 2,500 × 25 = 62,500。

61. 市場利率 = 票面利率，則平價發行，即發行價格 = 面額 = 2,000

62. 永久債券的現值 = $\dfrac{每年的利息}{年利率} = \dfrac{1,200}{5\%} = 24,000。$

64. 15,000,000 + 15,000,000 × 8% × 20/365 = 15,065,753，即支付的價款。

65. 零息債券以折價方式發行，到期時以面額償還，故投資人的收益是面額減折價發行的金額。

68. 長期債券期限越長，流動性越低，因而支付的貼水也越高，即利率越高。

69. 轉換比例 = 100,000/50 = 2,000（股），轉換價值 = 2,000 × 60 = 120,000。

70. 公司債發行時附有贖回條款，允許發行公司在到期日前，以事先約定的贖回價格贖回債券，故其利率會高於不可贖回債券。

71. 市場利率 > 票面利率，為了吸引投資人購買，發行者會以低於面額的價格發行，即折價發行。

72. 國際債券的價格是以外幣來計價的，故再加上因匯率變動的風險。

76. 當可轉換公司債的轉換價值高於其市場價格時，應以市場價格買入可轉換公司債，同時出售轉換價值的公司債（即股票）。

77. 利息 $2,000 \times 8\% = 160$，$1,600 = \frac{160}{(1+i)^1} + \frac{160}{(1+i)^2} + \cdots\cdots + \frac{160}{(1+i)^{15}} + \frac{2,000}{(1+i)^{15}}$，得 $i = 10\%$。

79. 分割成「分割利息公債」及「分割本金公債」兩種，並在市場上個別交易。

81. 附認股權公司債的價格 = 附認股權 + 公司債的價格，這兩者是互相獨立的。

82. 馬凱爾債券價格第二定理：到期期間越長則存續期間越長，則債券的價格對殖利率的敏感度越大。

85. 轉換比例 = $\frac{100,000}{40}$ = 2,500 股，轉換價值＝轉換比例 × 股價，120,000 = 2,500 × 股價，即股價 = 48。股價高於 48 元開始存有套利的機會。

86. 公司債的違約風險較高。

87. 永續債券的存續期間 = $\frac{1 + 殖利率}{殖利率} = \frac{1+5\%}{5\%} = 21$。

88. 公司債發行時附有贖回條款，允許發行公司在到期日前，以事先約定的贖回價格贖回債券。

Chapter 10

權益型有價證券評價模式

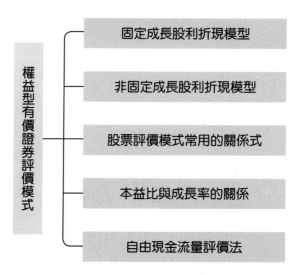

固定成長股利折現模型

非固定成長股利折現模型

權益型有價證券評價模式

股票評價模式常用的關係式

本益比與成長率的關係

自由現金流量評價法

股價等於未來無限期現金流量的折現值，可寫成：

$$p_0 = \frac{D_0(1+g)}{(1+r)^1} + \frac{D_0(1+g)^2}{(1+r)^2} + \ldots + \frac{D_0(1+g)^\infty}{(1+r)^1}$$

整理成：

$$p_0 = \frac{D_0(1+g)}{r-g} = \frac{D_1}{r-g}$$

式中：

p_0 為股價現值，

D_0 為期初每股股利，

D_1 為第一期每股股利，

g 為股利成長率，

r 為必要報酬率，相當於 CAPM 的 $E(R_i)$。

同理，我們可以找出該公式的規律：

$$p_2 = \frac{D_2}{r-g}$$

$$p_3 = \frac{D_3}{r-g}$$

$$p_4 = \frac{D_4}{r-g}$$

$$D_1 = D_0(1+g)$$

$$D_2 = D_1(1+g) = D_0(1+g)^2$$

$$D_3 = D_2(1+g) = D_0(1+g)^3$$

$$D_4 = D_3(1+g) = D_0(1+g)^4$$

Chapter **10**

權益型有價證券評價模式

 **例 1**

　　若預估 A 股明年每年現金股息為 2 元，折現率為 15%，成長率為 10%，則依固定成長率之股息成長模式 A 股之合理價格為：

(A) 40 元 (B) 20 元 (C) 3.3 元 (D)50 元

（82 年證券營業員）

注意：題目是給明年每年現金股息 D_1，不是目前的現金股息 D_0。

$$p_0 = \frac{D_1}{r-g} = \frac{2}{15\% - 10\%} = 40$$

10-2 非固定成長股利折現模型

公司各期之成長率並不固定,將未來現金流量分成兩階段:高成長期與固定成長期計算後,再將兩者加總即可得到股價現值。

假設公司目前股利為 D_0,第一年到第三年的成長率為 g_1,第四年後成長率固定為 g_2,則股價現值為:

$$p_0 = \frac{D_1}{(1+r)^1} + \frac{D_2}{(1+r)^2} + \frac{D_3}{(1+r)^3} + \frac{p_3}{(1+r)^2}$$

$$= \frac{D_0(1+g_1)}{(1+r)^1} + \frac{D_0(1+g_1)^2}{(1+r)^2} + \frac{D_0(1+g_1)^3}{(1+r)^3} + \frac{p_3}{(1+r)^3}$$

$$p_3 = \frac{D_4}{r-g_2}$$

$$D_4 = D_3(1+g_2)$$

$$D_3 = D_0(1+g_1)^3$$

 例 2

中美合公司於 2010 年 1 月開發出發電量為同型產品 3 倍的太陽能發電機,此一突破預期可使該公司未來五年都能成長 25%。五年後由於同業已加入競爭的緣故,該公司的成長率將降到 10%,且會永遠停留在這個水平。已知中美合公司的股票必要報酬率為 20%,去年剛支付過 $3 的現金股利。

(1) 試算出 2010 年到 2014 年間的每年預期股利。

(2) 試算出目前的每股股價。

(3) 若中美合公司今天在股票市場的收盤價 $68,請問是否應該投資該股票?為什麼? (107 年第 1 次證券投資分析人員資格測驗投資學)

解

(1) 式中:$D_0 = 3$、$g_1 = 25\%$、$g_2 = 10\%$、$r = 20\%$

$D_1 = 3(1 + 25\%) = 3.75$

$D_2 = 3.75(1 + 25\%) = 4.6875$

$D_3 = 4.6875(1 + 25\%) = 5.859$

$D_4 = 5.859(1 + 25\%) = 7.324$

$D_5 = 7.324(1 + 25\%) = 9.155$

(2) $p_0 = \dfrac{D_1}{(1+r)^1} + \dfrac{D_2}{(1+r)^2} + \dfrac{D_3}{(1+r)^3} + \dfrac{D_4}{(1+r)^4} + \dfrac{D_5}{(1+r)^5} + \dfrac{p_5}{(1+r)^2}$

$\quad = \dfrac{3.75}{(1+25\%)} + \dfrac{4.6875}{(1+25\%)^2} + \dfrac{5.859}{(1+25\%)^3} + \dfrac{7.324}{(1+25\%)^4}$

$\quad\quad + \dfrac{9.155}{(1+25\%)^5} + \dfrac{100.705}{(1+25\%)^5}$

$\quad = 57.639$

式中：$p_5 = \dfrac{D_6}{r - g_2} = \dfrac{D_5(1+g_2)}{r - g_2} = \dfrac{9.155\,(1+10\%)}{20\% - 10\%} = 100.705$ 。

(3) 合理價格為 57.639，目前的市價為 68，市價高於合理價格，故不建議買進。

$d = \dfrac{D_0}{EPS}$，式中：d 為股利發放率，D_0 為期初每股股利，EPS 每股盈餘。

$b = 1 - d$，式中：b 為盈餘保留率。

$ROE = \dfrac{NI}{E} = \dfrac{NI}{A}\dfrac{A}{E} = ROA\dfrac{A}{E} = ROA\left(1 + \dfrac{L}{E}\right)$，式中：ROE 為股東權益報酬率、ROA 總資產報酬率、A 總資產、L 總負債、E 股東權益。

$g = ROE(1 - d) = ROE \times b$，式中：g 為股利成長率。

甲公司的股利為 3 元，每股盈餘為 4 元，證券市場的期望報酬率為 9%，無風險利率為 7%，若 β 值為 1.5，ROE 為 15%，請計算：

(1) 零成長的固定股票現值

(2) 股利成長率

(3) 固定股利成長的股票現值

(1) $E(R_i) = 7\% + 1.5(9\% - 7\%) = 10\%$

$P_0 = \dfrac{D_0(1 + g)}{r - g} = \dfrac{3(1 + 0\%)}{10\% - 0\%} = 30$

(2) $d = \dfrac{D_0}{EPS} = \dfrac{3}{4}$

$g = ROE(1 - d) = 15\%\left(1 - \dfrac{3}{4}\right) = 3.75\%$

(3) $p_0 = \dfrac{D_0(1 + g)}{r - g}\ \dfrac{3(1 + 3.75\%)}{10\% - 3.75\%} = 49.8$

Chapter 10　權益型有價證券評價模式

本益比表示成 $\dfrac{p_0}{E_0}$，式中：$p_0 = \dfrac{D_1}{r-g} = \dfrac{E_0(1-b)}{r-ROE \times b}$，代入本益比關係式

$\dfrac{p_0}{E_0} = \dfrac{1-b}{r-ROE \times b}$，表示 b、ROE 或 g 上升則本益比提高。

投資IQ加油站

其他條件不變，公司的股利成長率越高，合理本益比倍數：

(A) 越低　(B) 不變　(C) 越高　(D) 無法直接判斷

（108 年第 1 次高業投資學）

答：**(C)**

$$p_0 = \dfrac{D_1}{r-g} \text{ , } g\uparrow \to p_0 \uparrow \to \dfrac{p_0}{E_0} \uparrow$$

投資IQ加油站

明光公司最近一年每股稅前盈餘是 8 元，公司所得稅率是 40%，目前公司股價是 48 元，則該公司股票本益比是多少倍？

(A)10　(B)6　(C)1/10　(D)1/6

（106 年第 4 次高業投資學）

答：**(A)**

本益比表示成 $\dfrac{p_0}{E_0}$，已知 $p_0 = 48$，$E_0 = 8(1-40\%) = 4.8$，故

$\dfrac{p_0}{E_0} = \dfrac{48}{4.8} = 10$。

10-5　自由現金流量評價法

處於生命週期初期的公司常不發放現金股利,這些公司如何衡量該公司的價值呢?

$$FCFF = EBIT（1-稅率）+ 折舊 - 資本支出 - \Delta NWC$$

式中:EBIT 表稅前息前淨利,NWC 為淨營運資金。

$$公司價值 V = \sum_{t=1}^{T} \frac{FCFF_t}{(1+WACC)^t} + \frac{V_T}{(1+WACC)^T}$$

$V_T = \dfrac{FCFF_{T+1}}{WACC - g}$,式中:V_T 表示公司在第 T 期的終值。

有些資本密集型企業,因為投資重大,前幾年折舊金額大,無法產生帳上利潤,但仍有現金流入,故不適合用本益比法評價,改用市價現金流量法。

公式

$$市價現金流量比 = \frac{股價}{每股現金流量}$$

$$每股現金流量 = \frac{營業活動淨現金流量 - 特別股股利}{流通在外普通股股數}$$

自由現金流量等於營業活動現金流量減去投資活動現金流(或加投資活動現金流入)。

 投資IQ加油站

市價現金流量比可以用來估計股票的價格,此現金流量一般不包括下列何項定義?

(A) 資產負債表上的現金及銀行存款總額　(B) 淨利加折舊　(C) 來自營業活動的現金流量　(D) 自由現金流量

（108 年第 1 次高業投資學）

答:(A)

10-7 市價營收比

$$市價營收比 = \frac{股價}{每股營收}$$

　　有些新興產業（如 2000 年前的網通股）因產業初誕生，公司創立開始的前幾年尚無盈餘，因此無法用本益比法評價，所以一般以營收或其他因素（如網路股的每年實際造訪網站次數）來作為評價依據，若市價營收比小於 1 越值得投資。

王老師的投資實務筆記

以本益比來衡量合理股價？

　　經常聽到財經專家講某公司的本益比是多少，今年每股盈餘是多少元，所以合理股價應該是多少。難道本益比是用來衡量所有產業合理股價的標準嗎？例如：景氣循環的股票有時候會產生虧損，就不適合採本益比衡量合理股價，甚至是連營收都還看不見而尚在虧損中的生技股。但是有人就創造「本夢比」這個名詞，來解釋為什麼連營收都沒有且年年呈虧損狀態，卻能擁有高股價？說穿了股價是由資金推動的，盈餘高低只不過是資金推動的「題材」，如果盈餘影響股價是那麼重要，那如何解釋這些連未來的營收都還看不見的生技股，卻享有高的股價呢？

會計衡等式：總資產＝負債＋股東權益。

$$淨利率（純益率）＝\frac{稅後純益}{銷貨收入}。$$

$$總資產報酬率＝\frac{稅後純益＋利息費用（1－稅率）}{平均資產總額}。$$

$$自有資金比率＝\frac{股東權益總額}{資產總額}。$$

$$負債比率＝\frac{負債總額}{資產總額}。$$

$$股東權益報酬率＝\frac{稅後純益}{平均股東權益}。$$

$$市價淨值比＝\frac{每股市價}{每股帳面價值}。$$

$$流動比率＝\frac{流動資產}{流動負債}。$$

$$速動比率＝\frac{速動資產}{流動負債}。$$

式中：速動資產＝流動資產－存貨－預付費用。

某公司的流動比率高,但速動比率比流動比率低很多,則下列敘述何者正確?

(A) 公司的現金比率相當高　(B) 公司有很大的應收帳款部位　(C) 公司的短期償債能力不錯　(D) 公司的存貨及預付款過高

（106 年第 4 次高業投資學）

答：**(D)**

流動比率高→流動資產高,但速動比率比流動比率低很多表示速動資產很低,速動資產 = 流動資產 − 存貨 − 預付費用,所以是存貨與預付費用過高造成的。

$$本益比 = \frac{每股市價}{每股盈餘}。$$

10-8-1　負債比率

延伸杜邦方程式

$$股東權益報酬率 = \frac{稅後純益}{股東權益} = \frac{稅後純益}{銷貨收入} \times \frac{銷貨收入}{資產總額} \times \frac{資產總額}{股東權益}$$

$$= 純益率 \times 總資產週轉率 \times 權益乘數。$$

假設甲公司之淨利率為 4%，資產週轉率為 3.6，自有資金比率為 40%，請問目前該公司之股東權益報酬率為何？

(A)16% (B)26% (C)36% (D)40%

（107 年第 1 次高業投資學）

答：**(C)**

股東權益報酬率＝純益率 × 總資產週轉率 × 權益乘數＝4% × 3.6 × $\dfrac{1}{40\%}$ ＝ 36%。

某公司美股營收的數字若逐年提升，則下列敘述何者一定正確？（假設資產規模不變）

(A) 淨利率會提高 (B) 股東權益報酬率會提高 (C) 淨總資產週轉率會提高 (D) 選項 (A)、(B)、(C) 皆非

（107 年第 1 次高業投資學 ）

答：**(C)**

$$股東權益報酬率 = \frac{稅後純益}{股東權益}$$

$$= \frac{稅後純益}{銷貨收入} \times \frac{銷貨收入}{資產總額} \times \frac{資產總額}{股東權益}$$

＝純益率 × 總資產週轉率 × 權益乘數。

當總資產週轉率上升時，股東權益報酬率會提高。

10-8-2 總資產報酬率與股東報酬率間的關係

$$ROE = ROA + [ROA - R_D (1 - t)] \times \frac{D}{E}$$

式中：D 為負債總額，E 為股東權益總額，
R_D 為負債的資金成本。

當 $ROA > R_D (1-t)$ 時 → $ROE > ROA$ →財務槓桿有利。

當 $ROA < R_D (1-t)$ 時 → $ROE < ROA$ →財務槓桿不利。

投資IQ加油站

甲公司預期資產報酬率是 20%，該公司負債比率提高後，舉債的資金成本是 12%，將造成股東權益報酬率：

(A) 減少　　(B) 增加　　(C) 不變　　(D) 可能增加或減少

（107 年第 2 次高業投資學）

答：**(B)**

由 $ROE = ROA + [ROA - R_D (1 - t)] \times \frac{D}{E}$，

已知 $ROA = 20\%$，若 $D = 0$，則：$ROE = ROA = 20\%$。

若 $D > 0$，$R_D = 12\%$，$t = 0$，則：

$ROE = 20\% + [20\% - 12\%(1 - 0)] \times \frac{D}{E} = 20\% + 8\% \times \frac{D}{E}$。

故 ROE 增加。

對股東權益報酬率的敘述，何者正確？

(A) 公式為稅後淨利 / 保留盈餘　　(B) 財務槓桿的高低對股東權益報酬率並無影響　　(C) 總資產報酬率的高低和股東權益報酬率有關　　(D) 選項 (A)、(B)、(C) 皆非

（107 年第 4 次高業投資學 ）

答：**(C)**

如公式：

$$ROE = ROA + [ROA - R_D(1 - t)] \times \frac{D}{E}。$$

$ROA \uparrow \to ROE \uparrow$，反之，$ROA \downarrow \to ROE \downarrow$。

10-8-3　營運槓桿

用來衡量公司使用固定成本的程度。

$$營運槓桿 = \frac{\Delta EBIT/EBIT}{\Delta Q/Q} = \frac{EBIT + F}{EBIT}$$

式中：

EBIT 為稅前息前淨利，Q 為銷售量，F 為固定成本。

投資IQ加油站

　　假設其他條件相同，甲公司的營運槓桿程度大於乙公司，請問在景氣好轉的的情況下，兩公司的獲利能力將會如何？

　　(A) 甲公司＞乙公司　　(B) 甲公司＜乙公司　　(C) 甲公司＝乙公司
(D) 無法比較

（107 年第 3 次高業投資學 ）

答：**(A)**

　　當景氣好轉時銷售量 (Q) 將會上升，營運槓桿程度越大則為稅前息前淨利 (EBIT) 上升的幅度越大，即獲利能力越高。

Chapter **10** 權益型有價證券評價模式

( ) 1. 甲公司今年每股稅前盈餘是 6 元，公司所得稅率是 25%，該公司無
特別股，已知該公司盈餘保留比率是 40%，則該公司股票今年每股
可配多少元現金股利？
(A) 4.5 元 (B) 3.6 元
(C) 2.7 元 (D) 1.8 元

( ) 2. 對資產股而言，何種評價方法較適當？
(A) 本益比法 (B) 現金流量折現法
(C) 每股股價除以每股重估淨值 (D) 每股股價除以每股銷售額

( ) 3. 某公司今年每股發放股利 3 元，在股利零成長的假設下，已知投資
人的必要報酬率為 15%，則每股普通股的預期價值為：
(A) 20 元 (B) 30 元
(C) 33.3 元 (D) 37.5 元

( ) 4. 在其他條件相同下，未上市股票相較於上市股票，投資人可接受的
本益比：
(A) 較高
(B) 較低
(C) 不一定，視總體環境而定
(D) 不一定，視投資人風險偏好而定

( ) 5. 某績優穩定成長公司之盈餘保留比率是 50%，歷年之權益報酬率平
均是 15%，總資產報酬率平均是 12%，則該公司股利成長率可估為：
(A) 7.5% (B) 6%
(C) 3% (D) 1.8%

( ) 6. 其他因素不變下，下列哪種事件，最可能降低股票的本益比？
(A) 投資人的風險規避傾向降低 (B) 負債比率下降
(C) 通貨膨脹預期下跌 (D) 國庫券殖利率增加

( ) 7. 股票在除權交易日前一天收盤價為 45 元，若盈餘轉增資配股率 20%，資本公積轉增資配股率 5%，則除權參考價為：

(A) 40 元 (B) 62.5 元

(C) 41.7 元 (D) 36 元

( ) 8. 速動比率的公式為：

(A) 流動資產／流動負債

(B) 流動資產／負債總額

(C)（流動資產－存貨－預付費用）／流動負債

(D)（流動資產－存貨－預付費用）／負債總額

( ) 9. 三家公司甲、乙、丙的風險相同，要求報酬率 18%，但盈餘成長率依序為 15%、12%、10%；股利發放率依序是 40%、50%、60%，本益比最高的公司股票應是：

(A) 股票甲 (B) 股票乙

(C) 股票丙 (D) 無法比較

( ) 10. 丙公司剛發放每股現金股利 2 元，已知該公司股利成長率很穩定，每年約 5%，所有股利都是現金發放，若該股票之市場折現率為 12%，請問該公司股票之價格應為：

(A) 30 元 (B) 40 元

(C) 28 元 (D) 16.67 元

( ) 11. 某公司之預期股東權益報酬率為 15%，且其股利發放率為 20%，請問其股利成長率為何？

(A) 3% (B) 7.5%

(C) 10% (D) 12%

( ) 12. 下列哪一種股票較可能是價值型股票？

(A) 現金股息占盈餘之百分比低之股票

(B) 市價淨值比趨近於 1 之股票

(C) 本益比高於產業平均之股票

(D) 資產週轉率高的股票

（　）13. 有關股票分割與股票股利之敘述何者正確？
甲.均使公司之發行股數增加；乙.均使公司之發行股本增加；
丙.均使公司之每股淨值減少；丁.均使公司之淨值總額增加
(A) 僅甲、丙　　　　　　　　(B) 僅乙、丙
(C) 僅甲、乙　　　　　　　　(D) 僅甲、丙、丁

（　）14. 假設其他條件相同，甲公司之營運槓桿程度大於乙公司，請問在景
氣好轉的情況下，兩公司的獲利能力將會如何？
(A) 甲公司 > 乙公司　　　　(B) 甲公司 < 乙公司
(C) 甲公司 = 乙公司　　　　(D) 無法比較

（　）15. 甲公司在今年會計年度結束時，資產負債表上之股東權益總額為
600 萬元，流通在外股數為 20 萬股。若目前該公司股價為 90 元，
該公司之市價淨值比為：
(A) 10.5　　　　　　　　　　(B) 5.1
(C) 3　　　　　　　　　　　(D) 1.8

（　）16. 假設甲公司之淨利率為 5%、資產週轉率 1.2、自有資金比率
50%，請問目前該公司之股東權益報酬率為何？
(A) 4.5%　　　　　　　　　　(B) 18%
(C) 12%　　　　　　　　　　(D) 25.5%

（　）17. 大誠公司的部分資料如下：平均總資產 200 萬元、平均股東權益
100 萬元、資產報酬率 10%，則該公司股東權益報酬率為：（不考
慮稅賦、利息的影響）
(A) 30%　　　　　　　　　　(B) 25%
(C) 20%　　　　　　　　　　(D) 15%

（　）18. 某公司每股營收的數字若逐年提升，則下列敘述何者一定正確？
（假設資產規模不變）
(A) 淨利率會提高　　　　　　(B) 股東權益報酬率會提高
(C) 淨資產週轉率會提高　　　(D) 選項 (A)、(B)、(C) 皆非

（　）19. 甲公司目前股價是 60 元，已知該公司預估每股稅後淨利為 2 元，

每股銷貨收入約為 12.5 元，試求該公司目前市價／銷貨收入比倍數是多少倍？

(A) 4.8　　　　　　　　　　(B) 6

(C) 10　　　　　　　　　　(D) 151

(　　) 20. 假設某公司的股東權益報酬率是 20%，而且其保留盈餘率是 40%，該公司盈餘的可維持成長率將是多少？

(A) 6%　　　　　　　　　　(B) 8%

(C) 20%　　　　　　　　　(D) 40%

(　　) 21. 假設某公司合理本益比為 15 倍，其現金股利發放率為 30%，且預期現金股利成長率為 10%，若高登模式 (Gordon Model) 成立，請問該公司股票之必要報酬率為何？

(A) 10.2%　　　　　　　　(B) 12.2%

(C) 13.2%　　　　　　　　(D) 14.2%

(　　) 22. 在其他條件相同下，公司會計盈餘品質較差的公司，投資人要求的合理本益比應：

(A) 較低

(B) 較高

(C) 不一定，視投資人效用函數而定

(D) 不一定，視投資人風險偏好而定

(　　) 23. 張君買進一口履約價為 50 元之仁寶賣權，並賣出一口履約價為 39 元之仁寶賣權，則張君應繳交保證金為：

(A) 買進與賣出部位之履約價差乘以履約價格乘數

(B) 不需要繳交保證金

(C) 僅需繳交賣出部位之保證金

(D) 僅需繳交買進部位之保證金

(　　) 24. 有一公司流通在外的普通股有 100,000 股，每股市價為 20 元，每股股利為 2 元，公司股利發放率為 40%，則此公司本益比為多少？

(A) 2.5　　　　　　　　　　(B) 4

(C) 10　　　　　　　　　　　(D) 50

（　）25. 將股東權益報酬率 (ROE) 公式分解，藉以分析公司經營問題與改進之道的方法，稱為：
(A) 杜邦分析　　　　　　　　(B) 垂直分析
(C) 水平分析　　　　　　　　(D) 道氏分析

（　）26. 下列敘述何者正確？
甲.股利殖利率是指股利除以股票面額；乙.對股利每年均固定成長之股票而言，其資本利得收益率等於股利成長率；丙.股票之總報酬率等於股利率，加上資本利得收益率
(A) 僅甲、乙　　　　　　　　(B) 僅乙、丙
(C) 僅甲、丙　　　　　　　　(D) 甲、乙、丙

（　）27. 以財務比率評估企業之績效，哪一種較為全面？
(A) 與同業在同一年度作比較
(B) 與本身過去歷史資料作比較
(C) 與同業作該比率之趨勢之分析比較
(D) 與整體市場之同一比率在同一年度作比較

（　）28. 乙公司在今年會計年度結束時，股東權益總額為 1,000 萬元，流通在外股數為 50 萬股。若目前該公司股價為 60 元，請問該公司之市價淨值比為何？
(A)20　　　　　　　　　　　(B)10
(C)2.5　　　　　　　　　　　(D)3

（　）29. 事業風險 (Business Risk) 通常以營運槓桿 (Operating Leverage) 來衡量，下列何者與營運槓桿運算有關？
(A) 變動成本　　　　　　　　(B) 固定成本
(C) 財務成本　　　　　　　　(D) 存貨成本

（　）30. 下列何者會改變公司之淨值總額？
甲.盈餘轉增資；乙.發放現金股利；丙.公積轉增資；丁.股票分割

(A) 僅乙   (B) 僅丁

(C) 僅甲、乙   (D) 僅乙、丁

( ) 31. 估計股票之盈餘成長率，較不可能用到下列哪一比率？

(A) 流動性比率   (B) 財務槓桿比率

(C) 資產營運能力比例   (D) 獲利能力比率

( ) 32. 假設某公司合理本益比為 16.5 倍，其現金股利發放率為 30%，且預期現金股利成長率為 10%，若高登模式 (Gordon Model) 成立，請問該公司股票之必要報酬率為何？

(A) 10%   (B) 11%

(C) 12%   (D) 13%

( ) 33. 利用本益比倍數觀念投資股票時，如果「益」指的是每股盈餘，則一般較不可能用的是：

(A) 最近一年財務報表所列的當年度每股盈餘

(B) 最近過去四季累計的每股季盈餘

(C) 預估將來四季累計的每股季盈餘

(D) 兩年前的財務年報所列的當年度每股盈餘

( ) 34. 某公司資產負債表中，有 600 萬元之資產，300 萬元之負債，假設該公司股票流通在外股數為 10 萬股，且目前股票市價為 60 元，請問該公司股票之市價淨值比為：

(A) 3   (B) 2.5

(C) 2   (D) 1.5

( ) 35. 其他條件相同，營收易受景氣影響的公司，其股票可接受的本益比：

(A) 較高

(B) 等於銀行利率的倒數

(C) 較低

(D) 不一定，視投資人風險偏好而定

( ) 36. 上市公司買回自己的股票時，則：

甲 . 流通在外股數減少；乙 . 流通在外股數增加；丙 . 每股盈餘會

10 倍？

(A) 股價下跌   (B) 每股盈餘降低

(C) 負債變大   (D) 股本變大

(   ) 51. 其他條件相同，下列哪種事件最可能降低股票的本益比？

(A) 投資人的風險規避傾向降低   (B) 股利發放率增加

(C) 國庫券殖利率增加   (D) 通貨膨脹預期下跌

(   ) 52. 在投資組合理論中，下列何者認為風險是由多個因子所構成的？

(A) 資本資產定價模式 (CAPM)   (B) 套利定價理論 (APT)

(C) 泰勒模式   (D) 馬克維茲模式

(   ) 53. 每股股價除以每股銷售額評價法，不適用於哪類公司？

(A) 銷售額大幅成長的公司   (B) 毛利率低的公司

(C) 負債比率低的公司   (D) 業外損益比重高的公司

(   ) 54. 以每股 65 元融資買進某公司普通股股票 2,000 股，融資比率為 40%，則最初自備投資金額為：

(A) 56,000 元   (B) 78,000 元

(C) 84,000 元   (D) 140,000 元

(   ) 55. 當公司發放 11% 的股票股利時，股價會變成配股前之：

(A) 83.3%   (B) 90.1%

(C) 120%   (D) 不變

(   ) 56. 某公司今年每股發放股利 3 元，在股利零成長的假設下，已知投資人的必要報酬率為 6%，則每股普通股的預期價值為：

(A) 36 元   (B) 40 元

(C) 45 元   (D) 50 元

(   ) 57. 公司採行高股票股利政策時，可能會造成下列何種影響？

(A) 股本增加   (B) 盈餘被稀釋

(C) EPS 下降   (D) 選項 (A)、(B)、(C) 皆是

(   ) 58. 股票評價可以利用下列何種方法？

甲.本益比倍數還原法；乙.股價淨值比還原法；丙.股利殖利率
法

(A) 僅甲 　　　　　　　　　(B) 僅甲、乙

(C) 僅甲、丙 　　　　　　　(D) 甲、乙、丙皆是

（　）59. 下列哪些為以本益比法評估普通股價值的缺點？

甲.未考慮不同產業特性，難以比較；乙.未考量不同階段的盈餘
成長；丙.未考量盈餘品質的好壞

(A) 僅甲、乙 　　　　　　　(B) 僅甲、丙

(C) 僅乙、丙 　　　　　　　(D) 甲、乙、丙

1.(C)　2.(C)　3.(A)　4.(B)　5.(A)　6.(D)　7.(D)　8.(C)　9.(A)　10.(A)

11.(D)　12.(B)　13.(A)　14.(A)　15.(C)　16.(C)　17.(C)　18.(C)　19.(A)

20.(B)　21.(B)　22.(A)　23.(B)　24.(B)　25.(A)　26.(B)　27.(C)　28.(D)

29.(B)　30.(A)　31.(A)　32.(C)　33.(D)　34.(C)　35.(C)　36.(D)　37.(A)

38.(B)　39.(B)　40.(A)　41.(A)　42.(C)　43.(A)　44.(D)　45.(B)　46.(B)

47.(A)　48.(D)　49.(A)　50.(A)　51.(C)　52.(B)　53.(D)　54.(B)　55.(B)

56.(D)　57.(D)　58.(D)　59.(D)

● Chapter 10　習題解析

1. 稅後 EPS $= 6 \times (1 - 25\%) = 4.5$，$1 -$ 盈餘保留率 $=$ 股利發放率，即 $1 - 40\% = 60\%$，發放股利 $=$ 稅後 EPS $\times$ 股利發放率 $= 4.5 \times 60\% = 2.7$。

3. $P_0 = \dfrac{D_1}{r-g} = \dfrac{D_0(1+g)}{r-g} = \dfrac{3(1+0)}{15\%-0} = 20$。

5. $g = ROE \times b = 15\% \times 50\% = 7.5\%$。

7. 除息（權）參考價 $= \dfrac{除權交易日前一天收盤價}{1+ 股票股利配股率} = \dfrac{45}{1+20\%+5\%} = 36$。

9. 由本益比 $= \dfrac{P}{E} = \dfrac{\dfrac{D_1}{r-g}}{E} = \dfrac{\dfrac{D_0(1+g)}{r-g}}{E} = \dfrac{D_0(1+g)}{E}\dfrac{1}{r-g} = d(1+g)\dfrac{1}{r-g}$。

　　股票甲：$40\%(1+15\%)\dfrac{1}{18\%-15\%} = 15.33$。

　　股票乙：$50\%(1+12\%)\dfrac{1}{18\%-12\%} = 9.33$。

　　股票丙：$60\%(1+10\%)\dfrac{1}{18\%-10\%} = 8.25$。

10. 由 $P_0 = \dfrac{D_1}{r-g} = \dfrac{D_0(1+g)}{r-g} = \dfrac{2(1+5\%)}{12\%-5\%} = 30$。

11. $g = ROE \times (1 - d) = 15\% \times (1 - 20\%) = 12\%$。

12. 市價淨值比 $= \dfrac{\text{市價}}{\text{每股淨值}}$，若市價淨值比接近 1，表示市價幾乎等於每股淨值。

15. 市價淨值比 $= \dfrac{\text{每股市價}}{\text{每股淨值}} = \dfrac{90}{600 / 20} = 3$。

16. 股東權益報酬率 = 純益率 × 資產週轉率 × 權益乘數 $= 5\% \times 1.2 \times \dfrac{1}{50\%} = 12\%$。

17. 資產報酬率 $= \dfrac{\text{稅後淨利 + 利息費用（1 - 稅率）}}{200}$，$10\% = \dfrac{\text{稅後淨利}}{200}$，股東權益報酬率 $= \dfrac{20}{100} = 20\%$。

18. 淨資產週轉率 $= \dfrac{\text{銷貨收入}}{\text{股東權益總額}}$，當銷貨收入提高時，淨資產週轉率上升。

19. 市價營收比 $= \dfrac{\text{股價}}{\text{每股營收}} = \dfrac{60}{12.5} = 4.8$。

20. $g = ROE \times b = 20\% \times 40\% = 8\%$。

21. 本益比 $= \dfrac{P}{E}$，$P_0 = \dfrac{D_1}{r - g}$，本益比 $= \dfrac{\frac{D_1}{r - g}}{E} = \dfrac{D_1}{r - g} \times \dfrac{1}{E} = \dfrac{D_0(1+g)}{E} \times \dfrac{1}{r - g} = \dfrac{D_0}{E} \times (1+g) \times \dfrac{1}{r - g}$。$15 = 30\%(1 + 10\%) \dfrac{1}{r - 10\%}$，$r = 0.122$。

24. $d = \dfrac{D_0}{EPS}$，$40\% = \dfrac{D_0}{EPS}$，$EPS = 5$，本益比 $= \dfrac{P}{E} = \dfrac{20}{5} = 4$。

25. 延伸杜邦方程式：股東權益報酬率 $= \dfrac{\text{稅後純益}}{\text{股東權益}} = $ 純益率 × 總資產週轉率 × 權益乘數。

26. 股利殖利率 $= \dfrac{\text{股利}}{\text{股票價格}}$。

28. 市價淨值比 $= \dfrac{\text{市價}}{\text{每股淨值}} = \dfrac{60}{1,000/50} = 3$。

29. 營運槓桿 $= \dfrac{\Delta EBIT / EBIT}{\Delta Q / Q} = \dfrac{EBIT + F}{EBIT}$，式中：EBIT 為稅前息前淨利，F 為固定成本。

30. 甲：$\begin{cases} 保留盈餘 \\ 股本 \end{cases}$　乙：$\begin{cases} 保留盈餘 \\ 現金 \end{cases}$　丙：$\begin{cases} 資本公積 \\ 股本 \end{cases}$　丁：不做分錄，僅股數增加，面額減少

38. 淨值市價比 $= \dfrac{市價}{每股淨值}$，每股淨值越高或市價越低，則淨值市價比越低。

40. 高於面額 10 元的部分，全轉為資本公積－普通股溢價。

41. 由 $P_0 = \dfrac{D_1}{r - g}$，$P_0 = \dfrac{4}{9\% - 0} = 44.4$。

42. 股東權益報酬率 $= \dfrac{稅後淨利}{平均股東權益}$，

　　總資產報酬率 $= \dfrac{稅後淨利 + 利息費用（1 - 稅率）}{平均總資產}$。

43. 本益比 $= P/E$，若現金股利發放率越大，則盈餘保留率下降，在 P 不變的情況下，E 下降，使得本益比 $= P/E$ 上升。

44. 本益比 $= P/E$，若盈餘成長率越高的公司，投資人願意支付較高的股價來買進，故本益比越高。

45. 本益比 $= \dfrac{P}{E} = \dfrac{50}{2} = 25$。

47. $P_0 = \dfrac{D_1}{r - g}$，式中：r = 折現率，g = 股利成長率，D_1 = 第一期每股股利，P_0 = 股價現值，若 $r < g$，則 $P_0 < 0$ 無意義。

48. 本益比 $= \dfrac{P}{E} = \dfrac{65}{5} = 13$。

49. 本益比 $= \dfrac{P}{E}$，P 是投資人買入的成本，所以越小越好，E 是每股盈餘，越大越好，所以本益比是越低越好。

51. 無風險的報酬率上升，則股市的資金流出，將使股價下跌。

53. 市價營收比 = 股價／每股營收，若市價營收比小於 1 越值得投資，但每股營收是針對營業內的收入，對於營業外的損益較高的公司則不適用。

54. 投資總成本為 $65 \times 2{,}000 = 130{,}000$，融資比率為 40%，則自備投資比率為 $1 - 40\% = 60\%$，自備投資金額為 $130{,}000 \times 60\% = 78{,}000$。

55. 設原股價為 P_0，發放 11% 的股票股利後持有率為 $1 + 11\% = 111\%$，則新的股價為 $P_0 / 111\% = 0.9009 P_0$。

56. 由 $P_0 = \dfrac{D_1}{r - g}$，已知 $D_1 = 3$，$r = 6\%$，$g = 0$，則 $P_0 = \dfrac{3}{6\% - 0} = 50$。

57. 股票股利造成流通在外的股數增加，保留盈餘減少，每股盈餘 = $\dfrac{稅後淨利}{加權平均流通在外股數}$，故每股盈餘也下降。

Chapter 11

選擇權與權證市場

11-1　選擇權契約

11-1-1　買權 (Call Options)

給予持有人權利，使其得在到期日前，以履約價格買進某特定資產。

11-1-2　賣權 (Put Options)

給予持有人權利，使其得在到期日前，以履約價格賣出某特定資產。

11-1-3　權利金

買方為取得執行的權利而支付給賣方的代價。

11-1-4　價內 (In the Money)、價外 (Out of the Money) 與價平 (At the Money)

執行選擇權會產生正價值時，稱該選擇權為價內；若執行選擇權不會產生收益，稱該選擇權為價外。當資產市價等於履約價時，選擇權處於價平狀態。

11-2 選擇權到期價值

選擇權有買權和賣權兩種，依買方和賣方為立場，可以分成四種情況來討論，分別是買入買權、賣出買權、買入賣權與賣出賣權。

11-2-1 買入買權

$$買入買權的到期價值 = \begin{cases} S_T - K，若 \ S_T > K \\ 0，若 \ S_T \leq K \end{cases}$$

式中：S_T 代表到期日的股價，K 為履約價。

例如：已知履約價為 100，如果股價為 114 則買權的到期價值為 114 – 100 = 14，反之，如果股價為 97 則買權的到期價值為 0，因為選擇權執行有虧損持有者可選擇放棄。下圖的實線代表買入買權的到期價值，如果考慮購買買權的權利金，假設是 10，則實線下方的虛線，代表買權到期價值減掉權利金後的利潤線。根據下圖，買入買權的最大可能損失為權利金，最大的可能利潤為無窮大。

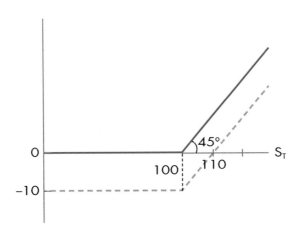

11-2-2　賣出買權

$$賣出買權的到期價值 = \begin{cases} -(S_T - K)，若\ S_T > K \\ 0，若\ S_T \leq K \end{cases}$$

　　賣出買權與買入買權是相對的，當買入買權的到期價值為正值，就賣出權的立場是支付的一方，因此在賣出買權的到期價值等於買入買權的到期價值加上負號即可。下圖實線代表賣出買權的到期價值，虛線代表賣出買權的到期價值加上權利金後的利潤線。由下圖顯示，賣出買權最大可能利潤為權利金收入，最高的可能損失卻是無窮大。

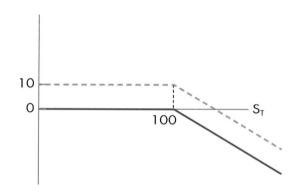

11-2-3　買入賣權

$$買入賣權的到期價值 = \begin{cases} 0，若\ S_T \geq K \\ K - S_T，若\ S_T < K \end{cases}$$

　　式中：S_T 代表到期日的股價，K 為履約價。
　　例如：已知履約價為 100，如果股價為 80 則賣權的到期價值為 100 - 80 = 20，反之，如果股價為 114 則賣權的到期價值為 0，因為選擇權執行有虧損持有者可選擇放棄。下圖的實線代表買入賣權的到期

價值，如果考慮購買賣權的權利金，假設是 10，則實線下方的虛線，代表賣權到期價值減掉權利金後的利潤線。根據下圖，買入賣權的最大可能損失為權利金，最大的可能利潤為履約價減權利金。

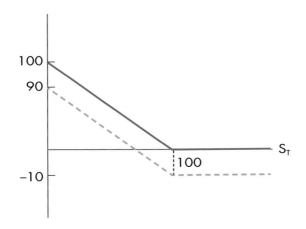

11-2-4　賣出賣權

$$賣出賣權的到期價值 = \begin{cases} 0，若 \ S_T \geq K \\ -(K-S_T)，若 \ S_T < K \end{cases}$$

　　賣出賣權與買入賣權是相對的，當買入賣權的到期價值為正值，就賣出賣權的立場是支付的一方，因此在賣出賣權的到期價值等於買入賣權的到期價值加上負號即可。下圖實線代表賣出賣權的到期價值，虛線代表賣出賣權的到期價值加上權利金後的利潤線。由下圖顯示，賣出賣權最大可能利潤為權利金，最高的可能損失是履約價減權利金。

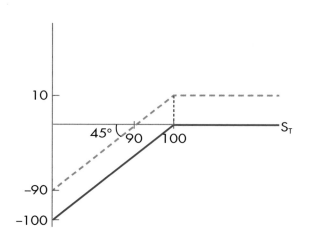

11-3 選擇權投資策略

11-3-1 保護型賣權

　　保護型賣權＝持有現貨（股票）＋買入賣權，所形成的投資策略能提供股價下跌的保障。已知現貨價格會隨市場的變動而變動，若在第 T 年的價格是 S_T，買入賣權的價值 $= \begin{cases} 0，若\ S_T \geq K \\ K-S_T，若\ S_T < K \end{cases}$，如下表：當股價上

升大於履約價格則合計收益為 S_T，反之，當股價下跌低於履約價格則合計收益為 K，表示能防止損失程度在最壞的狀況還有收益 K。

	$S_T \geq K$	$S_T < K$
現貨	S_T	S_T
買入賣權	0	$K - S_T$
合計	S_T	K

　　以下採實際的數字來計算合計收益，已知 $S_T = 97$、$K = 100$，或 $S_T = 114$、$K = 100$，賣權的權利金為 10，上述的數據分別如下：

	$S_T \geq K$	$S_T < K$
現貨	114	97
買入賣權	0	100–97
合計	114	100

　　繪成圖形如下：

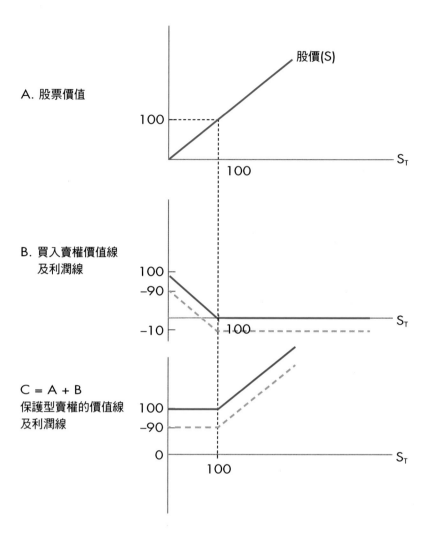

A. 股票價值

股價(S)

100

100

S_T

B. 買入賣權價值線
　　及利潤線

100
−90

−10

100

S_T

C = A + B
保護型賣權的價值線
及利潤線

100
−90

0

100

S_T

11-3-2　掩護型買權

掩護型買權＝持有現貨（股票）＋賣出買權，所形成的投資策略能提供股價上升時收益維持在固定水準。已知現貨價格會隨市場的變動而變動，若在第 T 年的價格是 S_T，

$$\text{賣出買權的價值} = \begin{cases} -(S_T - K) \text{，若 } S_T > K \\ 0 \text{，若 } S_T \leq K \end{cases}$$

如下表：當股價上升大於履約價格則合計收益為 K，反之，當股價下跌低於履約價格則合計收益為 S_T，表示能控制股價上升時的固定收益 K。

	$S_T \geq K$	$S_T < K$
現貨	S_T	S_T
賣出買權	$-(S_T - K)$	0
合計	K	S_T

以下採實際的數字來計算合計收益，已知 S_T = 97、K = 100，或 S_T = 114、K = 100，買權的權利金為 10，上述的數據分別如下：

	$S_T \geq K$	$S_T < K$
現貨	114	97
賣出買權	$-(114 - 100)$	0
合計	100	97

繪成圖形如下：

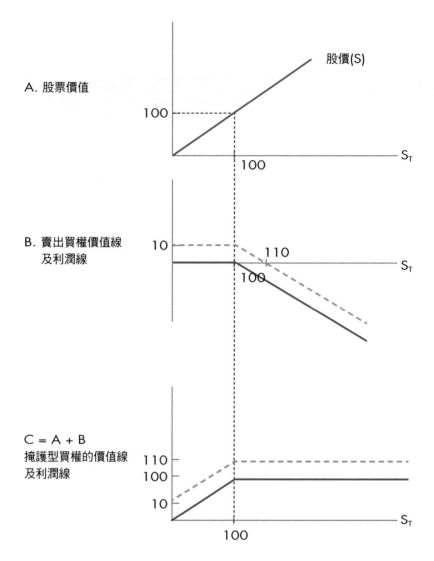

A. 股票價值

股價(S)

100

100

S_T

B. 賣出買權價值線
   及利潤線

10

110

100

S_T

C = A + B
掩護型買權的價值線
及利潤線

110
100

10

100

S_T

11-3-3　跨式部位

跨式部位 = 買入買權 + 買入賣權

投資人各買進一個相同履約價格 (K) 和到期日 (T) 的買權與賣權。

$$買入買權的到期價值 = \begin{cases} S_T - K & ,若\ S_T > K \\ 0 & ,若\ S_T \leq K \end{cases}$$

式中：S_T 代表到期日的股價，K 為履約價。

$$買入賣權的到期價值 = \begin{cases} 0 & ,若\ S_T \geq K \\ K - S_T & ,若\ S_T < K \end{cases}$$

式中：S_T 代表到期日的股價，K 為履約價。

	$S_T \geq K$	$S_T < K$
買入買權	$S_T - K$	0
買入賣權	0	$K - S_T$
合計	$S_T - K$	$K - S_T$

以下採實際的數字來計算合計收益，已知 S_T = 97、K = 100，或 S_T = 114、K = 100，買權的權利金為 10，賣權的權利金為 5，上述的數據分別如下：

	$S_T \geq K$	$S_T < K$
買入買權	114 – 100	0
買入賣權	0	100 – 97
合計	14	3

繪成圖形如下：

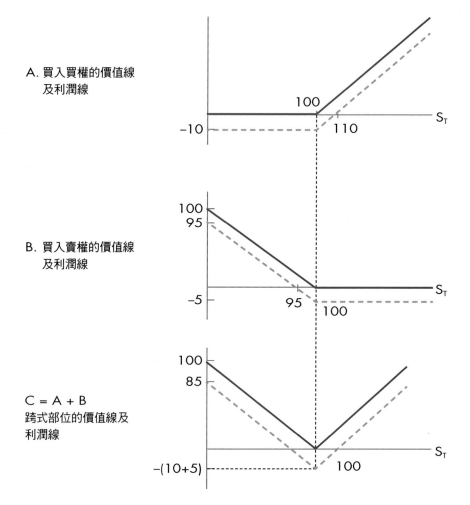

A. 買入買權的價值線
   及利潤線

B. 買入賣權的價值線
   及利潤線

C = A + B
跨式部位的價值線及
利潤線

11-3-4　價差部位

　　是由兩個或兩個以上的買權（或）賣權組成的，組合中各種選擇權契約的標的資產相同，但履約價格不同或到期日不同。本例是假設履約價格不同的情況下討論的。

　　價差部位 = 買入買權（履約價格為 K_1）+ 賣出買權（履約價格為 K_2），$K_2 >$ K_1。

$$買入買權的到期價值 = \begin{cases} S_T - K_1 \text{，若 } S_T > K_1 \\ 0 \text{，若 } S_T \leq K_1 \end{cases}$$

式中：S_T 代表到期日的股價，K_1 為履約價。

$$賣出買權的到期價值 = \begin{cases} -(S_T - K_2) \text{，若 } S_T > K_2 \\ 0 \text{，若 } S_T \leq K_2 \end{cases}$$

式中：S_T 代表到期日的股價，K_2 為履約價。

	$S_T \leq K_1$	$K_1 < S_T \leq K_2$	$S_T \geq K_2$
買入買權（履約價 K_1）	0	$S_T - K_1$	$S_T - K_1$
賣出買權（履約價 K_2）	0	0	$-(S_T - K_2)$
合計	0	$S_T - K_1$	$K_2 - K_1$

　　繪成圖形如下：

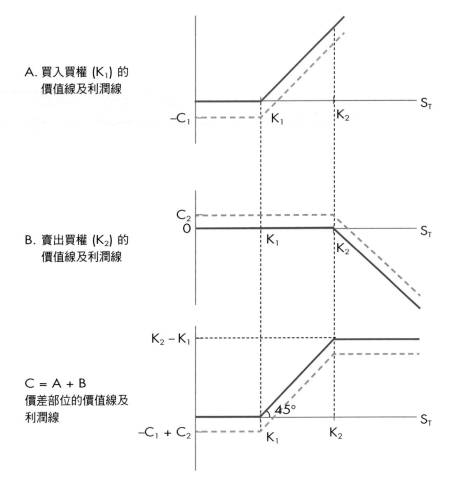

A. 買入買權 (K_1) 的
價值線及利潤線

B. 賣出買權 (K_2) 的
價值線及利潤線

C = A + B
價差部位的價值線及
利潤線

11-3-5 勒式價差策略

多頭勒式價差 = 買進買權（履約價格為 K_2）+ 買進賣權（履約價格為 K_1），$K_2 >$ K_1。

投資人同時買進到期日相同的買權與賣權

$$買入買權的到期價值 = \begin{cases} S_T - K_2 \ , 若 \ S_T > K_2 \\ 0 \ , 若 \ S_T \leq K_2 \end{cases}$$

式中：S_T 代表到期日的股價，K_2 為履約價，買權的權利金為 C。

$$買入賣權的到期價值 = \begin{cases} 0 \ , 若 \ S_T \geq K_1 \\ K_1 - S_T \ , 若 \ S_T < K_1 \end{cases}$$

式中：S_T 代表到期日的股價，K_1 為履約價，賣權的權利金為 P。

	$S_T \leq K_1$	$K_1 < S_T \leq K_2$	$S_T \geq K_2$
買入買權（履約價 K_2）	0	0	0
買入賣權（履約價 K_1）	$K_1 - S_T$	0	$S_T - K_2$
合計	$K_1 - S_T$	0	$S_T - K_2$

繪成圖形如下：

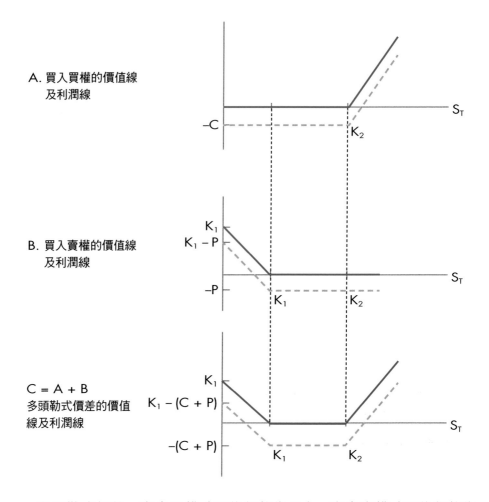

A. 買入買權的價值線
   及利潤線

−C   K₂ S_T

B. 買入賣權的價值線
   及利潤線

K₁
K₁ − P
−P   K₁   K₂ S_T

C = A + B
多頭勒式價差的價值
線及利潤線

K₁
K₁ − (C + P)
−(C + P)   K₁   K₂ S_T

　　空頭勒式價差 = 賣出買權（履約價格為 K_2）+ 賣出賣權（履約價格為 K_1），$K_2 > K_1$。

　　投資人同時賣出到期日相同的買權與賣權：

$$\text{賣出買權的到期價值} = \begin{cases} -(S_T - K_2) \text{，若 } S_T > K_2 \\ 0 \text{，若 } S_T \leq K_2 \end{cases}$$

式中：S_T 代表到期日的股價，K_2 為履約價，買權的權利金為 C。

$$\text{賣出賣權的到期價值} = \begin{cases} 0 \text{，若 } S_T \geq K_1 \\ -(K_1 - S_T) \text{，若 } S_T < K_1 \end{cases}$$

式中：S_T 代表到期日的股價，K_1 為履約價，賣權的權利金為 P。

	$S_T \le K_1$	$K_1 < S_T \le K_2$	$S_T \ge K_2$
賣出買權（履約價 K_2）	0	0	$-(S_T - K_2)$
賣出賣權（履約價 K_1）	$-(K_1 - S_T)$	0	0
合計	$-(K_1 - S_T)$	0	$-(S_T - K_2)$

繪成圖形如下：

A. 賣出買權的價
值線及利潤線

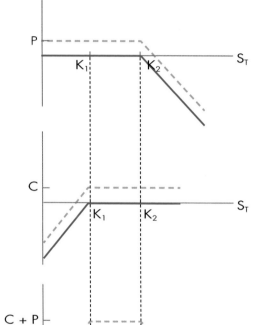

B. 賣出賣權的價
值線及利潤線

C = A + B
空頭勒式價差的價值
線及利潤線

11-4 賣權買權等價關係

已知賣出買權為 C，同時發行面額為 K 且 T 年後到期的無息公司債，因此目前無息公債的現值可表示成 $\dfrac{K}{(1+r_f)^T}$，則目前的現金流入為 $C+\dfrac{K}{(1+r_f)^T}$。此外，買入賣權為 P，買入股價為 S_0，則目前的現金流出為 $P+S_0$，當現金流入等於現金流出可表示成 $C+\dfrac{K}{(1+r_f)^T}=P+S_0$，這個公式稱為「賣權買權等價關係」。

如果賣權買權等價關係不成立，將會有套利的機會發生，投資人會買進便宜的一方，同時出售相對較昂貴的一方，一直到等式的左右兩邊相等為止。

11-4-1 影響選擇權價值的因素

我們可以由賣權買權等價關係，來討論買權 (C) 與賣權 (P) 的變化：

$$C+\frac{K}{(1+r_f)^T}=P+S_0$$

因素	買權 (C)	賣權 (P)
標的物價格 S↑	↑	↓
履約價格 K↑	↓	↑
到期期間長短 T↑	↑	↑
無風險利率 r_f↑	↑	↓
標的物價格的波動性 σ↑	↑	↑

記法：

由賣權買權等價關係 $C+\dfrac{K}{(1+r_f)^T}=P+S_0$，來思考記憶。

11-4-2　買權 (C)

1. 標的物價格 S↑→ 賣權買權等價關係等號右邊 ↑→ 為了維持平衡 C↑
2. 履約價格 K↑→ 賣權買權等價關係等號左邊 ↑→ 為了維持平衡 C↑
3. 到期期間長短 T↑→ 未來價內的機會 ↑→ C↑
4. 無風險利率 r_f↑→ 賣權買權等價關係等號左邊 ↓→ 為了維持平衡 C↑
5. 標的物價格的波動性 σ↑→ 未來價內的機會 ↑→ C↑

11-4-3　賣權 (P)

1. 標的物價格 S↑→ 賣權買權等價關係等號右邊 ↑→ 為了維持平衡 P↓
2. 履約價格 K↑→ 賣權買權等價關係等號左邊 ↑→ 為了維持平衡 P↑
3. 到期期間長短 T↑→ 未來價內的機會 ↑→P↑
4. 無風險利率 r_f↑→ 賣權買權等價關係等號左邊 ↓→ 為了維持平衡 P↓
5. 標的物價格的波動性 σ↑→ 未來價內的機會 ↑→P↑

11-4-4　Black-Scholes 評價模式（簡稱 B-S 模式）

　　Black & Scholes (1973) 導出買權的評價模式，此模式是用來計算「歐式買權」* 的價格，該公式如下：

　　* 美式買權與歐式買權最大的差異在於，美式買權的買方能於選擇權到期前任一天執行權利，歐式買權的買方有權於到期日時，依市場情況來決定是否執行選擇權利。

$$C = SN(d_1) - Ke^{-rt}N(d_2)$$
$$d_1 = \frac{\ln\frac{S}{K} + (+0.5\sigma^2)^T}{\sigma\sqrt{T}}$$
$$d_2 = d_1 - \sigma\sqrt{T}$$

　　式中：

C：買權價格

K：履約價格

r：無風險利率

T：選擇權到期日

S：標的物價格

N(·)：標準常態的累積機率分配

情況 1：

若 N(d) 接近 1，表示該選擇權被執行的機率非常高，則買權價值為 C = $S - Ke^{-rt}$。

情況 2：

若 N(d) 接近 0，表示該選擇權幾乎不被執行，則買權價值為 C = 0。

11-5　具選擇權特性的有價證券

11-5-1　可贖回債券

> 可贖回債券 = 公司債 + 發行公司可贖回的權利（買權）

可贖回債券的價格 < 公司債價格，主要是補償可贖回債券投資人。

11-5-2　可轉換有價證券

可轉換有價證券包括可轉換公司債與可轉換特別股。

> 轉換公司債 = 公司債 + 轉換權利

可轉換債券的價格 > 公司債價格，主因是可轉換債券多了轉換成股東的權利。

11-5-3　認股權證

認股權證係由標的股票發行公司所發行，且常附著於特別股或公司債，例如：附認股權特別股或附認股權公司債。

認股權證是持有者有權利以認購價格來購買發行公司的股票，所以認股權證執行後將使發行公司發行新股，因此流通在外股數增加。

選擇權的買權則是持有者有權利，以履約價格購買選擇權買權發行者的股票，所以不會使得發行公司的新股增加，只是選擇權買權持有者對賣出買權者所持有的股票從事交易。

　　權證是證券商所發行與持有人之間的一種契約，權證持有人在約定的時間有權以約定的價格買入或賣出一定數量的標的證券。根據權利的行使方向，權證可以分為認購權證和認售權證，認購權證屬於選擇權當中的「買進買權」，認售權證屬於「買進賣權」。

11-6-1　權證的履約價格

　　標的股票價格＞認購權證履約價格→價內認購權證
　　（標的股票價格＞認售權證履約價格→價外認售權證）
　　標的股票價格＜認購權證履約價格→價外認購權證
　　（標的股票價格＜認售權證履約價格→價內認售權證）
　　標的股票價格＝認購權證履約價格→價平認購權證
　　（標的股票價格＝認售權證履約價格→價平認售權證）

　　標的股票除權、除息、現金增減資時，標的股票價格會進行調整，履約價格也必須同步調整，公式如下：

$$新履約價格 = 調整前履價格 \times \frac{除息（權）參考價}{除息（權）前 1 日盤價}$$

11-6-2 影響權證價格的因素

影響的變數	認購權證	認售權證
標的股價 S_T ↑	↑	↓
履約價格 K↓	↓	↑
標的股價波動性 σ↑	↑	↑
距離到期日的時間 T↑	↑	↑
利率 r_f ↑	↑	↓
現金股利 ↑	↓	↑

記法：

可以運用選擇權價值的關係式：

選擇權（買權）的價值＝內含價值＋時間價值＝$(S_T - K)$＋時間價值，來思考記憶上述的影響結果。

1. 股價 S_T ↑→ 內含價值 ↑→ 買權的價值 ↑

2. 履約價格 K ↓→內含價值 ↑→ 買權的價值 ↑

3. 股價波動性 σ↑→ 未來內含價值 ↑→ 買權的價值 ↑

4. 距離到期日的時間 T↑→ 未來內含價值 ↑→ 買權的價值 ↑

5. 利率 r_f↑→ 履約價格 K 的現值 ↓→ 內含價值 ↑→ 買權的價值 ↑

6. 股利 ↑→ 股價 S_T↓→ 內含價值 ↓→ 買權的價值 ↓

應用： 當我們運用選擇權價值的關係式討論上述因素對買權價值 (C) 的影響之後，再利用賣權買權等價關係 $C + \dfrac{K}{(1+r_f)^T} = P + S_0$。

在相同的標的物、到期日與履約價格下，即可推論出對賣權價值 (P) 的影響了。

其他條件不變下，權證價值之敘述何者為是？甲．股價上漲，認售權證價值下跌；乙．履約價格越高，認購權證價值越高；丙．存續期間越長，認購權證價值越高，認售權證價值越低；丁．股價波動大，認購權證與認售權證價值提高

(A) 僅甲、乙　(B) 僅甲、丁　(C) 僅乙、丙　(D) 甲、乙、丙、丁

（107 年第 2 次高業投資學）

答：**(B)**

甲的敘述是正確的，乙的敘述是錯誤的，丙的敘述是錯誤的，丁的敘述是正確的，故答案為 (B)。

11-7 避險比率（或稱 delta 值）

用來衡量權證價格與標的股價之間的漲跌關係，計算公式如下：

$$避險比率 = \frac{認購權證價格變動值}{標的證券價格變動值}$$

例如：delta = 0.6，表示標的股價變動 1 元時，買權價格上升 0.6 元。

例如：delta = –0.6，表示標的股價變動 1 元時，賣權價格上升 0.6 元。

避險比率的另一種表示方式：

$$避險比率 = \frac{現貨避險部位}{賣出選擇權部位}$$

例如：避險比率為 0.7，代表賣出買權 1 單位搭配買進 0.7 單位的股票。

例如：避險比率為 –0.7，代表賣出賣權 1 單位搭配買進 0.7 單位的股票。

投資IQ加油站

某認購權證之發行總認購股數為 2,000 萬股，當期避險比率為 0.4 時，則理論上發行券商應持有之避險部位為多少？

(A) 800 萬股　(B) 2,100 萬股　(C) 1,500 萬股　(D) 1,000 萬股

（108 年第 1 季高業投資學）

答：**(A)**

$$避險比率 = \frac{現貨避險部位}{賣出選擇權部位},$$

$$0.4 = \frac{現貨避險部位}{2,000},$$

現貨避險部位 = 800。

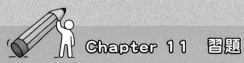

（　）1. 某一標的物市價 40 元，執行價格 42 元之賣權價格為 5 元，則此賣權之內含價值為何？

(A) 5 元　　　　　　　　　(B) 3 元

(C) 2 元　　　　　　　　　(D) 0 元

（　）2. 在決定選擇權價值的諸多因素中，除了定價公式本身可能需要由買方與賣方協議説明各自立場外，最能解釋彼此報價不同的關鍵因素為：

(A) 標的物價格　　　　　　(B) 利率水準

(C) 標的物價格波動性　　　(D) 履約價格

（　）3. 假設有一買權的履約價格為 52 元，權利金 3 元，其標的物價格目前為 49 元，請問該買權的履約價值為何？

(A) 3 元　　　　　　　　　(B) 2 元

(C) 1 元　　　　　　　　　(D) 0 元

（　）4. 有關認購（售）權證之敘述，何者不正確？

(A) 權證投資有時間限制，到期日後此權證即失去履約的權利

(B) 權證交易無升降幅度限制

(C) 開盤及收盤採集合競價

(D) 認購（售）權證盤中採逐筆交易

（　）5. 臺灣目前上市的認購權證發行人是：

(A) 上市公司本身　　　　　(B) 綜合券商

(C) 上市公司大股東　　　　(D) 臺灣證券交易所

（　）6. 下列敘述何者為真？

(A) 選擇權的買方須繳交保證金　(B) 選擇權的買方風險無限

(C) 選擇權之賣方潛在獲利無限　(D) 選項 (A)、(B)、(C) 皆非

（　）7. 一般而言，認購權證履約時，結算方式有：甲．現金結算，需負擔

手續費、交易稅並繳股款;乙.現金結算,不需負擔交易稅;丙.標的物給付,需負擔手續費、交易稅並繳股款;丁.標的物給付,不需負擔交易稅

(A) 甲、丙   (B) 乙、丙

(C) 甲、丁   (D) 乙、丁

( ) 8. 曉萱買進一口履約價為 50 元之仁寶賣權,並賣出一口履約價為 39 元之仁寶賣權,則曉萱應繳交保證金為:

(A) 買進與賣出部位之履約價差乘以履約價格乘數

(B) 不需要繳交保證金

(C) 僅需繳交賣出部位之保證金

(D) 僅需繳交買進部位之保證金

( ) 9. 下列哪一種變化不會使買權的價值隨之增加?

(A) 發放股利   (B) 無風險利率高

(C) 標的物價格波動性高   (D) 標的物價格高

( ) 10. 一般來說,不論是買權 (Call Options) 或賣權 (Put Options),距到期日越近,則時間價值:

(A) 視情況而定   (B) 越低

(C) 越高   (D) 時間與權利金價格無關

( ) 11. 其他條件不變下,權證價值之敘述為是?

甲.股價上漲,認售權證價值下跌;乙.履約價格越高,認購權證價值越高;丙.存續期間越長,認購權證值越高,認售權證價值越低;丁.股價波動大,認購權證及認售權證價值提高

(A) 僅甲、乙   (B) 僅甲、丁

(C) 僅乙、丙   (D) 甲、乙、丙、丁

( ) 12. 下列敘述何者為真?

(A) 選擇權的買方需繳交保證金 (B) 選擇權的買方風險無限

(C) 選擇權的賣方潛在獲利無限 (D) 選項 (A)、(B)、(C) 皆非

( ) 13. 有關認購售權證之敘述何者不正確?

(A) 權證投資有時間限制，到期日後此權證即失去履約的權利

(B) 權證交易無升降幅度限制

(C) 開盤及收盤採集合競價

(D) 認購（售）權證盤中採逐筆交易

（　）14. 下列何種投資策略可在標的股票下跌時獲利？

(A) 買進股票 　　　　　　　(B) 買進股價指數期貨

(C) 買進賣權 　　　　　　　(D) 買進買權

（　）15. 一般而言，風險性越高之股票不考慮其他因素，其買權價格會：

(A) 越高 　　　　　　　　　(B) 越低

(C) 不影響 　　　　　　　　(D) 看市場利率而定

（　）16. 投資人在一指定到期日前，有權利以約定執行價買入所持有之資產的金融商品稱為：

(A) 買入選擇權 　　　　　　(B) 賣出選擇權

(C) 期貨契約 　　　　　　　(D) 遠期契約

（　）17. 附認股權公司債之認股權被執行時，則：

(A) 公司債即不存在

(B) 投資人不需支付任何金額即可取得普通股

(C) 發行公司即償還公司債之本金

(D) 選項 (A)、(B)、(C) 皆不正確

Chapter 11　習題解答

1.(C)　2.(C)　3.(D)　4.(B)　5.(B)　6.(D)　7.(C)　8.(B)　9.(A)　10.(B)

11.(B)　12.(D)　13.(B)　14.(C)　15.(A)　16.(A)　17.(D)

● **Chapter 11　習題解析**

1. 賣權的內含價值 = 執行價格 – 標的物市價 = 42 – 40 = 2。

3. 買權的履約價格 52 < 標的物價格 49 → 買權的持有者會放棄履約，故履約價值為 0。

4. 認購（售）權證的漲跌幅是受限制的，是以標的物股票的漲跌幅（10%）再乘上行使比例為限。

5. 認購權證係指標的股票發行公司以外之第三者（即證券商），所發行一定數量特定條件的有價證券。

7. 認購（售）權證的履約方式可分為證券給付、現金結算及可選擇結算型。

　　1. 現金結算的交易手續費為按履約價值的 $\dfrac{1.425}{1,000}$，證券交易稅為按履約價格的 $\dfrac{1}{1,000}$。

　　2. 證券給付的交易手續費為按履約價值的 $\dfrac{1.425}{1,000}$，投資人不須繳交證券交易稅。

8. 同時買入及賣出相同口數的買權或賣權，則不需繳交保證金。

9. 由買權的價值 = 內含價值 + 時間價值 = $(S_T - K)$ + 時間價值。

　　1. 發放股利→買權的價值↓

　　2. 無風險利率↑→ 買權的價值↑

　　3. 標的物價格波動↑→ 買權的價值↑

　　4. 標的物價格↑→ 買權的價值↑

10. 選擇權到期或被買方履約，時間價值將歸於 0。

11. 認購（售）權證之原理與選擇權相同，履約價格越高，認購權證的價格下

降，而認售權證的價格上升。期間越長，認購（或認售）權證的價格上升。

12. (A) 選擇權的買方不需支付保證金；(B) 選擇權的買方最大損失為權利金；(C) 選擇權的賣方最大的獲利為權利金。

14. 買進賣權，則賣權的執行價格大於標的物價格，即可獲利。

15. 由賣權買權等價關係：$C + \dfrac{K}{(1 + r_f)^t} = P + S$，標的物價格的波動性越大，買權（或賣權）價格上升。

16. 買權 (Call Options)：給予持有人權利，使其得在到期日前，以履約價格買進某特定資產。

17. 附認股權公司債的價格 = 附認股權 + 公司債的價格。

　　當認股權被執行時，投資人以約定的價格來購買普通股，但行使認股權與否並不影響公司債的價格，故投資人仍持有公司債，且發行公司在公司債到期時才償還公司債之本金。

Chapter 12

期貨市場

12-1 期貨契約

期貨契約是依約定在未來特定日期，以事先議定的價格，買賣交割特定商品的契約，契約的執行，建立在雙方都願意將商品價格鎖定在特定的水準，以保障交易雙方免於價格波動的風險。

期貨市場將期貨契約正式化及標準化，買賣契約的標準化，包括數量、可接受商品的等級與交割日期等，買賣雙方都透過經紀商進行交易，並經由期貨交易所為履約提供保證，因此，在期貨市場，買賣雙方在交易前都需繳交保證金以保證期貨契約的履行。

 例1

下列何者不是期貨契約標準化要求一致之因素？

(A) 品質　(B) 數量　(C) 價格　(D) 交割地點

 (C)

12-1-1　期貨契約的種類

可區分成商品期貨與金融期貨兩大類。

商品期貨：農產品期貨、金屬期貨與能源期貨。

金融期貨：利率期貨、外匯期貨、股價指數期貨與股票期貨。

12-1-2　期貨的交易

1. 結算制度

   期貨的買、賣皆經由「期貨交易所」結算登記，對於每一筆交易皆會向會員收取保證金並採每日結算的制度。

2. 保證金制度

   「期貨交易所」收取保證金的目的，乃確保期貨交易之買賣雙方均能如期履

約，而一般所稱的保證金可分下列三種：

(1) 原始保證金：期貨合約成交時，期貨交易所所要求的保證金，若期貨交易者未備妥該保證金，則將無法交易該期貨合約。

(2) 維持保證金：指該期貨合約存續期間內，為維繫該期貨合約持續有效之最低保證金（設定成原始保證金的70%），若低於該最低水準，該期貨交易者將接獲保證金的追繳通知，交易人並需於指定期限內完成保證金之補繳，補繳金額為原始保證金減保證金的餘額。

(3) 變動保證金：指期貨交易人所接獲保證金追繳所需繳之金額，亦即原始保證金減保證金的餘額。

```
┬ 原始保證金

┼ 維持保證金

┴ 保證金餘額
```

 例2

黃豆期貨契約之規定如下：原始保證金為 1,000，維持保證金為 700，每一契約為 5,000 卜式耳。目前的成交價為 4.85／卜式耳，甲食品公司購買一口契約，則當價格下跌至多少時，甲食品公司需補繳保證金？

答

當價格下跌後的保證金餘額，等於原始保證金減維持保證金。令 x 為下跌價格：

$(4.85 - x) \times 5{,}000 = 1{,}000 - 700$，

$x = 4.79$。

即跌到 4.79 以下就需補繳保證金。

```
┬ 原始保證金：4.85

┼ 維持保證金：x

┴ 保證金餘額
```

投資IQ加油站

買賣期貨，何者需付權利金？

(A) 僅買方　(B) 僅賣方　(C) 買賣雙方均要　(D) 買賣雙方均不要

（107 年第 2 次高業投資學）

答：**(C)**

投資IQ加油站

期貨交易中，當保證金低於何種水準即需補繳？

(A) 原始保證金　(B) 一般保證金　(C) 維持保證金　(D) 基本保證金

（107 年第 2 次高業投資學）

答：**(C)**

投資IQ加油站

期貨交易中，當需補繳保證金時應補繳至何水準？

(A) 原始保證金　(B) 維持保證金　(C) 一般保證金　(D) 選項 (A)、(B)、(C) 皆非

（106 年第 1 次高業投資學）

答：**(A)**

投資IQ加油站

下列何者需繳保證金？甲.買期貨；乙.賣期貨；丙.買選擇權；丁.賣選擇權

(A) 僅甲、乙、丙 　(B) 僅乙、丙、丁 　(C) 僅甲、乙、丁 　(D) 甲、乙、丙、丁皆需

（106 年第 1 次高業投資學）

答：**(C)**

12-1-3 期貨的功能

1. 避險功能：對於未來將買進或賣出者，可透過期貨進行多頭避險或空頭避險；如果該避險的標的物無期貨契約可供買賣時，可透過買賣價格走勢較為相近的合約，作替代避險或交叉避險。

2. 投機功能：投機者可透過期貨市場，承擔由避險者移轉出的風險，尋求獲利的機會。

3. 價格發現功能：期貨價格是期貨參與者，對該合約之標的物未來現貨的價格之預期值，因此期貨價格可作為未來現貨價格的參考指標。

下列何者不是執行期貨「避險功能」？

(A) 種植黃豆的農夫在收割期三個月前，怕黃豆價格下跌，賣出黃豆期貨

(B) 玉米進口商在買進現貨，同時賣出玉米期貨

(C) 投資外國房地產時，因怕本國貨幣貶值，賣出本國貨幣期貨

(D) 預期股市下跌，賣出股價指數期貨

（106 年第 4 次證券分析人員測驗投資學）

答：**(D)**

是投機功能。

所謂期貨的「價格發現」功能，意謂著期貨價格是現貨價格的：

(A) 落後指標　(B) 同時指標　(C) 領先指標　(D) 選項 (A)、(B)、(C) 皆非

（108 年第 1 次高業投資學）

答：**(C)**

手上並未有現貨，只進行賺取價差的投機性操作，看好未來走勢，買入期貨契約；反之，看壞未來走勢，賣出期貨契約。

例如：原油期貨契約每口交割規格為 1,000 桶，假設某 2 月到期的原油期貨契約價格目前為 91 美元，如果看好未來原油走勢進而買入原油期貨契約，到期時原油期貨售價為 93 美元，則投機者賺取的利潤為 (93 − 91)×1,000 = 2,000。若到期時原油期貨售價為 89 美元，則投機者的損失為 (89 − 91)×1,000 = (2,000)。表示投機性操作若判斷錯誤，將會有損失發生。

 例 3

交易人從事期貨交易，他所承擔的風險為：

(A) 原始保證金　(B) 維持保證金＋原始保證金　(C) 契約值的 70%

(D) 總契約值

 (D)

期貨避險依標的物未來現貨價格的走勢,可區分成多頭避險與空頭避險。

12-3-1　多頭避險

當價格上升我們稱為多頭走勢,假設:某甲是一位麵粉製造商,打算在三個月後進口燕麥 5 萬卜式耳 (Bushel),但某甲擔心三個月後燕麥現貨價格上漲,即要支出比現在更多的成本來購買 5 萬卜式耳的燕麥,如圖所示;若現在 (t_0) 燕麥每卜式耳為 360 美分 (P_0),三個月後到期 t_1 的價格可能上漲為每卜式耳 P_1,為了規避這種價格上升的風險,可以在現在 (t_0) 的期貨市場以目前的燕麥期貨價格每卜式耳為 370 美分買進燕麥 5 萬卜式耳的期貨契約,經過三個月後燕麥的現貨價格上漲至 390 美分,如果沒有期貨避險就等於每卜式耳多支出 30 美分 (390 − 360 = 30),經過三個月後燕麥的期貨價格上漲至每卜式耳 400 美分,若執行期貨避險則節省了 30 美分 (400 − 370 = 30),所以

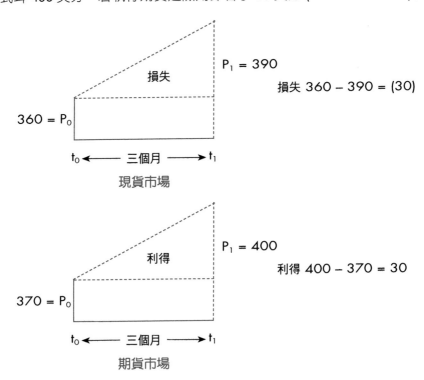

$P_1 = 390$

損失 360 − 390 = (30)

$360 = P_0$

$t_0 \longleftarrow$ 三個月 $\longrightarrow t_1$

現貨市場

$P_1 = 400$

利得 400 − 370 = 30

$370 = P_0$

$t_0 \longleftarrow$ 三個月 $\longrightarrow t_1$

期貨市場

期貨避險節省的 30 美分與現貨多支出的 30
美分總合為 0，透過期貨市場可以完全規避
現貨市場的價格上升的風險。

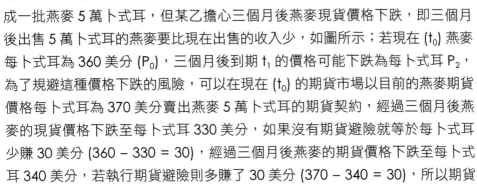

12-3-2　空頭避險

　　當價格下跌我們稱為空頭走勢，假設：
某乙是一位燕麥生產者，打算在三個月後收
成一批燕麥 5 萬卜式耳，但某乙擔心三個月後燕麥現貨價格下跌，即三個月
後出售 5 萬卜式耳的燕麥要比現在出售的收入少，如圖所示；若現在 (t_0) 燕麥
每卜式耳為 360 美分 (P_0)，三個月後到期 t_1 的價格可能下跌為每卜式耳 P_2，
為了規避這種價格下跌的風險，可以在現在 (t_0) 的期貨市場以目前的燕麥期貨
價格每卜式耳為 370 美分賣出燕麥 5 萬卜式耳的期貨契約，經過三個月後燕
麥的現貨價格下跌至每卜式耳 330 美分，如果沒有期貨避險就等於每卜式耳
少賺 30 美分 (360 − 330 = 30)，經過三個月後燕麥的期貨價格下跌至每卜式
耳 340 美分，若執行期貨避險則多賺了 30 美分 (370 − 340 = 30)，所以期貨

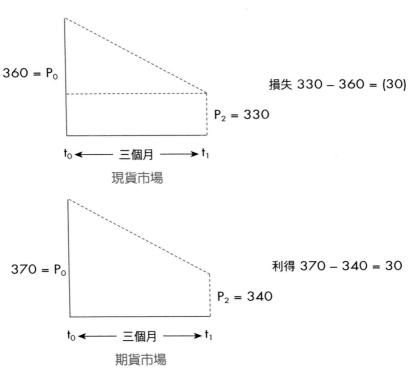

360 = P_0　　　　　　　　　　損失 330 − 360 = (30)

P_2 = 330

t_0 ◄───── 三個月 ─────► t_1

現貨市場

370 = P_0　　　　　　　　　　利得 370 − 340 = 30

P_2 = 340

t_0 ◄───── 三個月 ─────► t_1

期貨市場

避險多賺的 30 美分與現貨少賺的 30 美分總合為 0，透過期貨市場可以完全規避現貨市場的價格下跌的風險。

12-3-3　交叉避險

從事現貨商品避險必須找到相對應的期貨商品，例如：小麥現貨商品有相對應的小麥期貨商品，但並不是所有現貨商品都有相對應的期貨商品，例如基金經理人所操作的股票型基金，它是由不同的個股所形成的投資組合，但投資組合裡的個股，卻沒有相對應的個股期貨可用來避險，所以只好找與該現貨較相近的期貨標的物來作為避險，這種避險方式稱為交叉避險。例如：股票型基金所形成的投資組合，可以找台指期貨來規避該投資組合價值波動的風險。

12-3-4　避險比例

1.簡單避險法：

$$期貨避險口數 = \frac{投資組合的價值}{每一口期貨契約的價值} = \frac{投資組合的價值}{目前的點數 \times 契約乘數}$$

2.最小風險避險比例法：

$$期貨避險口數 = \frac{投資組合的價值}{每一口期貨契約的價值} \times \beta = \frac{投資組合的價值}{目前的點數 \times 契約乘數} \times \beta$$

12-3-5　投資組合如何避險

手上持有現貨→害怕未來價格下跌→在期貨市場賣出期貨。

 例4

　　某投資人目前 9 月 6 日，所持有的電子股投資組合價值為 1,940,000 元，它預期電子股的股價會下跌，已知目前的電子期貨為 230 點，電子期貨 1 點的價格為 4,000 元，則應賣出的避險部位為幾口？

$$\text{期貨避險口數} = \frac{\text{投資組合的價值}}{\text{每一口期貨契約的價值}} = \frac{1,940,000}{230 \times 4,000} = 2，$$

賣出的避險口數為 2 口。

 例5

　　同上例，在 10 月 3 日，投資人所持有的電子股的投資組合價值下跌為 1,840,000 元，電子期貨收盤的點數為 200 點，則該投資人經由期貨避險後損益為何？

　　　現貨損失 1,840,000 – 1,940,000 = (100,000)
　　＋電子期貨契約獲利 (230-200)×4,000×2（口）= 240,000
　　　　　　　　　　　　淨利：140,000

 例6

　　乙基金規模為 10 億，其與台指期貨的 β 係數為 1.2，若目前台指期貨的價格為 7,500 點，已知台指期貨 1 點的價格為 200 元，則乙基金應如何透過操作台指期貨，才能將風險降到最低？

　　因手上有現貨，為了避免未來現貨價格下跌風險，可先賣出期貨。但期貨是以口數為計算單位，所以要先求出每一口期貨契約的價值（目前的期貨點數 × 每點價格 = 7,500×200），同時也要知道 β 係數

$$\left(\beta = \frac{\Delta \text{投資組合的價值}}{\Delta \text{台指期貨的價格}} = 1.2\text{，表示若台指期貨價格上升} 1\%\text{，則投資組}\right.$$

合的價值上升 $1\% \times 1.2 = 1.2\%$），再把投資組合的價值等代入下列公式：

$$\text{期貨避險口數} = \frac{\text{投資組合的價值}}{\text{每一口期貨契約的價值}} \times \beta = \frac{10\text{億}}{7,500 \times 200} \times 1.2 = 800\text{，}$$

即賣出台指期貨 800 口。

 例7

假設投資人王大同於 2 月 6 日，手中握有金融保險類股股票，市價約新臺幣 1,000,000 元，若當時之金融保險類股期貨市場為 500 點。王大同預期未來金融保險類股走勢可能短期走弱，但手中握有一些長期投資的金融保險類績優股不願賣出。假設 3 月 6 日之金融保險類股期貨市場為 450 點，此時金融保險類股股票之市值為新臺幣 850,000 元。

（107 年第 1 次證券分析人員測驗投資學）

試問：

(1) 王大同應如何利用金融期貨之投資策略，以獲取短期利潤或彌補股市回檔所損失之投資利潤？

(2) 根據 (1) 的避險策略，將產生多少損益？

答

(1) 手上持有現貨→害怕未來價格下跌→在期貨市場賣出期貨，

即手上持有現貨 + 賣出期貨，

金融類股指數期貨的契約乘數為：1 點 1,000 元。

$$\text{期貨避險口數} = \frac{\text{投資組合的價值}}{\text{每一口期貨契約的價值}} = \frac{1,000,000}{500 \times 1,000} = 2\text{，}$$

即賣出金融類股指數期貨 2 口。

(2)　現貨 $850,000 - 1,000,000 = (150,000)$

　　$+$ 期貨 $(500 - 450) \times 1,000 \times 2 = 100,000$

　　　　　　淨損：$(50,000)$

12-4 基差風險和避險

基差 = 期貨價格 – 現貨價格。

到期前：

基差 > 0→期貨價格 – 現貨價格 > 0→期貨價格 > 現貨價格→正價差。

基差 < 0→期貨價格 – 現貨價格 < 0→期貨價格 < 現貨價格→逆價差。

期貨價格與現貨價格波動不一致的風險，稱為基差風險。

到期時：

基差 = 0→期貨價格 – 現貨價格 = 0→期貨價格 = 現貨價格。

王老師的投資實務筆記

台積電是好公司為何股價仍下跌？

　　外資經常宣稱台積電是好公司，它生產技術遙遙領先同業，營收屢創新高，同時再建議一個「合理目標價」，但當美股下跌時，台積電卻被外資當「提款機」，股價從高檔滑落，那大家一定會很疑惑了，既然外資宣稱台積電是好公司，外資為什麼還要賣它的股票呢？通常外資若看空後市會採放空期貨指數的方式避險，所謂放空是高檔賣低檔回補，因為台積電占大盤的權值比重很高，外資可以先大量賣出台積電持股，使得大盤下跌，這樣高檔放空的期指就可獲利，同時再買回已經是低檔的台積電股票。所以台積電對外資而言是控盤工具，它的股價跌與是否為好公司無關。

基差下降→買現貨賣期貨，有獲利。

基差上升→買期貨賣現貨，有獲利。

例題：

今天的現貨價格為 1,591，期貨價格為 1,596，基差 = 1,596 – 1,591 = 5。

明天的現貨價格為 1,595，期貨價格為 1,599，基差 =1,599 – 1,595 = 4。

基差由 5 下降為 4，基差下降，採買現貨賣期貨策略。

　　買現貨：明天的現貨價格為 1,595 – 今天的現貨價格為 1,591 = 4

＋賣期貨：今天的期貨價格為 1,596 – 明天的期貨價格為 1,599 = (3)

────────────────────────────────

淨利：1

12-6　期貨價格之決定

12-6-1　預期理論

由於期貨價格為該期貨到期時之交割價格，故理論上，期貨價格應等於現在對未來現貨價格之預期值，即 E(S) = F，其中，E(S) 表示未來現貨價格的預期值，F 表示期貨價格。

12-6-2　持有成本模式

就無套利模式的觀點，期貨合約之賣方最基本的避險方法為：賣出期貨同時買入現貨，並持有至期貨合約到期日交割，當市場均衡時，兩者間應無套利空間，亦即該期貨合約於起始價值為 0，因此，期貨價格為：

$$F_t = S \times e^{(r-q)t}$$

式中：

F：期貨價格

t：距期貨合約到期天數

S：期貨合約成交時之現貨價格

r：持有現貨成本

q：持有現貨收益

可化簡成 $F_t = S \times (1 + r - q)^t$，

或是 $F_t = S + S \times (r - q) \times \dfrac{距到期天數}{365}$。

上述的兩種理論，說明當期貨的理論價格與期貨價格不一致時，即出現現貨與期貨間套利之機會。

 例 8

一年期股價指數期貨價格為 4,100 點，目前股價指數為 4,000 點，一年期無風險利率為 5%，而投資該股票指數基金 1 萬元，一年現金股利收入約有 100 元，請求算這一張期貨契約正確定價為何？應如何套利？

$$F_t = S + S \times (r - q) \times \frac{距到期天數}{365}$$

$$= 4,000 + 4,000 \times \left(5\% - \frac{100}{10,000}\right) \times \frac{365}{365}$$

$$= 4,160。$$

期貨的理論價格為 4160，

期貨價格為 4,100，

當期貨的理論價格與期貨價格不一致時，即出現現貨與期貨間套利之機會。

應該同時買低賣高，即買期貨同時賣指數中的股票。

12-7 套利策略

套利策略是指投資人依期貨與現貨價格不相等時，同時在期貨市場與現貨市場進行反向交易，即賣高買低來獲取超額報酬。

12-7-1 正向套利並持有至到期日

當：期貨價格 > 持有成本的理論價格時，先賣期貨同時借資金買現貨，並持有現貨至期貨到期進行交割。

 例9

目前玉米每英斗的現貨價格為 250 美分，持有成本的理論價格為 264.5 美分，三個月後到期的玉米期貨價格為 266 美分。若從事套利並持有至到期日則獲利為何？

 答

期貨價格 = 266 > 持有成本的理論價格 = 264.5 時，先賣期貨同時借資金買現貨，並持有現貨至期貨到期進行交割則獲利為 266 − 264.5 = 1.5。

12-7-2 反向套利並持有至到期日

當：期貨價格 < 持有成本的理論價格時，先買進期貨同時賣出現貨，並將所收取的資金貸放出去，期貨到期時收回本金與利息。

例 10

目前玉米每英斗的現貨價格為 250 美分,持有成本的理論價格為 264.5 美分,三個月後到期的玉米期貨價格為 263 美分。若從事套利並持有至到期日則獲利為何?

期貨價格 = 263 < 持有成本的理論價格 = 264.5 時,先買進期貨同時賣出現貨,並持有現貨至期貨到期進行交割則獲利為 264.5 – 263 = 1.5。

12-8 外匯期貨

　　外匯期貨是指買賣雙方依契約到期時的匯率，收或付合約所指定的貨幣及數量，外匯期貨首先由芝加哥商業交易所（簡稱CME）於 1976 年 5 月開始進行交易。

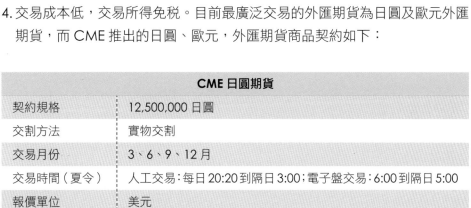

　　投資外匯期貨的特色：

1. 具有低保證金高財務槓桿的特性，保證金通常為合約金額的 5%。
2. 無買賣之間的差價，沒有現貨市場買賣差價過大之缺點。
3. 二十四小時交易，提供投資人彈性的交易時段。
4. 交易成本低，交易所得免稅。目前最廣泛交易的外匯期貨為日圓及歐元外匯期貨，而 CME 推出的日圓、歐元，外匯期貨商品契約如下：

CME 日圓期貨	
契約規格	12,500,000 日圓
交割方法	實物交割
交易月份	3、6、9、12 月
交易時間（夏令）	人工交易：每日 20:20 到隔日 3:00；電子盤交易：6:00 到隔日 5:00
報價單位	美元
最小跳動單位	0.000001 美元 / 日圓 =12.5 美元
單日漲跌限制	無

CME 歐元期貨	
契約規格	125,000 歐元
交割方法	實物交割
交易月份	3、6、9、12 月
交易時間（夏令）	人工交易：每日 20:20 到隔日 3:00；電子盤交易：6:00 到隔日 5:00
報價單位	美元
最小跳動單位	0.0001 美元 / 歐元 =12.5 美元
單日漲跌限制	無

12-9 股價指數期貨

台指期貨契約是以臺灣證券交易所的「發行量加權股價指數」為交易標的。而股價指數是以各上市股票之發行量為權數計算指數值，因此股本較大的股票對指數的影響會大於股本較小的股票。由於台指期貨契約是以發行量加權指數為標的，因此兩者的連動性非常高，隨加權指數的漲或跌，台指期貨也會同步漲跌。

12-9-1 契約內容

1. 交易標的：臺灣加權股價指數。
2. 契約月份：自交易當月起連續兩個月份，另加上 3 月、6 月、9 月、12 月中三個接續的季月，總共五個月份的契約在市場交易。
3. 最後交易日：各契約的最後交易日為各契約交割月份第三個星期三，翌日為新契約的開始交易日。
4. 交易時間：營業日 8:45 ～ 13:45。
5. 契約價值：台股期貨指數乘上新臺幣 200 元。
6. 最小升降單位：1 點 = 200 元。
7. 到期結算交割：現金交割。
8. 保證金：原始保證金為 83,000 元，維持保證金為 64,000 元。
9. 最後結算價：以最後結算日收盤 30 前分鐘內，所提供標的指數之簡單算術平均價訂之。
10. 漲跌幅限制：前一營業日結算價之 10%。

投資IQ加油站

有關台股期貨的交易內容何者不正確？
　　甲 . 標的為證交所發行量加權股價指數；乙 . 漲跌幅限制為 20%；丙 . 指數升降單位為 50 元；丁 . 最後結算價以最後結算日收盤 30 前分鐘內，所提供標的指數之簡單算術平均價訂之
　　(A) 僅甲、丁　(B) 僅乙、丙　(C) 僅丙　(D) 僅丁
（107 年第 3 次高業投資學）

答：**(A)**

投資IQ加油站

甲股票占臺灣證券交易所編製的股價指數比重較大，是因為甲股票之：
　　(A) 股價較高　(B) 股本較大　(C) 盈餘較多　(D) 市值較大
（106 年第 2 次高業投資學）

答：**(B)**

投資IQ加油站

臺灣期貨交易所個股選擇權之權利金報價，1 點價值為新臺幣：
　　(A) 50 元　(B) 100 元　(C) 500 元　(D) 2,000 元
（106 年第 1 次高業投資學）

答：**(A)**

 例 11

我國股價指數期貨類契約之期貨交易稅，課徵之實際徵收稅率為十萬分之：(A) 一　(B) 二　(C) 三　(D) 四
 (D)

12-10 利率期貨

利率期貨是指以債券類證券為標的物的期貨合約，它可以規避銀行利率波動所引起的證券價格變動的風險。

12-10-1 利率期貨的種類

利率期貨可分為短期利率期貨、長期利率期貨以及指數利率期貨三大類。

1. 短期利率期貨：短期利率期貨是指期貨合約標的的期限，在一年以內的各種利率期貨，即以貨幣市場的各類債務憑證為標的的利率期貨均屬短期利率期貨，包括各種期限的商業票據期貨、國庫券期貨及歐洲美元定期存款期貨等。短期國庫券的期限分為三個月、六個月或一年不等。其中，三個月期和六個月期的國庫券一般每週發行，一年期的國庫券一般每月發行。與其他政府債券每半年付息一次不同，短期國庫券按其面額折價發行，投資收益為面額折價與面額之差。

2. 長期利率期貨：長期利率期貨則是指期貨合約標的的期限，在一年以上的各種利率期貨，即以資本市場的各類債務憑證為標的的利率期貨均屬長期利率期貨，包括各種期限的中長期國庫券期貨和市政公債指數期貨等。中期國庫券償還期限在一年至十年之間，中期國庫券的付息方式是在債券期滿之前，每半年付息一次。

3. 指數利率期貨：主要是國債指數期貨合約，其標的指數可以用來衡量一系列政府債券的總收益。

 例 12

某公司買進三個月後之六個月期遠期利率，言明利率為 4.25%，三個月後所實現之六個月利率為 4%，則該公司損益為何？
(A) 獲利 0.25%　(B) 損失 0.25%　(C) 獲利 0.125%　(D) 損失 0.125%

答 **(D)**

$$(4\% - 4.25\%) \times \frac{3}{6} = -0.125\%$$

12-11 金融交換

金融交換是指兩個個體訂定契約，約定在某一特定期間內，互相交換一連串不同的現金流量。交換的標的資產如為外幣，稱為外匯交換（或稱換匯）。交換的標的資產如為利率，稱為利率交換（或稱換利）。

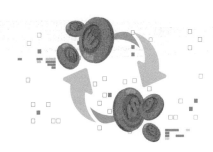

12-11-1　外匯交換的定義

貨幣換匯交易就是以甲貨幣交換乙貨幣，並於未來某一特定時日，再以乙貨幣換回甲貨幣，在買賣雙方無外匯匯率變動的風險下，藉由不同幣別資金之交換使用，以達到交易雙方資金調度的目的。

1. 交易類型：即期對遠期、遠期對遠期、即期交割日以前之換匯交易。
2. 交易期限：最長一年。
3. 承作幣別：以該銀行有掛牌之外匯幣別為限。
4. 外幣互換外幣、臺幣互換外幣。
5. 最低交易金額：

    外幣互換外幣：等值 25 萬美元。

    臺幣互換外幣：等值 50 萬美元。
6. 訂價基礎：遠期匯率＝即期匯率＋換匯點。
7. 報價方式：以換匯點報價。
8. 保證金收取：需於訂約時，繳交約定之保證金。
9. 交割方式：於交割日按約定匯率進行本金交割。
10. 交易慣例：

    交割日：換匯交易包含兩個交割日，距交易日較近之交割日稱為較近交割日，距交易日較遠之交割日稱為較遠交割日。

    賣或買及買或賣：賣或買表示於較近交割日賣出被報價幣，於較遠交割日買入被報價幣；買或賣表示於較近交割日買入被報價幣，於較遠交割日賣出被報價幣。

例 13

　　甲公司目前有進口需求 100 萬美元，一個月後將有出口 100 萬美元進帳，則甲公司可與 A 銀行承作一筆買入即期美元／賣出遠期美元之貨幣市場換匯交易，軋平資金流量，避免匯率變動之風險。假設即期匯率為 32.65 新臺幣／美元，一個月換匯點＋0.03 新臺幣／美元，甲公司在即期日以 NT$32,650,000 向交易銀行換入美元 100 萬元，一個月後再以美元 100 萬元，向 A 銀行換回 NT$32,680,000。

例 14

　　乙公司目前有進口需求 100 萬美元，並預測一個月後，美元將貶值至 31.00，則乙公司可與 A 銀行承作一筆買入即期美元／賣出遠期美元。假設即期匯率為 32.65 新臺幣／美元，一個月換匯點＋0.03 新臺幣／美元，買入即期美元匯率為 32.65 新臺幣／美元，賣出遠期美元匯率 32.68 新臺幣／美元，一個月後美元如乙公司之預期貶至 31.00 時，乙公司在即期市場回補美元，即可賺取匯差〔32.68－0.03（利率補貼點數）－31.00（即期市場回補成本）＝1.65〕，而降低進口成本。

12-11-2　利率交換的定義

　　利率交換 (Interest Rate Swap, IRS) 是指債信評等不同的借款人，立約交換相同期限、相同金額債務之利息費用，以共同節省債息的規避利率風險行為。典型的利率交換合約，一般為固定利率與浮動利率的交換。

　　例題：甲公司想以 6% 的固定利率發行一筆 1,000 萬美元的兩年期公司債，但以該公司的信用等級，只能以 6.5% 的利率發行，惟若向銀行借款，則因該公司與銀行往來關係良好，可以六個月 LIBOR(London Inter Bank Offered Rate) 加碼 0.5 個百分點的浮動利率借到資金。此時，恰好乙公司也需要一筆 1,000 萬美元兩年期的資金，該公司雖偏好以浮動利率的方式借入，惟卻必須負擔六個月期 LIBOR 加碼 1 個百分點；至若發行公司債，因為乙公司在國際

債券市場上有良好的信用等級，故可以 6% 的固定利率發行。因此，甲公司與乙公司可各自發揮在浮動利率市場及固定利率市場的價格優勢，進行利率交換合約。透過利率交換，雙方皆可節省利息成本。

甲公司先以浮動利率（六個月 LIBOR + 0.5%）向銀行貸款，而乙公司在債券市場以 6% 的固定利率發行公司債取得資金，之後雙方再約定由甲公司支付浮動利率的利息（六個月 LIBOR + 0.5%）給乙公司，而乙公司支付固定利率的利息 (6%) 給甲公司，

所以甲公司從支付浮動利率轉換成固定利率，乙公司從支付固定利率轉換成浮動利率。

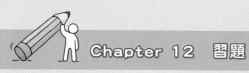

( )　1. 期貨交易中，當保證金低於何種水準時即需補繳？

　　　(A) 原始保證金　　　　　　　(B) 一般保證金

　　　(C) 維持保證金　　　　　　　(D) 基本保證金

( )　2. 假設目前臺灣證券交易所金融保險類股價指數期貨為 900 點，則其
　　　一口契約價值為新臺幣：

　　　(A) 3,600,000 元　　　　　　(B) 1,600,000 元

　　　(C) 900,000 元　　　　　　　(D) 450,000 元

( )　3. 下列何者需繳保證金？

　　　甲. 買期貨；乙. 賣期貨；丙. 買選擇權；丁. 賣選擇權

　　　(A) 僅甲、乙、丙　　　　　　(B) 僅乙、丙、丁

　　　(C) 僅甲、乙、丁　　　　　　(D) 甲、乙、丙、丁皆需

( )　4. 所謂套利意義為何？

　　　(A) 有現金淨流出、有風險、有利潤

　　　(B) 有現金淨流出、無風險、有利潤

　　　(C) 無現金淨流出、有風險、有利潤

　　　(D) 無現金淨流出、無風險、有利潤

( )　5. 有關衍生性商品之敘述何者為真？

　　　I. 在其他條件相同下，美式選擇權之價值高於歐式選擇權

　　　II. 在其他條件相同下，期貨價值會高於遠期契約的價值

　　　III. 衍生性商品之價值一定低於其標的物價值

　　　(A)I、II、III　　　　　　　　(B) 僅 II

　　　(C) 僅 I、III　　　　　　　　(D) 僅 I

( )　6. 若 10 年期公債期貨，於前一交易日的結算價為 100，試問今日漲
　　　停板價格應為何？

　　　(A) 107　　　　　　　　　　　(B) 105

　　　(C) 103　　　　　　　　　　　(D) 100

（　）　7. 某證券商發行 A 股票之認購權證，為規避風險該證券商應採取何種行動？

(A) 售出或放空適當數量的 A 股票

(B) 買入並持有適當數量的 A 股票

(C) 買入並持有適當數量的政府公債

(D) 售出或放空適當數量的股價指數期貨

（　）　8. 買賣期貨，何者需付權利金？

(A) 僅買方　　　　　　　　(B) 僅賣方

(C) 買賣雙方均要　　　　　(D) 買賣雙方均不要

（　）　9. 某認證權證之發行總認購股數為 2,000 萬股，當其避險比率為 0.4 時，則理論上發行券商應持有之避險部位為多少？

(A) 800 萬股　　　　　　　(B) 2,100 萬股

(C) 1,500 萬股　　　　　　(D) 1,000 萬股

（　）10. 有關台股期貨的交易內容何者不正確？

甲．標的為證交所發行量加權股價指數

乙．漲跌幅限制為 20%

丙．指數升降單位為 50 元

丁．最後結算價以最後結算日收盤前 30 分鐘內所提供標的指數之簡單算術平均價訂之

(A) 僅甲、丁　　　　　　　(B) 僅乙、丙

(C) 僅丙　　　　　　　　　(D) 僅丁

（　）11. 期貨交易中，當需補繳保證金時，應補繳至何種水準？

(A) 原始保證金　　　　　　(B) 維持保證金

(C) 一般保證金　　　　　　(D) 選項 (A)、(B)、(C) 皆非

（　）12. 欲規避利率風險，較適合採用下列何種工具？

(A) 股價指數期貨　　　　　(B) 物價指數期貨

(C) 黃金期貨　　　　　　　(D) 政府公債期貨

（　）13. 自美國進口物品之公司，可如何操作金融商品以規避匯率風險？

甲.買美元期貨；乙.買美元買權；丙.賣美元買權；丁.買遠期美元

(A) 僅甲、乙、丙 　　　　(B) 僅甲、乙、丁

(C) 僅丙、丁 　　　　　　(D) 僅乙、丙

1.(C)　2.(C)　3.(C)　4.(D)　5.(D)　6.(C)　7.(B)　8.(D)　9.(A)　10.(B)
11.(A)　12.(D)　13.(B)

● Chapter 12　習題解析

1. 保證金低於維持保證金，即需補繳至原始保證金的差額。

2. 金融類股指數期貨 1 點為 1,000 元，則 900（點）×1,000 = 900,000。

3. 期貨的買方與賣方都要繳交保證金，為了確保交易雙方能夠履行期貨契約。選擇權只有賣方要支付保證金，買方是不需支付保證金。

4. 套利策略係指投資人利用期貨與現貨之間產生價格偏離狀態，同時在現貨市場與期貨市場進行反向交易，獲取無風險之獲利機會。

5. II. 期貨價值等於遠期契約的價值，最大差別在於期貨是一種標準化的契約，遠期契約則不是標準化的契約。III. 衍生性商品之價值不一定低於其標的物價值。

6. 10 年期公債期貨每日漲跌幅以每百元 3 元為限，故前一日的結算價為 100，今日漲停板價格為 100(1 + 3%) = 103。

7. 由證券商發行權證之避險比率 = $\dfrac{現貨避險部位}{賣出選擇權部位}$，在已知避險比率下，當發行 A 股票之認購權證，必須買入且持有現貨部位。

8. 買賣期貨，買賣雙方皆不需付權利金，但要支付保證金。

9. 證券商發行權證之避險比率 = $\dfrac{現貨避險部位}{賣出選擇權部位}$，$0.4 = \dfrac{現貨避險部位}{2,000}$，得現貨避險部位 2,000×0.4 = 800（萬股）。

10. 乙．漲跌幅限制為 10%。
　　丙．最小升降單位 1 點（相當於新臺幣 200 元）。

11. 當保證金低於維持保證金時，需補繳保證金至原始保證金的水準。

13. 採多頭避險，可以買入美元期貨，買美元買權或買遠期美元等。

Chapter **13**

總體經濟分析與投資組合績效

13-1 總體經濟分析

總體經濟分析是以國內經濟分析、產業分析與全球經濟分析,這三個構面來了解外部環境的變動對投資標的的影響。

13-1-1 國內經濟分析

藉由某些經濟指標的觀察,來解釋目前國內經濟狀況,並進而預測未來經濟走勢,做出正確的經濟決策。常用的指標如下:

1. 國內生產毛額 (GDP):指某一國家境內在一定期間內所生產的最終勞務與財貨之總值,一般以 GDP 的成長率來衡量一國經濟成長之動力,一國的 GDP 成長率越高,表示經濟動能越強。

2. 消費者物價指數 (CPI):用來代表一般民生所需之財貨及勞務的價格水準,溫和的 CPI 上升可以帶動經濟成長,但過高的 CPI 表示物價上漲情況嚴重,過低的 CPI 表示通貨緊縮,民眾的消費意願低落,這兩種情況若發生,主管機關必須祭出適當的政策將其導正,例如:有通貨膨漲時採緊縮性的財經政策,反之,有通貨緊縮時採擴張性的財經政策。此外,當通貨膨漲發生時,實質購買力下降對固定收入者與債權人都是不利的。

3. 失業率:代表勞動人口中未就業的部分,失業率越低,表示經濟情況越好,但經濟過熱時,工資就有上漲的壓力,這種來自成本面的增加,會使得物價有上漲的壓力,如果大眾又產生預期物價上漲將會使物價實質的上升,進而危及經濟成長。

4. 躉售物價指數 (WPI):衡量物品批發價格的指數,其範圍涵蓋最終產品、中間產品與進出口產品,代表生產面成本的變動狀況,當 WPI 上升表示生產者的生產成本增加,如果將成本增加的部分透過售價轉嫁給消費者,將會導致成本推動的通貨膨脹,使得產出減少經濟產生衰退。

5. 貨幣供給額:貨幣的定義有 M_{1A}、M_{1B}、M_2 等,M_{1A} = 通貨淨額 + 支票存款 + 活期存款,M_{1B} = M_{1A} + 活期儲蓄存款,M_2 = M_{1B} + 準貨幣。對股市的影響以 M_{1B} 最重要,它被視為股市的資金動能,若 M_{1B} 上升代表資金從股市

流回銀行體系，缺乏資金動能的股市容易下跌，反之，若 M_{1B} 下降代表資金從銀行體系流入股市，有充沛資金挹注的股市容易上升。

6. 利率水準：利率上升（或升息）將使流動在股市的資金回流到銀行體系，股市失去資金動能容易下跌，反之，利率下降（或降息）將使銀行體系的資金，為了尋求報酬率高的投資標的使得資金流向股市，此時股市有買盤的湧入，上漲的機會較大。

13-1-2　央行的貨幣政策

央行的政策目標：穩定物價、維持長期經濟成長、平衡國際收支。

貨幣政策的定義：中央銀行藉控制貨幣數量來左右經濟活動的方法。

貨幣政策的工具：1. 調整重貼現率、2. 調整存款準備率、3. 公開市場操作、4. 外匯市場操作。

1. 調整重貼現率：

　景氣衰退→採擴張性的貨幣政策→調降重貼現率→貨幣供給額增加。

　景氣過熱→採緊縮性的貨幣政策→調高重貼現率→貨幣供給額減少。

2. 調整存款準備率：

　景氣衰退→採擴張性的貨幣政策→調降存款準備率→貨幣供給額增加。

　景氣過熱→採緊縮性的貨幣政策→調高存款準備率→貨幣供給額減少。

3. 公開市場操作：

　景氣衰退→採擴張性的貨幣政策→公開市場買入有價證券→貨幣供給額增加。

　景氣過熱→採緊縮性的貨幣政策→公開市場賣出有價證券→貨幣供給額減少。

4. 外匯市場操作：

　抑制新臺幣升值→在外匯市場買入美元→在國內市場釋放等值的臺幣→貨幣供給額增加。

　抑制新臺幣貶值→在外匯市場賣出美元→在國內市場收回等值的臺幣→貨幣供給額減少。

13-1-3　政府的財政政策

　　財政政策的定義：政府調整其財政支出來影響整體經濟活動的方法。

　　財政政策的工具：1. 調整稅率、2. 政府支出。

1. 調整稅率：

　　景氣衰退→採擴張性的財政政策→調降稅率。

　　景氣過熱→採緊縮性的財政政策→調高稅率。

2. 政府支出：

　　景氣衰退→採擴張性的財政政策→政府支出增加。

　　景氣過熱→採緊縮性的財政政策→政府支出減少。

13-1-4　景氣對策信號

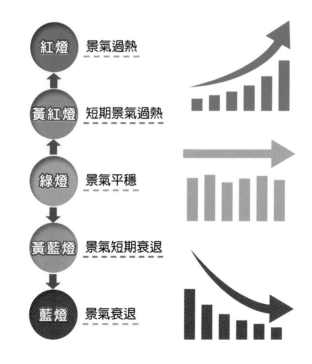

燈號種類	燈號政策
藍燈	景氣已進入衰退，財經當局應採取刺激經濟復甦之對策。
黃藍燈	景氣短期內有轉穩或趨向衰退之可能，財經當局可能採取擴張措施。
綠燈	景氣穩定。
黃紅燈	景氣尚穩，短期內有轉熱或趨熱之可能。
紅燈	景氣過熱，財經當局應採取緊縮措施。

投資IQ加油站

何者現象發生時，政府將會採取寬鬆的貨幣政策？

(A) 綠燈轉為黃藍燈　(B) 黃紅燈轉為紅燈　(C) 黃藍燈轉為綠燈

(D) 黃紅燈轉為綠燈

（108 年第 1 次普業「證券投資與財務分析」）

答：(A)

投資IQ加油站

「景氣對策信號」由「黃藍燈」轉為「黃紅燈」表示：

(A) 景氣轉好　(B) 景氣轉壞　(C) 景氣時好時壞　(D) 選項 (A)、

(B)、(C) 皆非

（107 年第 4 次高業投資學）

答：(A)

13-1-5　景氣動向指標

景氣動向指標，包括領先指標、同時指標與落後指標，透過這些指標可用來預測未來景氣的趨勢。

領先指標會領先反應景氣的變化，同時指標是表

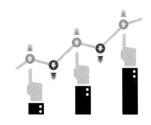

現當前的景氣狀況，落後指標則是景氣已經經過一段時間了才反應的指標。

景氣動向指標的構成項目

領先指標	同時指標	落後指標
外銷訂單指數	工業生產指數	失業率
實質貨幣總計數 M1B	電力（企業）總用電量	工業及服務業經常性受僱員工人數
股價指數	製造業銷售量指數	製造業單位產出勞動成本指數
工業及服務業受僱員工淨進入率	商業營業額	金融業隔夜拆款利率
核發建照面積（住宅、商辦、工業倉儲）	非農業部門就業人數	全體貨幣機構放款與投資
SEMI 半導體接單出貨比	實質海關出口值	製造業存貨率
製造業營業氣候測驗點	實質機械及電機設備進口值	

投資IQ加油站

下列何者不屬於領先指標？

(A) 核發建照面積　(B) 外銷訂單指數　(C) 失業率　(D) 實質貨幣總計數

（107 年第 4 次高業投資學）

答：(C)

13-1-6　產業分析

　　若總體經濟不佳，產業難以有好表現，產業不振也會影響廠商的經營。以下就產業景氣循環與產業生命週期來探討受影響的投資標的。

1. 產業景氣循環：在景氣循環的不同階段，各產業的相對獲利性有明顯差異，循環性產業對景氣的變動其反應較為敏感，景氣好時循環性產業的財貨生產與銷售表現相當突出，反之，景氣衰退時期循環

性產業的營運表現將隨之降到谷底。循環性產業包括耐久財（如汽車、家電產業）及資本財生產者。

防禦性產業對於景氣的變動幾乎沒有什麼反應，當景氣衰退時這些產業的表現相對優於其他產業，防禦性產業包括食品生產和加工、製藥公司與公用事業。

2. 產業生命週期：

以產業生命週期作為選股的策略。產業生命週期可分成四個階段：第一階段草創時期、第二階段擴張時期、第三階段成熟時期與第四階段衰退時期。

(1) 草創時期：在該階段很難預期哪些廠商能否繼續經營，一般的投資人較不宜在草創期進行投資。

(2) 擴張時期：處於這個階段的廠商產品深入市場，且較為普遍地被消費者使用，產業成長仍高於其他產業。對於投資者而言，投資此時期的公司風險較低且較有獲利的空間。

(3) 成熟時期：處於這個階段的廠商多半有相當穩定的現金流量，所以又稱為「金牛」公司，同時也沒有大量擴張的機會，若公司有盈餘經常會發放現金股利給股東，該階段較適合追求穩定的收入與風險承擔能力較低的投資人。

(4) 衰退時期：這個階段市場開始有新的替代產品出現，或有低價產品入侵，產業成長率可能低於整體經濟甚至萎縮，該階段投資人不宜介入。

投資IQ加油站

在產業生命週期中被稱為「金牛」之公司，意指此公司處於：
(A) 草創時期　(B) 擴張時期　(C) 成熟時期　(D) 衰退時期
（108 年第 1 次普業「證券投資與財務分析」）

答：(C)

彼得林區 (Peter Lynch, 1989) 利用公司盈餘的特性將股票分為五大類：

1. 低成長股 (Low-Growth Stocks)：低成長股係指盈餘成長率不超過總體經濟成長率的股票，因此股價也不會快速成長，股價成長平穩，波動性較低。

2. 堅實股 (Stalwarts)：堅實股是指公司盈餘成長率約在 5% 至 10% 之間，對經濟狀況變動並不是非常敏感的股票，其主要特性是具有低的本益比。

3. 高成長股 (High-Growth Stocks)：高成長股的公司是指該公司至少在數年內，其每年盈餘會超過 10%。

4. 景氣循環股 (Cyclical Stocks)：景氣循環股是指該公司的盈餘會隨著景氣的變動而變動，景氣繁榮時公司的盈餘上升，反之，景氣衰退時公司的盈餘隨之下降。

5. 資產低估股 (Asset Plays)：資產低估股市是指投資人低估上市公司的資產或盈餘能力，而造成這些公司的股價偏低。

13-1-7 全球經濟分析

1. 匯率風險：匯率是指依各國家與另一個國家之間貨幣的兌換比率，其中即期匯率代表現在，遠期匯率代表未來。匯率的變動對股價的影響，在其他條件不變下，當臺幣相對美元貶值時，出口品價格下降有利於出口，與出口相關的類股股價上升，進口品的價格上漲不利於進口，與進口相關的類股股價下跌。反之，當臺幣相對美元升值時，出口品價格上升不利於出口，與出口相關的類股股價下跌，進口品的價格下降有利於進口，與進口相關的類股股價上升。

2. 匯率與利率：利率平價理論 (Interest Rate Parity, IRP) 是用來說明兩國間匯率與利率的關係，公式如下：

$$1 + r_f(US) = [1 + r_d(UK)]\frac{E_1}{E_0}$$

式中：

　$r_f(US)$：美國的無風險利率

　$r_d(UK)$：英國的無風險利率

　E_0：即期匯率 ($/£)

　E_1：遠期匯率 ($/£)

3. 公式的意義：等號左邊表示 1 元美元的一年期本利和，等號左邊表示 1 元
美元先轉換成英鎊後的一年期本利和，之後再轉成美元表示。

如果等號左邊 > 等號右邊→資金流向美國。

如果等號左邊 < 等號右邊→資金流向英國。

如果等號左邊 = 等號右邊→資金不再移動，達成均衡。

投資IQ加油站

假設美國與英國的無風險利率分別為 5% 及 4%，美元及英鎊之即
期匯率為 $1.8/BP。若不考慮交易成本，為防止套利機會，則一年期契
約之英鎊其貨價格應該為多少？

(A) $1.65/BP　(B) $1.78/BP　(C) $1.82/BP　(D) $1.97/BP

（107 年第 1 次證券分析人員測驗投資學）

答：**(C)**

由 $1+r_f(US) = [1+r_d(UK)]\dfrac{E_1}{E_0}$ ，

$1+5\% = [1+4\%]\dfrac{E_1}{1.8}$ ，得 $E_1 = 1.82$。

貿易政策：貿易對手國課徵進口關稅，在其他條件不變下，本國的出口品
價格上升不利出口，與出口相關的類股股價下降。反之，本國政府實施出口補
貼，本國的出口品價格下降有利出口，與出口相關的類股股價上升。

投資IQ加油站

在其他因素不變下，新臺幣升值會引起進口物價：

(A) 上漲　(B) 下跌　(C) 不變　(D) 無關係

（107 年第 4 次高業投資學）

答：**(B)**

13-2　股票投資組合管理

13-2-1　資產配置與期間

資產配置可分成策略性與戰術性兩種，策略性是屬於長期的規劃，戰術性是屬於短期的規劃。

13-2-3　投資組合管理與效率市場

投資組合管理可分成「主動式」與「被動式」兩種，效率市場可分成強式與半強式或弱式兩種。當市場處於強式時，採被動式的管理，複製一個與市場類似的投資組合，賺取正常報酬。反之，當市場處於半強式或弱式時，採主動式的管理，運用內線消息或已公開資訊進行投資標的分析，以賺取超額報酬。

投資IQ加油站

被動式 (Passive) 投資組合管理目的在：

(A) 運用隨機選股策略，選出一種股票，獲取隨機報酬

(B) 運用分散風險原理，找出效率投資組合，以獲取正常報酬

(C) 運用擇股能力，找出價格偏低之股票，以獲取最高報酬

(D) 運用擇時能力，預測股價走勢，獲取超額報酬

（107 年第 2 次高業投資學）

答：**(B)**

下列何者屬於被動式投資 (Passive Investment)？

(A) 根據線圖進行分析與投資

(B) 根據波浪理論進行投資

(C) 投資在股市成分股,如:指數股票型基金 (ETF)

(D) 因為有春節效應,應該在春節前購買指數型基金

（106 年第 1 次證券分析人員投資學）

答：**(C)**

13-3　股票投資組合的主動式管理策略

主動式管理策略是運用在市場效率性低時，有傳統主動式管理策略、動能投資策略與反向投資策略等。

13-3-1　傳統主動式管理策略

傳統主動式管理策略，又可細分三種策略，分別是：1. 擇時策略、2. 選股策略、3. 依題材換股策略。

1. 擇時策略：投資人利用技術分析研判進出場的時機。當投資人研判市場是多頭行情時，選擇 β 係數越大的股票，個股上漲幅度將大於大盤上漲幅度。反之，當投資人研判市場是空頭行情時，選擇 β 係數越小的股票，個股下跌幅度將小於大盤下跌幅度。此外，當市場是多頭行情時，投資人可降低現金持有的比重，將持有的現金投入股市以賺取超額報酬。反之，當市場是空頭行情時，投資人應增加現金持有的比重，減少資金投入股市。

投資IQ加油站

一般而言，在空頭行情，低貝它股票股價表現：

(A) 優於高貝它股票　(B) 與大盤相近　(C) 不如大盤　(D) 不如高貝它股票

（106 年第 4 次高業投資學）

答：(A)

投資IQ加油站

當投資者判斷市場處於空頭行情時，應：甲.增加固定收益證券比重；乙.提高投資組合之貝它係數；丙.增加現金比重

(A) 僅甲　(B) 僅乙　(C) 甲與丙　(D) 乙與丙

（107 年第 1 次高業投資學）

答：**(C)**

投資IQ加油站

投資組合經理預期未來股市上漲，將可能採何項行動？

(A) 持股比率調低　(B) 集中持有傳統產業類　(C) 調高投資組合貝它係數　(D) 分散投資

（106 年第 4 次高業投資學）

答：**(C)**

2. 選股策略：選股的原則是透過基本面分析、技術面分析與評價方法，選擇未來會上漲（或下跌）的個股。選股策略也可以從「由上而下 (Top-Down)」與「由下而上 (Bottom-Up)」兩種基本分析方式來進行。

「由上而下 (Top-Down)」是指從總體經濟分析→產業分析→公司分析。

「由下而上 (Bottom-Up)」是指從公司分析→產業分析→總體經濟分析。

3. 依題材換股策略：當市場上出現對某特定產業，或特定類股有利或不利的題材時，投資人可多持有利多題材的股票賺取超額報酬，同樣地投資人也可放空有利空題材的股票，賺取超額報酬。

13-3-2　動能投資策略

動能投資策略的原理是利用投資人對市場資訊反應不足，僅有少數人介入投資導致買盤集中少數股票，股價會呈現資金介入者漲、未介入者跌的現象，此時應買進強勢股（追漲）同時賣出弱勢股（殺跌），以賺取超額報酬。

Chapter **13**

總體經濟分析與投資組合績效

大型機構投資人採取的追漲殺跌是下列何種投資策略？

(A) 反向投資策略　(B) 動能投資策略　(C) 預期投資策略　(D) 效率投資策略

（108 年第 1 次普業「證券投資與財務分析」）

答：**(B)**

13-3-3　反向投資策略

反向投資策略的原理是利用投資人對市場資訊過度反應，市場已有過熱的現象，通常是大盤漲勢的末端了，此時應買進落後補漲的股票，同時賣出先前漲幅較大的股票。

使用反向投資策略 (Contrarian Investment Strategy) 可以獲得超額報酬的假設原因為：

(A) 市場反應過度　(B) 市場反應不足　(C) 報酬不具可預測性　(D) 市場具有效率性

（100 年 Q1 證券商業務員資格測驗試題）

答：**(A)**

13-4 債券投資組合的被動式 管理策略

13-4-1 指數化策略

購買一部分或全部的某指數所包含的債券,來構建與指數基金相同或相似的投資組合。其目的就是使這個投資組合變動的趨勢與該指數相一致,以取得與指數大致相同的收益率。指數化策略主要可分成兩種類型:1.純指數化投資組合策略,2.增強指數化投資組合策略。

13-4-2 債券利率風險免疫投資 (Bond Immunization)

債券投資期間的利率波動使得投資報酬率受到影響,為了避免利率風險的發生,基金管理者在基金操作上,將投資組合的存續期間與設定的投資計畫期間維持相等,如此不論投資期間內利率如何變動,當債券投資到期時,可以維持原先所設定的報酬率,故債券利率風險免疫投資,可提供一個避險的管道。

公式

$$\begin{cases} w_A + w_B = 1 \\ w_A \times A \text{ 債券的存續期間} + w_B \times B \text{ 債券的存續期間} = \text{投資期間} \end{cases}$$

該公式的意義是:只投資兩種債券 A、B,兩種債券的資金比重總合於一。兩種債券的加權存續期間總合等於投資期間。

解聯立求出 w_A 與 w_B,表示購買 A 債券與 B 債券的資金分配應該多少。

 例1

假設下列兩種債券相關的資訊如下：（債券每年付息一次）

代號	債券	面額	存續期間	票面利率	到期期限	殖利率
X	附息債券	100,000	1.9090	10%	2 年	10%
Y	零息債券	100,000	5	0	5 年	10%

　　張先生想利用上述兩種債券建立債券投資組合，其預定的投資期限為三年。為了確保三年後的投資價值不受利率變動的影響，計畫使用利率風險免疫策略達成目標，試計算債券 X 投資比重約為多少？

（106 年第 4 次證券分析人員測驗投資學）

 答

$$\begin{cases} w_X + w_Y = 1 \\ w_X \times X\text{ 債券的存續期間} + w_Y \times Y\text{ 債券的存續期間} = \text{投資期間} \end{cases}$$

$$w_X + w_Y = 1$$

$$w_X \times 1.9090 + w_Y \times 5 = 3$$

$$w_X = 0.6470$$

 投資IQ加油站

債券組合管理中的免疫策略 (Immunization Strategies) 是規避：

(A) 利率風險　(B) 流動性風險　(C) 信用風險　(D) 個別公司風險

（108 年第 1 次普業「證券投資與財務分析」）

答：**(A)**

投資IQ加油站

　　債券投資管理上所謂之免疫法 (Immunization)，主要是應用何種
觀念？

　　(A) 利率期限結構　　(B) 存續期間　　(C) 動性偏好　　(D) 套利

（98 年第二次高業「投資學」）

答：**(B)**

13-5-1　夏普指標

公式

$$\frac{\text{超額報酬}}{\text{總風險}} = \frac{R_P - R_f}{\sigma_P}$$

　　式中：R_P 表示投資組合的平均報酬，R_f 為無風險平均報酬率，σ_P 為投資組合的總風險。

　　假設投資組合沒有分散，故以總風險來衡量，該數值越高表示績效越好。

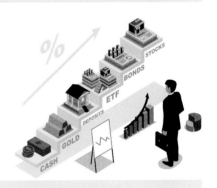

投資IQ加油站

　　夏普比率又被稱為夏普指標，下列關於夏普比率的敘述，何者正確？

(A) 用來衡量投資組合每承受一單位之公司個別風險，會產生多少的超額報酬

(B) 用來衡量期望報酬，夏普比率 $= \dfrac{\text{標準差}}{\text{平均報酬率}}$

(C) 夏普比率 $=$ 投資組合的預期報酬率 $- \dfrac{\text{無風險利率}}{\text{投資組合的標準差}}$

(D) 用來衡量風險，夏普比率 $= \dfrac{\text{投資組合的平均報酬率}}{\text{變異數 (Variance)}}$

（106 年第 1 次證券分析人員投資學）

答：(C)

13-5-2 崔納 (Treynor) 指標

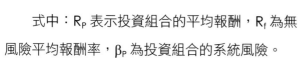

$$\frac{超額報酬}{系統風險} = \frac{R_P - R_f}{\beta_P}$$

式中：R_P 表示投資組合的平均報酬，R_f 為無風險平均報酬率，β_P 為投資組合的系統風險。

假設投資組合已完全分散，因此只剩下系統風險，該數值越高表示績效越好。

投資IQ加油站

崔納 (Treynor) 指標之計算考慮何種風險？

(A) 個別風險　(B) 報酬率標準差　(C) 總風險　(D) 系統風險

（107 年第 2 次高業投資學）

答：**(D)**

13-5-3 詹森 (Jensen) 指標

$\alpha_P =$ 實際的資產報酬 $-$ 使用 CAPM 計算出之必要報酬率（或合理報酬）

以符號表示如下：

$$\alpha_P = R_P - (R_f + (R_M - R_f) \times \beta_P)$$

式中：R_P 表示投資組合的平均報酬，R_f 為無風險平均報酬率，β_P 為投資組合的系統風險，R_M 為市場投資組合的報酬，α_P 為詹森指標。

其實上式的 α_P 如同迴歸方程式的殘差值 $(\varepsilon_i = Y - \hat{Y})$ ，即 $\alpha_P = R_P - \hat{R}_P$ 。

若 $\alpha_P > 0$ 代表投資有超額報酬，因此績效較好。

若 $\alpha_P = 0$ 代表投資沒有超額報酬，因此績效平平。

若 $\alpha_P < 0$ 代表投資低於必要報酬，因此績效不好。

投資IQ加油站

投資組合 X 之平均報酬率為 13.6%、貝它 (Beta) 係數為 1.1，報酬率標準差為 20%，假設市場投資組合平均報酬率為 12%，無風險利率為 6%，請問組合 X 之詹森 (Jensen) 指標為多少？

(A) 0.015　(B) 0.069　(C) 0.38　(D) 0.01

（107 年第 2 次高業投資學）

答：**(D)**

$$\alpha_P = R_P - (R_f + (R_M - R_f) \times \beta_P) = 13.6\% - (6\% + (12\% - 6\%) \times 1.1) = 0.01$$

13-5-4　資訊比率

資訊比率是用來衡量該投資組合績效是否具有穩定性，以投資組合的標的與同類型投資組合報酬率差異的平均值，與其差異的標準差的比值，即比較平均報酬率的差異與平均報酬差異風險的大小，該數值越高表示績效越好。

公式

$$資訊比率 = \frac{\sum_{t=1}^{n}(R_{Pt} - R_{Bt})/n}{\sigma_{(R_P - R_B)}}$$

式中：R_{Pt} 為投資組合 P 在第 t 期的報酬率，R_{Bt} 為同類型投資組合在第 t 期的報酬率，$\sigma_{(R_P - R_B)}$ 為投資組合的標的與同類型投資組合差異的標準差。

$$Var(R_P - R_B) = Var(R_P) + Var(R_B) - 2cov(R_P, R_B)$$
$$= Var(R_P) + Var(R_B) - 2\rho_{P,B}\sigma_P\sigma_B \, \circ$$
$$\sigma_{(R_P-R_B)} = \sqrt{Var(R_P - R_B)} \, \circ$$

 例2

以下為 3 支基金的資料，請回答下列問題：

項目	基金 A	基金 B	基金 C
基金平均報酬率	16%	17%	15%
與市場投資組合之相關係數	0.8	0.3	0.9
報酬標準差	10%	16%	20%
追蹤誤差	15%	20%	5%
市場投資組合報酬率平均數	10%		
市場投資組合標準差	8%		
無風險利率平均數	2%		

請計算 3 支基金的資訊比率，並據此排序基金的表現。

（證券分析人員測驗試題改編）

答

基金 A：

$$Var(R_P - R_B) = Var(R_P) + Var(R_B) - 2\rho_{P,B}\sigma_P\sigma_B$$
$$= 10\%^2 + 8\%^2 - 2\times0.8\times10\%\times8\% = 0.0036 \, \circ$$
$$\sigma_{(R_P-R_B)} = \sqrt{0.0036} = 0.06 \, \cdot$$
$$R_P - R_B = 16\% - 10\% = 6\% \, \cdot$$
$$\frac{R_P - R_B}{\sigma_{(R_P-R_B)}} = \frac{6\%}{0.06} = 1 \, \circ$$

基金 B：

$$Var(R_P - R_B) = Var(R_P) + Var(R_B) - 2\rho_{P,B}\sigma_P\sigma_B$$
$$= 16\%^2 + 8\%^2 - 2 \times 0.3 \times 16\% \times 8\% = 0.02432 \,。$$

$\sigma_{(R_P - R_B)} = \sqrt{0.02432} = 0.1559$，

$R_P - R_B = 17\% - 10\% = 7\%$，

$\dfrac{R_P - R_B}{\sigma_{(R_P - R_B)}} = \dfrac{7\%}{0.1559} = 0.449 \,。$

基金 C：

$$Var(R_P - R_B) = Var(R_P) + Var(R_B) - 2\rho_{P,B}\sigma_P\sigma_B$$
$$= 20\%^2 + 8\%^2 - 2 \times 0.9 \times 20\% \times 8\% = 0.0752 \,。$$

$\sigma_{(R_P - R_B)} = \sqrt{0.0752} = 0.2742$，

$R_P - R_B = 15\% - 10\% = 5\%$，

$\dfrac{R_P - R_B}{\sigma_{(R_P - R_B)}} = \dfrac{5\%}{0.2742} = 0.1823 \,。$

基金表現的排序：

基金 A > 基金 B > 基金 C。

13-5-5　M^2 指標

M^2 指標是用來衡量在相同的風險水準下，比較投資組合標的和市場投資組合報酬的大小。

$M^2 = R_P - R_M$

$R_p = w_P \times$ 投資組合 P 的報酬 $+ (1 - w_P) \times$ 無風險利率

$w_p = \dfrac{\text{市場投資組合的標準差}}{\text{投資組合 p 的標準差}}$

當 $M^2 > 0$ 表示投資組合 p 之績效 (R_p) 比市場投資組合 (R_M) 好，
當 $M^2 < 0$ 表示投資組合 p 之績效 (R_p) 比市場投資組合 (R_M) 差。

一投資經理人管理一基金,其績效指標與標竿組合資料如下:

	投資組合	標竿組合(市場投資組合)
年報酬率	18%	14%
報酬率標準差	18%	25%
Beta	0.7	1
無風險利率	7%	

請計算該經理人投資組合之績效指標 M^2 指標。

（證券分析人員測驗試題改編）

$$w_P = \frac{市場投資組合的標準差}{投資組合\ P\ 的標準差} = \frac{25\%}{18\%} = 1.389$$

$R_P = w_P \times 投資組合\ P\ 的報酬 + (1 - w_P) \times 無風險利率$

$\quad = 1.389 \times 18\% + (1 - 1.389) \times 7\% = 0.2227$

$M^2 = R_P - R_M = 0.2227 - 0.14 = 0.0827$

$M^2 > 0$,表示投資組合 p 之績效 (R_p) 比市場投資組合 (R_M) 好。

（　）1. 公司的交易目的股票投資若獲配發股票股利，則下列敘述何者正確？

(A) 流動比率上升　　　　　　(B) 資產報酬率上升

(C) 流動比率不變　　　　　　(D) 無法判斷

（　）2. 當經濟景氣開始走下坡，而利率似又有下跌之趨勢時，投資人應投資下列哪一證券市場？

(A) 股市　　　　　　　　　　(B) 貨幣市場

(C) 債券市場　　　　　　　　(D) 選項 (A)、(B)、(C) 皆可

（　）3. 崔納 (Treynor) 指標之計算考慮何種風險？

(A) 個別風險　　　　　　　　(B) 報酬率標準差

(C) 總風險　　　　　　　　　(D) 系統風險

（　）4. 下列何者適合尚未完全分散，仍存有非系統風險投資組合績效之評估？

(A) 夏普指標　　　　　　　　(B) 崔納指標

(C) 詹森指標　　　　　　　　(D) 貝它係數

（　）5. 某投資組合之報酬率為 12%，報酬率標準差為 12.5%，β 係數為 1.25，若無風險利率為 4%，請問其夏普 (Sharpe) 指標為何？

(A) 7.2%　　　　　　　　　　(B) 64%

(C) 8.3%　　　　　　　　　　(D) 80%

（　）6. 當買入證券後，未能公平且迅速賣出該證券，此風險為：

(A) 違約風險　　　　　　　　(B) 流動性風險

(C) 購買力風險　　　　　　　(D) 利率風險

（　）7. 若其他條件相同，營收易受景氣影響的公司，投資人對其股票可接受的本益比：

(A) 較高

(B) 必等於銀行利率的倒數

(C) 較低

(D) 不一定，視投資人風險偏好而定

( ) 8. 在固定匯率制度下，國際收支逆差會促使貨幣供給額：

(A) 增加　　　　　　　　　(B) 不變

(C) 減少　　　　　　　　　(D) 無關係

( ) 9. 何者不是外匯供給增加的原因？

(A) 本國物品出口　　　　　(B) 對外長期投資增加

(C) 外國觀光客在我國之開支　(D) 外國政府對我國之援助

( )10. 進行國際投資時，會面臨哪一項額外風險？

(A) 利率風險　　　　　　　(B) 景氣變動風險

(C) 匯率風險　　　　　　　(D) 市場風險

( )11. 下列何種現象發生時，政府將會採取更寬鬆之財政政策？

(A) 綠燈轉為黃藍燈　　　　(B) 黃紅燈轉為紅燈

(C) 黃藍燈轉為綠燈　　　　(D) 黃藍燈轉黃紅燈

( )12. 購買力風險足以影響資產價值的變動，其風險來源為：

(A) 消費者信心　　　　　　(B) 通貨膨脹

(C) 景氣榮枯　　　　　　　(D) 經濟成長率

( )13. 若政府擴大公共投資，則對下列哪一類股票之影響最大？

(A) 電子業　　　　　　　　(B) 金融業

(C) 鋼鐵業　　　　　　　　(D) 百貨業

( )14. 何種經濟指標是用來衡量批發價格平均變動倍數？

(A) 工業生產指數　　　　　(B) 躉售物價指數

(C) 消費者物價指數　　　　(D) 國民生產毛額平減指數

( )15. 哪項政策不適合避險基金之操作目標？

(A) 市場趨勢策略　　　　　(B) 特殊事件導向策略

(C) 穩定成長策略　　　　　(D) 套利策略

（　　）16. 經濟的「痛苦指數」是指：
(A) 工資上漲率與物價上漲率之和
(B) 匯率貶值率與物價上漲率之和
(C) 失業率與物價上漲率之和
(D) 工資上漲率與匯率貶值率之和

（　　）17. 一家上市公司進口原物料占生產成本比重為 50%，同時其產品出口比重亦為 50%，當新臺幣升值時，該公司可能會出現：
(A) 匯兌收益　　　　　　　　(B) 匯兌損失
(C) 存貨利潤　　　　　　　　(D) 存貨損失

（　　）18. 名目利率 (i)、實質利率 (r)、預期物價膨脹率 (ei)，三者之間所具有的關係近似為：
(A) 不相關　　　　　　　　　(B) $i = r \times ei$
(C) $r = i + ei$　　　　　　　(D) $i = r + ei$

（　　）19. 欲比較評估某基金的投資績效，則應將該基金之報酬率與下列何種標準比較方為合理？
(A) 同業拆款利率
(B) 銀行平均一年定存利率
(C) 所有基金之平均報酬率
(D) 風險性質相同之其他基金報酬率

（　　）20. 建構投資組合時，在何種情況下可擊敗大盤？
甲. 效率市場；乙. 無效率市場；丙. 消極性投資管理；丁. 積極性投資管理
(A) 甲、丁　　　　　　　　　(B) 甲、丙
(C) 乙、丙　　　　　　　　　(D) 乙、丁

（　　）21. 依據 CAPM，基金經理人所尋求價位被高估的證券，是指該證券的詹森 α 係數：
(A) 大於 1　　　　　　　　　(B) 等於 1
(C) 大於 0　　　　　　　　　(D) 小於 0

（　）22. 長期而言，影響投資組合報酬率的主要因素是哪項投資決策？

(A) 證券選擇決策　　　　　(B) 選時決策

(C) 資產配置決策　　　　　(D) 波段操作決策

（　）23. 全球股市的互動性越高，意味著全球化投資再投資風險的分散效果：

(A) 提高　　　　　　　　　(B) 降低

(C) 不變　　　　　　　　　(D) 不確定

（　）24. 中央銀行透過提高重貼現率以避免景氣過熱，可能的效果有：甲.基本放款利率上升；乙.債券利率下降；丙.公司成長減緩；丁.股價下跌

(A) 僅甲及乙　　　　　　　(B) 僅甲、丙及丁

(C) 僅丙及丁　　　　　　　(D) 甲、乙、丙、丁

（　）25. 當投資者判斷市場處於空頭行情時，以下哪項策略不適合？

(A) 增加固定收益證券之比重　(B) 增加現金比重

(C) 提高投資組合之貝它係數　(D) 出售持有之股票

（　）26. 有關投資組合保險之敘述，何者不正確？

(A) 較一般避險策略保守

(B) 希望設定投資組合價值之下限

(C) 希望投資組合的價值能夠在一定的風險程度下增加

(D) 組合保險的基本操作策略為追漲、殺跌

（　）27. 根據資本市場線之最適投資組合之選擇，攻擊型 (Aggressive) 的投資人將會如何選擇？

(A) 投資於市場投資組合之資金等於全部自有資金

(B) 投資於市場組合之權重介於 0、1 之間

(C) 完全投資於無風險資產

(D) 所有資金均投入市場投資組合

（　）28. 在投資組合績效評估指標中，夏普 (Sharpe) 指標的計算方法是：

(A) 超額報酬／系統風險　　(B) 超額報酬／總風險

(B) 超額報酬／非系統風險　(D) 超額報酬／無風險利率

（　）29. 何種因素會造成通貨膨脹？

甲 . 成本推動；乙 . 需求拉動；丙 . 貨幣供給額減少

(A) 僅甲、乙 　　　　　　　(B) 僅乙、丙

(C) 僅甲、丙 　　　　　　　(D) 甲、乙、丙

（　）30. 投資者若欲提高期望報酬率，應購買：

(A) 債券型基金 　　　　　　(B) 指數型基金

(C) 波動率低的股票 　　　　(D) 貝它係數高的股票

（　）31. 哪一種股票較可能是成長型股票？

(A) 現金股息占盈餘之百分比偏低之股票

(B) 低市價淨值比股票

(C) 低本益比股票

(D) 資產週轉率低的股票

（　）32. 每承擔一單位投資組合系統風險所能獲得的超額報酬，又稱為：

(A) 市場風險溢酬 　　　　　(B) 崔納指標

(C) 變異係數 　　　　　　　(D) 詹森指標

（　）33. 中央銀行可以通過下列哪些方法導引利率走勢？

甲 . 公開市場操作；乙 . 調整重貼現率；丙 . 調整存款準備率

(A) 僅甲、乙 　　　　　　　(B) 僅乙、丙

(C) 僅甲、丙 　　　　　　　(D) 甲、乙、丙

（　）34. 「景氣對策信號」由「黃藍燈」轉 「黃紅燈」表示：

(A) 景氣轉好 　　　　　　　(B) 景氣轉壞

(C) 景氣時好時壞 　　　　　(D) 選項 (A)、(B)、(C) 皆非

（　）35. 投資組合 X 之平均報酬率為 13.6%，貝它 (Beta) 係數為 1.1、報酬率標準差為 20%。假設市場投資組合平均報酬率為 12%，無風險利率為 6%，請問組合 X 之詹森 (Jensen) 指標為多少？

(A) 0.015 　　　　　　　　(B) 0.069

(C) 0.38 　　　　　　　　　(D) 0.01

（　）36. 其他因素不變，利率上升：

(A) 貨幣供給增加 　　　　　　(B) 可抑制通膨

(C) 債券價格上升 　　　　　　(D) 股價上升

（　）37. 被動式 (Passive) 投資組合管理目的在：

(A) 運用隨機選股策略，選取一種股票，獲取隨機報酬

(B) 運用分散風險原理，找出效率投資組合，獲取正常報酬

(C) 運用選股能力，找出價格偏低之股票，獲取最高報酬

(D) 運用擇時能力，預測股價走勢，獲取超額報酬

（　）38. 一證券之平均報酬率，無法以市場風險解釋之部分稱為：

(A) 西格碼 (Sigma) 係數 　　　(B) 貝它 (Beta) 係數

(C) 咖碼 (Gamma) 係數 　　　(D) 阿法 (Alpha) 係數

（　）39. 新臺幣貶值幅度遠大於經濟成長率，以美元計算之每人 GNP 會：

(A) 增加 　　　　　　　　　　(B) 減少

(C) 不變 　　　　　　　　　　(D) 無關係

（　）40. 其他因素不變下，新臺幣升值會引起進口物價：

(A) 上漲 　　　　　　　　　　(B) 下跌

(C) 不變 　　　　　　　　　　(D) 無關係

（　）41. 貨幣供給 M2 係指：

(A) 通貨發行淨額

(B) 通貨發行淨額＋存款貨幣

(C) 通貨發行淨額＋存款貨幣＋準貨幣

(D) 通貨發行淨額＋存款貨幣＋準貨幣＋在國外存款

（　）42. 對一小額投資者而言，欲挑選一種基金進行投資，其評估基金績效之方法，應以何種績效指標最為合適？

(A) 夏普 (Sharpe) 績效指標 　　(B) 崔納 (Treynor) 績效指標

(C) 詹森 (Jensen) 績效指標 　　(D) 以上皆非

（　）43. 衡量通貨膨脹水準的統計指標，最被普遍採用的是：

(A) 貨幣供給增加率　　　　　　(B) 消費者物價指數

(C) 新臺幣發行額度　　　　　　(D) 生產者（躉售）物價指數

(　) 44. 若銀行之超額準備部位為正數，則表示當時之資金為：

(A) 寬鬆　　　　　　　　　　(B) 緊縮

(C) 不一定　　　　　　　　　(D) 選項 (A)、(B)、(C) 皆非

(　) 45. 一般而言，景氣由谷底復甦時，舉債程度較高的公司股票：

(A) 漲幅較小　　　　　　　　(B) 漲幅較大

(C) 價格波動性較小　　　　　(D) 報酬率較少

(　) 46. 進行資產配置策略時，將會考慮下列何者因素？

甲 . 風險承受能力；乙 . 流動性；丙、進場時機；丁 . 股價高低；戊 . 投
資目標

(A) 僅甲、丙、丁、戊　　　　(B) 僅甲、乙、丙、丁

(C) 僅甲、乙、丙　　　　　　(D) 僅甲、乙、戊

(　) 47. 2015 年 12 月通過的「巴黎協定」對以下哪一種產業影響較大？

(A) 石化業　　　　　　　　　(B) 證券業

(C) 觀光業　　　　　　　　　(D) 文化創意業

(　) 48. 實質匯率主要係考慮了下列何種因素？

(A) 貿易順差　　　　　　　　(B) 通貨膨脹

(C) 經濟成長率　　　　　　　(D) 利率

(　) 49. 下列哪項與基本分析無關？

(A) 毛利率　　　　　　　　　(B) 負債比率

(C) 股票成交量　　　　　　　(D) 銷售量

(　) 50. 在產品生命週期的哪一個階段，投資的風險最高？

(A) 初創期　　　　　　　　　(B) 成長期

(C) 穩定期　　　　　　　　　(D) 衰退期

(　) 51. 有關由下而上投資策略 (Bottom-Up Strategy) 的敘述，何者正確？

甲 . 先由國內外總體經濟面著眼，再尋求各產業景氣狀況，最後依

照公司因素進行選股；乙.較不論總體環境及產業景氣好壞，若公司體制優良即進行投資；丙.最強調個別公司因素

(A) 僅甲   (B) 甲與乙

(C) 甲與丙   (D) 乙與丙

( ) 52. 以基本分析法來評估公司所隱含的真實價值時，所需考量的因素有：

甲.總體經濟面；乙.各類產業環境；丙.個別公司特質；丁.歷史股價；戊.歷史成交量

(A) 僅甲、乙   (B) 僅甲、乙、丙

(C) 僅丁、戊   (D) 甲、乙、丙、丁、戊

( ) 53. 公司銷售商品至美國而有美元應收帳款，以下哪個策略無法規避匯率風險？

(A) 賣美元期貨   (B) 賣遠期美元

(C) 買美元賣權   (D) 賣臺灣存託憑證

( ) 54. 積極成長型基金的投資組合管理策略應屬：

(A) 主動式   (B) 被動式

(C) 隨機式   (D) 選項 (A)、(B)、(C) 皆非

( ) 55. 一般流行之高科技基金，適合何種指標來衡量其績效？

(A) 夏普指標   (B) 崔納指標

(C) 詹森指標   (D) 貝它係數

( ) 56. 當預期未來的整體經濟衰退，投資人投資於股價對整體景氣：

(A) 較敏感產業   (B) 較不敏感產業

(C) 毫不敏感的產業   (D) 負相關的產業

( ) 57. 動能投資策略其假設投資人可以因為市場反應不足而獲得超額報酬，其策略類似於：

(A) 賣低賣高   (B) 追漲殺跌

(C) 被動式管理   (D) 買低賣低

( ) 58. 假設其他條件相同，投資人選擇高本益比的股票，意味著預期該公司：

(A) 成長較快　　　　　　　　(B) 成長與一般公司相同

(C) 成長較慢　　　　　　　　(D) 成長較不穩定

( ) 59. 央行何種政策會使貨幣供給減少？

(A) 調升重貼現率　　　　　　(B) 買回國庫券

(C) 調降存款準備率　　　　　(D) 抑制臺幣過度升值

( ) 60. 一般而言，央行大幅壓低M1b（貨幣供給）成長率對股價的影響是：

(A) 上漲　　　　　　　　　　(B) 下跌

(C) 不確定漲跌　　　　　　　(D) 無影響

( ) 61. 哪項資訊不屬於基本分析資訊？

(A) 存款準備率　　　　　　　(B) 公司新接訂單

(C) 三大法人買賣超　　　　　(D) 進出口順逆差數字

( ) 62. 下列哪一項與基本分析有關？

(A) 交易量　　　　　　　　　(B) 本益比

(C) 移動平均　　　　　　　　(D) 股市熱絡程度

( ) 63. 哪種產業較不屬於利率敏感產業？

(A) 銀行業　　　　　　　　　(B) 營建業

(C) 食品業　　　　　　　　　(D) 保險業

( ) 64. 產業分析對股票分析的重要性在於：

(A) 不同產業的股票表現差異性大

(B) 選對產業比選對個股重要

(C) 選對產業比市場研判重要

(D) 不同產業股票價格有齊漲齊跌現象

( ) 65. 一般而言，當投資人預期新臺幣升值，則依賴進口原料的產業股價會：

(A) 下跌　　　　　　　　　　(B) 上漲

(C) 不一定下跌或上漲　　　　　(D) 先跌後漲

（　）66. 未被股市預期的利率下跌，將造成股價：

(A) 下跌　　　　　　　　　　　(B) 上漲

(C) 不一定下跌或上漲　　　　　(D) 先跌後漲

（　）67. 投資人對成熟公司股票的預期報酬，主要來自於：

(A) 公司銷售成長　　　　　　　(B) 股票股利

(C) 差價　　　　　　　　　　　(D) 現金股利

（　）68. 政府支出超過政府收入的數額，稱為：

(A) 貿易順逆差　　　　　　　　(B) 國內生產毛額

(C) 預算赤字　　　　　　　　　(D) 反儲蓄

（　）69. 失業率是景氣循環的：

(A) 領先指標　　　　　　　　　(B) 同時指標

(C) 落後指標　　　　　　　　　(D) 騰落指標

（　）70. 臺幣相對美元貶值所造成的影響，以下何者有誤？

(A) 資金外流　　　　　　　　　(B) 貨幣供給增加

(C) 美元計價出口商受益　　　　(D) 美元存款增加

（　）71. 下列哪種產業最可能被歸屬於防禦性產業？

(A) 鋼鐵業　　　　　　　　　　(B) 汽車業

(C) 航空業　　　　　　　　　　(D) 成衣業

（　）72. 一般而言，當預期新臺幣對美元升值，投資人將預期按美元計價之
出口企業股價：

(A) 下跌　　　　　　　　　　　(B) 上漲

(C) 不一定上漲或下跌　　　　　(D) 先跌後漲

（　）73. 何者屬於景氣同時指標？

(A) 工業及服務業經常性受僱員工人數

(B) 工業生產指數

(C) 製造業存貨率

(D) 工業及服務業受僱員工進入率

( ) 74. 依據產業生命週期循環，投資屬於成熟產業的公司股票，屬於哪類投資？
(A) 高風險高報酬　　　　　　(B) 低風險高報酬
(C) 低風險低報酬　　　　　　(D) 高風險低報酬

( ) 75. 所謂防禦性產業 (Defensive Industry) 是指：
(A) 國防產業　　　　　　　　(B) 不易受景氣影響的產業
(C) 保全產業　　　　　　　　(D) 獲利穩定的產業

( ) 76. 當中央銀行覺得通貨膨脹率太高時，最不可能採取哪項措施？
(A) 緊縮貨幣供給　　　　　　(B) 調降存款準備率
(C) 調升存款準備率　　　　　(D) 調高重貼現率

( ) 77. 哪項屬於 M2 的成分，但不屬於 M1 的成分？
(A) 流通貨幣　　　　　　　　(B) 信託公司的活儲
(C) 定存　　　　　　　　　　(D) 支票存款

( ) 78. 銷貨與盈餘的成長率預期能夠超過國民生產毛額成長率的工業稱為：
(A) 獲利工業　　　　　　　　(B) 穩健工業
(C) 成長工業　　　　　　　　(D) 水準工業

( ) 79. 物價上漲時，會使何種股票受惠？
(A) 金融股　　　　　　　　　(B) 汽車類股
(C) 資產股　　　　　　　　　(D) 電子類股

( ) 80. 何種股價指標的變化，是一般人民購買物品時最能感覺到的？
(A) 躉售物價指數　　　　　　(B) 消費者物價指數
(C) 進口物價指數　　　　　　(D) 出口物價指數

( ) 81. 關於我國景氣對策信號之敘述何者為非？
(A) 紅燈表示景氣熱絡
(B) 綠燈表示景氣低迷

(C) 藍燈表示景氣衰退

(D) 紅黃燈屬於注意性燈號，需觀察未來走向

（　）82. 政府支出的大幅增加是屬於：

(A) 總體需求面增加　　　　(B) 總體供給面增加

(C) 貨幣供給增加　　　　　(D) 預期物價增加

1.(C)　2.(C)　3.(D)　4.(A)　5.(B)　6.(B)　7.(C)　8.(C)　9.(B)　10.(C)

11.(A)　12.(B)　13.(C)　14.(B)　15.(C)　16.(C)　17.(B)　18.(D)　19.(D)

20.(D)　21.(D)　22.(C)　23.(B)　24.(B)　25.(C)　26.(A)　27.(D)　28.(B)

29.(A)　30.(D)　31.(A)　32.(B)　33.(D)　34.(A)　35.(D)　36.(B)　37.(B)

38.(D)　39.(B)　40.(B)　41.(C)　42.(A)　43.(B)　44.(A)　45.(B)　46.(D)

47.(A)　48.(B)　49.(C)　50.(A)　51.(D)　52.(B)　53.(D)　54.(A)　55.(A)

56.(D)　57.(B)　58.(A)　59.(A)　60.(B)　61.(C)　62.(B)　63.(C)　64.(A)

65.(B)　66.(B)　67.(D)　68.(C)　69.(C)　70.(B)　71.(D)　72.(A)　73.(B)

74.(C)　75.(B)　76.(B)　77.(C)　78.(C)　79.(C)　80.(B)　81.(B)　82.(A)

● Chapter 13　習題解析

1. 股票股利僅使持有股數增加，對被投資公司的股東權益總額不受影響。
   流動比率 = 流動資產／流動負債，資產報酬率 = 稅後淨利 + 利息費用（1
   − 稅率）／平均資產總額，皆不受影響。

2. 利率下跌則債券的價格上升，有資本利得，故應投資債券市場。

3. 崔納指標 $= \dfrac{\text{超額報酬}}{\text{系統風險}}$。

4. 夏普指標 $= \dfrac{\text{超額報酬}}{\text{總風險}}$，式中：總風險 = 系統風險 + 非系統風險。

5. 夏普指標：$\dfrac{R_p - R_f}{\sigma_p} = \dfrac{12\% - 4\%}{12.5\%} = 64\%$。

8. 央行為了穩定在既定的匯率，將在外匯市場出售外匯，同時收回等值的貨
   幣，即貨幣供給減少。

9. 對外長期投資增加，則對外匯需求增加。

11. 綠燈表示景氣穩定，黃藍燈表示景氣短期衰退，由綠燈轉為黃藍燈，財經
    當局可能採取擴張措施。

12. 通貨膨脹將使貨幣的購買力下降。

17. 臺幣升值對進口有利，出口不利，這種因貨幣的兌換而引起的損失，稱為匯兌損失。

18. 由費雪公式：名目利率 (i) = 實質利率 (r) + 預期物價膨脹率 (ei)。

20. 當市場是無效率時 (乙)，透過積極性投資管理 (丁)，可以擊敗大盤。

21. α_p = 實際的資產報酬－使用 CAPM 計算出之必要報酬（或合理報酬），$\alpha_p < 0$，則實際的報酬 < 合理報酬，即該證券的價格被高估了。

23. 互動性越高，表示連動關係很緊密，即風險分散的效果越差。

24. 央行提高重貼現率將使準備貨幣減少，銀行信用創造能力下降，基本放款利率上升，債券利率上升，公司因資金成本提高而成長緩慢，反應在股價是下跌。

25. 空頭行情應該選擇低的 β 係數股票，個股下跌幅度將小於大盤下跌幅度。

27. 在市場投資組合處，將 W = 1，資金完全配置。

29. 丙 . 貨幣供給額減少，將使總需求下降，使得物價下跌。

30. 多頭行情，投資人應購買高的 β 係數指標，個股上升幅度將大於大盤上升幅度。

32. 崔納指標 $= \dfrac{超額報酬}{系統風險}$。

33. 甲、乙、丙這三種皆是中央銀行控制貨幣供給的工具，稱為「量的管制」或「一般管制」。

35. 由 $\alpha_p = R_f - [R_f + (R_m - R_f)\beta_p] = 13.6\% - [6\% + (12\% - 6\%.) \times 1.1] = 0.01$。

36. 貨幣供給減少，使得利率上升且物價下降。

38. α_p = 實際的資產報酬 － 使用 CAPM 計算出之必要報酬（或合理報酬）。α_p 稱為詹森 (Jensen) 指標。

40. 臺幣升值，進口品的原料價格下降，故進口品的成本下降。

42. 僅挑選一種基金進行投資，除了考慮其超額報酬外，應考慮總風險（即系統風險和非系統風險），即採用夏普績效指標較合適。

44. 商銀的實際準備可區分成法定準備和超額準備，超額準備是用來信用創造的，若該部位為正數，表示資金是寬鬆的。

46. 進場時機是屬於擇時策略，它是傳統主動式管理策略之一。

48. 實質匯率是名目匯率除以物價指數平減得到的。

49. 股票成交量的資訊分析乃技術面的。

50. 初創期：在該階段很難預測哪些廠商能否繼續經營，一般的投資人較不宜在初創期進行投資。

51. 由下而上 (Bottom-Up) 是指從公司分析→產業分析→總體經濟分析。

52. 丁 . 歷史股價、戊 . 歷史成交量，皆是技術面的資訊分析。

55. 高科技基金並未納入其他產業的投資組合，所以要考慮總風險，應採夏普指標。

58. 高本益比表示股價高或每股盈餘較低，而投資人之所以選擇高本益比的股票，是預期該公司有較快的成長性。

59. 央行調升重貼現率，將使準備貨幣下降，使得貨幣供給減少。

60. M1b（貨幣供給）下降，利率上升，股市的資金將會流出，股價會下跌。

61. (A) 和 (D) 是整體經濟，(B) 是個別公司，而整體經濟、個別公司皆是基本分析。

62. 從總體經濟、個別產業、個別公司，來研判公司的獲利能力，再探求股價的走勢，此種分析是基本分析，而個別公司的本益比，也是基本分析的一部分。

64. 具有獲利性的產業和不具有獲利性的產業，兩者的股票價格就有很大的差異性。

65. 新臺幣升值對出口不利，進口有利，所以依賴進口原料的產業股價會上升。

66. 市場利率下跌，資金將會流入股市，股價較易上漲。

67. 成熟公司的股利發放是以現金股利為原則。

68. 政府支出 (G) 大於政府收入 (T)，稱為預算赤字。

70. 臺幣貶值將使出口增加，進口減少，總合需求增加，物價上漲，導致實質貨幣需求減少。

72. 臺幣相對美元升值則對出口不利，進口有利，所以美元計價之出口企業股價會下跌。

73. (A) 是落後指標，(C) 是落後指標，(D) 是領先指標。

74. 處於這個階段的廠商多半有相當穩定的現金流量，也沒有大量擴張的機會。適合追求穩定的收入（低報酬）且風險承擔能力較低（低風險）的投資人。

76. 調降存款準備率，將使貨幣乘數上升，在準備貨幣不變的情況下，貨幣供給增加，使得利率下降且物價上漲。

77. M1A = 通貨淨額 + 支票存款＋活期存款，M1B = M1A + 活期儲蓄存款。

79. 通貨膨脹發生時，具有保值的資產（即維持購買力不變）較受歡迎。

80. 消費者物價指數 (CPI) 是用來代表一般民生必需之財貨及勞務的價格水準。

81. 綠燈表示景氣穩定。

82. 政府支出的大幅增加，乃擴張性的財政政策，將使總體需求增加。

Chapter 14

行為財務學與技術分析

行為財務學研究投資人的系統性非理性行為，某些行為偏差理論可以解釋金融市場裡的異常現象。

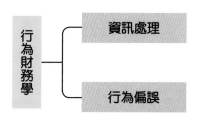

行為財務學 ── 資訊處理

行為偏誤

以心理學的角度，探討投資人對資訊處理和行為偏誤，與市場異常現象的關聯性。

王老師的投資實務筆記

散戶的行為是否是股票市場的反指標？

這個答案是確定的，在技術分析裡的量、價指標，例如：KD指標、OBV、PSY等，都是以散戶行為當作股市的反指標，既然已經有量化指標了，其實也不需要用心理學的觀點來解釋散戶的投資行為。當股價上漲或下跌時，經常有很多財經專家來幫它找理由，例如從基本面、籌碼面或消息面，所編的故事情節非常精彩，但自相矛盾的說詞卻層出不窮，所以套一句財務會計研究最喜歡講的話：「影響股價的因素非常複雜，所以很難說明它的漲、跌原因。」其實股價漲、跌的趨勢，K線圖不是已經很清楚地告訴你了嗎？

資訊處理不當，會讓投資人對金融市場產生錯誤的判斷，有下列常見的偏差行為：

14-2-1　預測誤差

當某公司的盈餘被高估時，市場對這家公司的營運表現也會傾向過度樂觀。等到投資人意識到認知有誤，先前因樂觀導致高股價、高本益比的公司，其後續的投資績效會變差。

14-2-2　過度自信

過度自信使人高估知識、低估風險、誇大控制事件的能力。過度自信使投資人誤判其所承擔風險的水準。

14-2-3　保守主義

投資人對事件的反應速度有過緩或過度保守的傾向。由於投資人對事件的反應不足，僅使股價緩慢地反應新資訊，形成股市報酬的動能持續的現象。

14-2-4　代表性偏誤

投資人忽視樣本數的大小，將小樣本與大樣本得到的結果視為同等，以致錯誤引申小樣本得到的結果。例如：投資人對於市場短期間的利多或股價的上漲，常會被不當渲染以致於股價過度上漲，最後市場進行修正使得股價滑落。

14-3 行為偏誤

投資人對風險與報酬的決策，會受到一些行為偏誤因素的影響，有框架、心理帳戶、避免後悔與展望理論等。

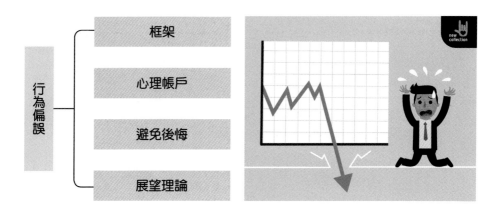

14-3-1 框架

人們的某種主觀認知，使其不自覺影響客觀決策的盲點。

14-3-2 心理帳戶

人們心理上自行將資產分為各種不同帳戶，且每一個人對於不同的帳戶會有不同的因應態度。而這種把錢或資金分類而形成心理帳戶的做法，會造成用錢不合理性，也缺乏一致性。

14-3-3 避免後悔

當人們沒有過去的經驗而需進行決策，決策結果卻與期望結果有很大的落差，便會產生自責。例如：投資大型績優股產生的損失和投資新上市公司的股票所產生的損失是相等金額時，投資人對於投資大型績優股產生的損失會歸於其他因素而並非自己的決策錯誤，較不會有後悔的感覺。

14-3-4　展望理論

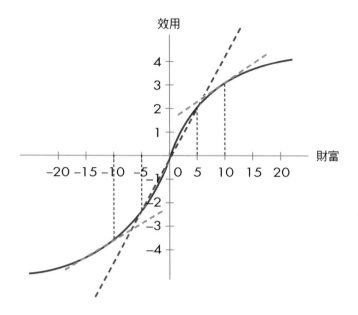

　　投資人在獲利時具有風險趨避,處於虧損時則會產生損失趨避。例如:投資人在股市有較小的獲利時就急著落袋為安,反之,在面臨虧損逐漸擴大時對未來市場的想法是更加悲觀,當股市低點浮現時更沒有勇氣加碼。

14-4 技術分析

14-4-1 K線圖

　　係將每日開盤、最高、最低、收盤等四個價位,用粗線及細線記錄下來。

　　其記錄方法為:

1. 若開盤價高於收盤價,則實體部分塗綠色,稱陰線。
2. 若開盤價低於收盤價,則實體部分塗紅色,稱陽線。
3. 最高、最低價分別依實體顏色,以影線表示;在上方稱上影線,在下方稱下影線。上影線越長,表上檔的賣壓越強;下影線越長,表下檔的承接力道越強。

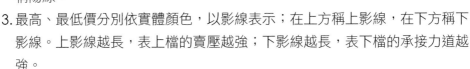

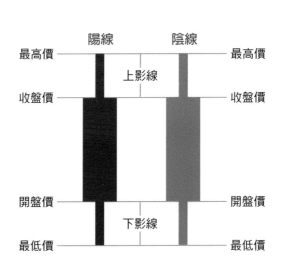

14-4-2 移動平均線

　　移動平均線,簡稱「均線」(Moving Average, MA),就是過去一段時間市場的「平均成交價格」。

5 日移動平均線：簡稱「5 日線」、「5MA」、「週線」，就是最近 5 個交易日的平均收盤價，假設今天最新的股價高於 5 日線就代表過去 5 天進場的人都是賺錢的，可以研判目前短期內的趨勢是比較強的。

　　20 日移動平均線：簡稱「20 日線」、「20MA」、「月線」，就是最近 20 個交易日的平均收盤價，依此類推。假設今天最新的收盤價低於 20 日線就代表過去 20 天進場的人都是賠錢的，可以研判目前中期內的趨勢是比較弱的。

　　移動平均線計算方式：就是將 N 天的收盤價加總，再除以 N，得到第 N 天的算術平均線數值（如果在開盤期間，會以當下的收盤價去計算）。

　　例如：這是甲股票的近 5 日收盤價

日期	10/3	10/4	10/7	10/8	10/9
股價	22.65	22.40	23.00	22.95	24.55

　　要得到 5 日線的值，就要把這 5 天加總起來，再除以 5。

$$\frac{22.65 + 22.40 + 23.00 + 22.95 + 24.55}{5} = 23.11$$

　　6 個常用的均線，可分成短、中、長期：

　　以臺灣股市為例，常用的均線包含：5 日均線、10 均線、20 日均線、60 日均線、120 日均線、240 均線，又可以將這 6 個常用的均線分成短期均線、中期均線、長期均線。

1. 短期均線：5 日均線（週線）、10 日均線（雙週線）

　　通常短線操作的投資人慣用 5 日和 10 移動平均線，簡稱「短線」。5 日均線是過去 5 天收盤價的平均值，表示最近 5 天收盤價的平均成本，因為台股每週交易 5 天，故又稱為週線。10 日均線是過去 10 日線的平均值，表示最近 10 天收盤價的平均成本，稱為雙週線。

2. 中期均線：20 日均線（月線）、60 日均線（季線）

　　通常中線操作的投資人慣用 20 日和 60 日移動平均線，簡稱「中線」。20 日均線是過去 20 天收盤價的平均值，表示最近 20 天收盤價的平均成本，又稱月線。60 日均線是過去 60 天收盤價的平均值，表示最近 60 天收盤價的平均成本，又稱季線。

3. 長期均線：120日均線（半年線）、240日均線（年線）

通常長線操作的投資人慣用120日和240日均線，簡稱「長線」。120日均線是過去120天收盤價的平均值，表示最近120天收盤價的平均成本，又稱半年線。240日均線是過去240天收盤價的平均值，表示最近240天收盤價的平均成本，又稱年線。

 投資IQ加油站

在技術分析中，股價移動平均線代表某一個時段中，投資人的：

(A) 平均成本

(B) 平均獲利

(C) 平均虧損

(D) 平均收入

（106年第2次普業證券投資與財報分析）

答：**(A)**

14-4-3　道氏理論

道氏理論的創立者是查理斯‧道 (Charles Henry Dow)，他有六個論點：

1. 所有的資訊都反應在股價指數上。

2. 市場有三個趨勢，依照時間長短區分成三種趨勢：主要趨勢、次要趨勢、小型趨勢。

(1) 主要趨勢

趨勢通常持續一年以上（甚至長達數年），如藍色線所示。

(2) 次要趨勢

主要趨勢的修正，通常持續三個星期至三個月，次級修正走勢的折返幅度，通常是前一波走勢幅度的1/3到1/2，最常見的折返幅度是前一波

的 50%，如黑色虛線所示。

(3) 小型趨勢

次要趨勢的波動，屬日常波動，較不重要，如黑色線所示。

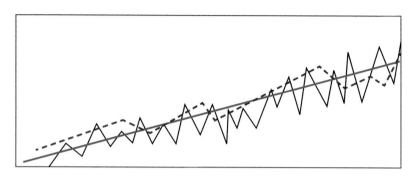

3. 主要趨勢有三個階段：承接、大眾參與、出貨。

4. 大盤指數和主要類股指數要有相同方向的訊號。

5. 確定趨勢必須有成交量的確認。

6. 在明確的反轉信號發生前，既有的趨勢會繼續有效。

投資IQ加油站

道氏理論 (Dow Theory) 認為：

(A) 股價變動無法預測

(B) 分散買進多種股票可以打敗市場

(C) 股價平均指數反應一切

(D) 個股走勢與指數漲跌應分別考量

（107 年第 4 次普業證券投資與財報分析）

答：**(C)**

14-4-4　葛蘭碧移動平均線

葛蘭碧八大法則的運作，是利用價格（黑色線）與其移動平均線（藍色線）的關係作為買進與賣出訊號的依據。

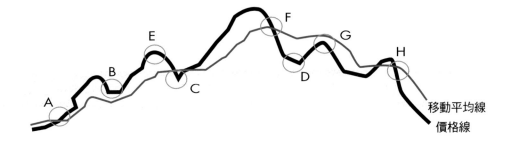

移動平均線
價格線

四個買進訊號：

　A 點：價格向上突破移動平均線，代表原有趨勢開始翻揚向上，因此這個黃金交叉為波段的買進訊號。

　B 點：乖離不大，但因趨勢正加速發展，預期乖離將擴大，為買進訊號。B 點為初升段的修正波段，且沒有跌破均線，顯示趨勢持續加速發展。

　C 點：上升段中的急跌，跌破均線後的反彈點，均線仍處於上升階段，顯示後勢仍具行情，因此急跌後反彈為買進訊號。

　D 點：價格自高點跌破均線，並且跌深，此時發生了價格偏離均線很大，因此預期這現象將有所修正，亦即反彈極有可能出現，為買進訊號。

四個賣出訊號：

　E 點：雖然處於上漲階段，但價格短線漲幅過大，以致與移動平均線的偏離過大，預期短時間內將會有獲利賣壓湧現，價格將有所修正，因此為賣出訊號。

　F 點：趨勢線已向下，且價格由上跌破趨勢線，表示趨勢發生反轉，這死亡交叉為波段的賣出訊號。

　G 點：乖離不大，但因趨勢正開始加速發展，預期乖離將擴大，價格下跌速度快，為賣出訊號。G 點為初跌段的反彈波段，且沒有突破均線，顯示趨勢持續加速發展中。

　H 點：價格發生突破後迅速拉回，即為假突破訊號，為趨勢持續的意義。並且此時均線仍然向下，為賣出訊號。

14-4-5　艾略特波浪理論

　　艾略特認為，股價上升是由五個波段所形成，加上回檔的三個波段，合計八個波段，形成一個完整循環。在上升行情的五個波段中，包括三個方向波 **1,3,5** 及兩個回檔修正波 **2,4**；下跌的三波中有兩個方向波 **A,C** 及一個反彈修正波 **B**。第 **4** 波低點不應與第 **1** 波頂點重疊；第 **3** 波漲幅會是第 **1** 波的 1.618 倍，若第 **1** 波與第 **3** 波漲幅相等，第 **5** 波將走延伸波；反彈波（如 **B**）若是強勢反彈則幅度為 0.618 倍，中級反彈則為 0.5 倍，弱勢反彈為 0.382 倍。

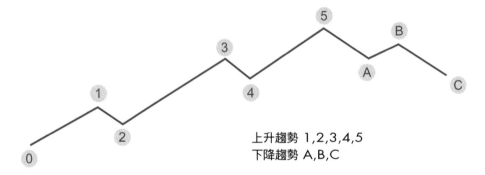

上升趨勢 1,2,3,4,5
下降趨勢 A,B,C

　　八個波段中的五個方向波 **1,3,5,A,C**，各可細分為五小波段 1,2,3,4,5，另外三個修正波 **2,4,B**，則可細分成三個波段 a,b,c，即 5×5 = 25，3×3 = 9，25 + 9 = 34 小波段。

細分前完整循環為 8 波段
細分後完整循環為 34 波段

14-4-6　均線的黃金交叉與死亡交叉判斷買賣點

　　黃金交叉：短天期均線向上與長天期均線交叉，稱為黃金交叉，是買進訊號。

死亡交叉：短天期均線向下與長天期均線交叉，稱為死亡交叉，是賣出訊號。

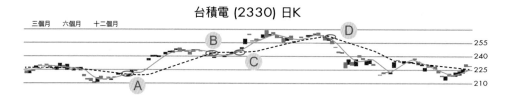

台積電 (2330) 日K

圖中藍色線為 5 日線，黑色虛線為 20 日線，上圖為台積電（2330）日 K 線圖，在 A 處和 C 處附近進場，在 B 處、D 處附近賣出。

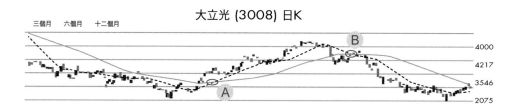

大立光 (3008) 日K

上圖是大立光（3008）日 K 線圖，A 處是 MA20（黑色虛線）穿過 MA60（藍色線）黃金交叉的時候買進，等到 B 處 MA20（黑色虛線）穿過 MA60（藍色線）的死亡交叉時賣出。

14-4-7　以股價缺口判斷行情

缺口有四種型態，分別是普通缺口、突破缺口、逃逸缺口、竭盡缺口，分別敘述如下：

1. 普通缺口：於整理型態中出現的缺口，沒有明顯的突破，且缺口容易被回補，代表的意義不大，多空尚不明確。

2. 突破缺口：向上或向下的盤整區間突破，容易伴隨著帶量長紅，是趨勢的確立，只要缺口不破，方向都會持續。

3. 逃逸缺口：一個趨勢中可能多次出現，容易在各種中繼整理型態之後出現，或者是連續的強勢跳空。

4. 竭盡缺口：它是行情準備反轉的訊號，此類缺口出現通常伴隨著指標背離以及短時間內缺口就被回補等現象。

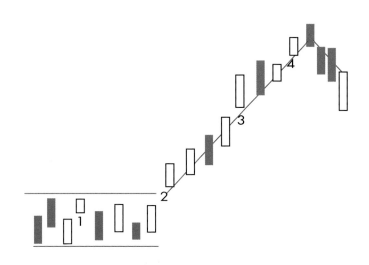

14-4-8　型態

　　型態可分成反轉型態與繼續型態，反轉型態有頭肩型態、W 底與 M 頭、圓形、菱形與島形反轉。繼續型態有三角形、楔形與旗形。

1. 頭肩頂

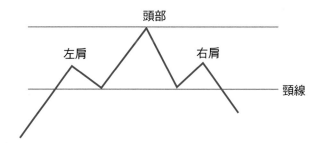

　　一旦出現如圖所示情形，幾乎可以肯定必然將反轉下跌，在價位跌破頸線之後，急速重挫，空頭走勢不易扭轉。

2. 頭肩底

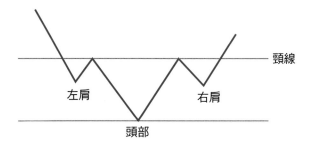

頭肩底是一個反轉向上的型態,價位在右肩形成後,反彈回升,但在未突破頸線時,仍有可能出現一次以上的右肩,一旦突破頸線頸,即出現買進訊號。

3. W 底與 M 頭

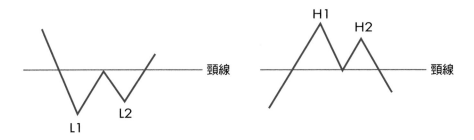

M 頭的二個波峰的高度相近,且發生時間間隔數週至數月。當價格跌破頸線時,則顯示將發生一波下跌走勢。

W 底性質則與 M 頭類似,但上下相反而已。W 底的二個谷底是市場對價格底限的測試,經過二次測試不破顯示測試成功,代表市場認為的低點。但測試成功不代表價格便會反轉,價格須在頸線帶量突破,則趨勢的反轉型態才告確立。

4. 圓形

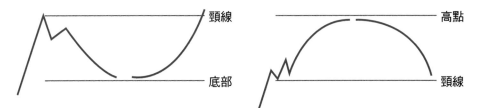

圓形頂(底)又稱為碟形或碗形,是一種可靠的反轉型態,但並不常見。圓形頂(底)的價格排列在外緣呈現平滑的圓弧型態,並且沒有突出的相對高點或低點。在形成的時間上,圓形頂(底)的形成時間約在數週至數月之久。當圓形頂(底)形成時,價格趨勢將反轉。

5. 菱形

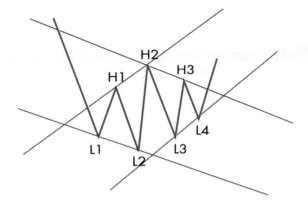

如同等腰三角型態，在突破支撐線後，即為反轉訊號，這時的目標價格至少
是菱形上下最長的距離的大小。

6. 島形反轉

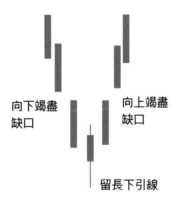

向下竭盡
缺口

向上竭盡
缺口

留長下引線

島型反轉是一個孤立的交易密集區，與先前的趨勢走勢隔著一個竭盡缺口，
並且與之後的價格趨勢相隔著一個突破缺口。在一波價格走勢後，價格在過
度預期中跳空，形成竭盡缺口，在整理一日至數日後，價格反向跳空，使整
理期間的型態宛如一個孤島。

7. 三角形

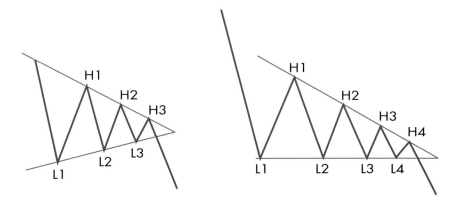

三角型態是由一連串的價格波動所構成的。它可分為等腰三角、上升三角及下降三角（後二者皆為直角三角）。等腰三角是其中較富變化的型態，開始時價格波動較大，但不斷地價格波峰的高度逐漸下降，同時價格谷底也不斷地墊高，形成二條收斂的趨勢線情況，價格往未來的方向收斂，所形成的形狀便如等腰三角，而上升三角與下降三角則為較明顯的價格型態。上升三角為底部形成上升趨勢線，且峰部形成水平趨勢線，而下降三角的形成則與上升三角相反。下降三角整個價格趨勢仍持續向下，顯示空方不斷占優勢。最後在多方失去信心後股價發生突破，持續另一波的下跌趨勢。

8. 楔形

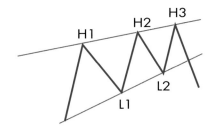

楔形的波峰或波谷連接所形成的趨勢線亦是呈現收斂的，其收斂的趨勢線是呈現相同的（向上或向下）走勢。上升楔形常發生在空頭走勢的反彈波，為技術面轉弱的表徵。上升楔形並無明顯的上檔障礙需要突破，但價格走勢卻像是被限制，因此一旦跌破下方趨勢線，便將快速地再展開既有的空頭趨勢。上升楔形除了發生在下降趨勢中形成的一個連續型態外，上升楔形亦經

常發生在漲勢的末端，而成為頭部，之後便發生一波快速的下跌走勢。下降楔形在價格發生突破後，不會像上升楔形一樣快速變化，下降楔形價格突破後多半形成圓形底的型態，價格緩步上升。

9.旗形

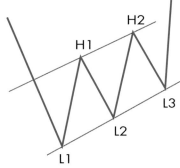

旗形是短期間內，價格在區間的密集走勢，所形成的價格走勢圖形看起來呈現出一面旗的形狀謂之。旗形在技術分析所代表的意涵為價格趨勢暫時停頓的整理型態。在整理過程中，成交量亦如同三角型態在整理期中會出現萎縮現象，在旗形排列完成後，價格將朝原來趨勢繼續進行。

14-4-9　價的技術指標

　　這些是用來衡量過去股價的趨勢，包括 KD、MACD、RSI 與乖離率。

1.KD

K 值是快速移動平均值，D 值是慢速移動平均值，特別適用於中、短期的操作。

運用 KD 指標判斷買賣點的原則為：

當 KD 指標的 K 值由下往上突破 D 值，即 KD 黃金交叉，建議買進、做多。

當 KD 指標的 K 值由上往下跌破 D 值時，即 KD 死亡交叉，建議賣出、做空。

當 KD 指標 > 80 以上為「高檔超買」，未來很容易下跌。

當 KD 指標 < 20 以下為「低檔超賣」，未來很容易上漲。

KD 指標的鈍化，就是指 K 值在高檔 (K > 80) 或低檔 (K < 20) 區連續 3 天，

定義如下：

高檔鈍化：KD 的 K 值在 80 以上連續 3 天叫做「高檔鈍化」。

低檔鈍化：KD 的 K 值在 20 以下連續 3 天叫做「低檔鈍化」。

要特別注意的是在鈍化區所出現的 KD 黃金交叉和死亡交叉的訊號時，我們通常會規避掉這些訊號，不做任何動作，因為當一檔股票高檔鈍化（K 值 > 80，3 天以上），表示非常地強勢，通常會再漲的機會就會變得非常高。相對的，低檔鈍化（K 值 < 20，3 天以上），表示非常地弱勢，通常會再跌的機會就會變得非常高。

2. MACD (Moving Average Convergence and Divergence)

是以兩條移動平均線來計算兩者間的差離值 (DIF)，在圖表上找出買賣的時點，作為股價走勢的研判。

運用 MACD 指標判斷買賣點的原則為：

(1) DIF 與 MACD 均為正值，屬多頭格局。若 DIF 向上突破 MACD 則買進，若 DIF 向下跌破 MACD 則賣出。

(2) DIF 與 MACD 均為負值，屬空頭格局。若 DIF 向上突破 MACD 則可補空，不宜買進，若 DIF 向下跌破 MACD 則賣出。

3. RSI

它的原理與移動平均線類似，認為股價均有一趨勢軌道，如果短期內偏離軌道太遠，仍必將回到原軌道。RSI 依計算的時間長短，可分為 5 日 RSI、10 日 RSI、20 日 RSI 等，分別用以研判短期或中期的行情趨勢。RSI 的計算方式為：

$$5 日 RSI = 100 - \frac{100}{1 + \dfrac{5 日平均收盤上漲平均數}{5 日平均收盤下跌平均數}}$$

運用 RSI 判斷買賣點的原則為：

RSI 大於 80 表示進入超買區，回檔機會提高，應分批賣出。

RSI 小於 20 表示進入超賣區，反彈機會大增，應分批買進。

4. 乖離率

它是用來表示當日股價指數，或個別股票當日收盤價與移動平線之間的差距，其計算方式為：

$$N \text{ 日乖離率} = \frac{\text{當日股價（或指數）} - \text{最近 N 日平均股價（指數）}}{\text{最近 N 日平均股價（指數）}}$$

若當日股價在移動平均線上，則乖離率為正，
反之則為負。乖離率也可用來表示投資人持
股在一定期間內的平均報酬率。

運用乖離率判斷買賣點的原則為：

10 日乖離率達 -5%：買進。

10 日乖離率達 5%：賣出。

14-4-10　量的技術指標

這些指標是用來衡量股票成交量的趨勢。

1. OBV

中文稱為「能量潮」，原是平均量的意思，它的原理是當股市人氣匯集時，
成交量一波比一波大，股價便會上升，反之人氣消退，成交量萎縮，股價下
跌。OBV 線的繪製是把指數上漲時，累計成交量加上當天的成交量；指數
下跌，就把累計成交量減去當天的成交量。

運用 OBV 線判斷買賣點的原則為：

OBV 線上升且股價下跌：表示低檔買盤強勁，應買進。

OBV 線下降且股價上漲：表示高檔買盤無力，應賣出。

14-4-11　市場寬幅技術指標

這些指標是用來研判大盤的趨勢，包括 ADR、OBOS、ADL、PSY 與 Trin
統計量。

1. ADR

中文稱為「漲跌比率」，股票上漲累積家數與下跌累積家數的比率來判斷股
市是出現超買（漲過頭）或超賣（跌過頭）。公式如下：

$$10 \text{ 日的 ADR} = \frac{10 \text{ 日內股票上漲累積家數}}{10 \text{ 日內股票下跌累積家數}}$$

10 日的 ADR 越大→市場已經漲過頭→投資人應該減碼。

10 日的 ADR 越小→市場已經跌過頭→投資人應該加碼。

2. OBOS

中文稱為「超買超賣指標」，股票上漲累積家數與下跌累積家數的差額來判斷股市是出現超買（漲過頭）或超賣（跌過頭）。公式如下：

> 10 日的 OBOS = 10 日內股票上漲累積家數 – 10 日內下跌累積家數

大盤指數持續上升且 10 日的 OBOS 下降→大盤可能會反轉下降→應該減碼。

大盤指數持續下跌且 10 日的 OBOS 上升→大盤可能會反轉上升→應該加碼。

3. ADL

中文稱為「騰落指數」，它的原理是當加權指數上漲時，收盤價是上漲的家數，應多於下跌家數；當加權指數下跌時，收盤價是下跌家數，應多於上漲的家數。ADL 線的繪製是將同一天上漲的家數減去下跌的家數，就是當天的升降值，再與前一日的升降值累加起來，如此，每天即可得到一個數值，將此數值畫成曲線，即成騰落指數的移動線。

> 14 日的 ADL = 14 日內股票上漲累積家數 – 14 日內下跌累積家數

運用 ADL 判斷買賣點的原則為：

用來研判大盤的趨勢，而不適用於個股的進出參考。

ADL 下降且大盤下跌：短期內大盤仍將繼續下挫。

ADL 上升且大盤上漲：短期內大盤仍將持續上漲。

4. PSY

中文稱「心理線」，它是利用股價的波動發展趨勢，來顯示投資人買進意願的程度，並作為買進或賣出股票的參考依據。計算公式如下：

$$12 \text{ 日心理線} = \frac{\text{最近 } 12 \text{ 個交易日中之上漲天數}}{12} \times 100\%$$

運用 PSY 判斷買賣點的原則為：

心理線大於 75%：賣出。

心理線小於 25%：買進。

5. Trin 統計量

以市場的交易量來衡量市場漲跌力道的強度。股價上升伴隨成交量增加，後續股價持續上漲的機會高，反之，成交量增加而股價卻下跌，後續股價下跌的機會高。

$$\text{Trin 統計量} = \frac{\text{交易量減少的股數 / 交易量減少的家數}}{\text{交易量增加的股數 / 交易量增加的家數}}$$

運用 Trin 統計量判斷買賣點的原則為：

Trin 統計量大於 1：表示下跌股票的平均交易量大於上漲股票的平均交易量，應該買進。

Trin 統計量小於 1：表示下跌股票的平均交易量小於上漲股票的平均交易量，應該賣出。

投資IQ加油站

若收盤價為 66 元，其 30 日平均線 55 元，請問 30 日正乖離率為多少？

(A) 83.3%

(B) 20%

(C) 16.7%

(D) 0.67%

（107 年第 3 次高業投資學）

答：**(B)**

說明：乖離率 $= \dfrac{66-55}{55} = 20\%$。

14 日內股票股票上漲累積家數 80 家，14 日內股票股票下跌累積家數 90 家，則下列敘述何者正確？

(A) ADR = −10

(B) ADR = 2

(C) ADL = 0.5

(D) ADL = −10

（107 年第 1 次高業投資學）

答：**(D)**

說明：14 日的 ADL = 14 日內股票上漲累積家數 −14 日內下跌累積家數 = 80 − 90 = −10。

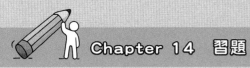

( ) 1. 在 KD 分析中，對日、月、週各基期的描述，何者正確？（一般常以何基期為主）
(A) 日 KD 基期為 9 日 KD　　(B) 週 KD 基期為 6 週 KD
(C) 月 KD 基期為 30 月 KD　　(D) 日 KD 基期為 6 日 KD

( ) 2. 根據道氏理論，次級波動係指：
(A) 股價長期波動趨勢
(B) 每日的波動
(C) 依股價長期趨勢線之中短期的波動
(D) 低點跌破前次低點

( ) 3. 道氏理論認為後一浪頭較前一浪頭為高時，可斷言股價：
(A) 將持續漲勢　　　　　　(B) 轉趨穩定
(C) 將持續跌勢　　　　　　(D) 走勢不明

( ) 4. 逃逸缺口 (Runaway Gap) 通常出現在一波行情（無論上漲或下跌）的：
(A) 發動階段　　　　　　　(B) 中間位置
(C) 盤整階段　　　　　　　(D) 尾聲

( ) 5. 當投資人欲分析股價的中長期走勢時，道氏理論中的哪一種波動較不能作為研判的依據？
(A) 日常波動　　　　　　　(B) 次級波動
(C) 基本波動　　　　　　　(D) 選項 (A)、(B)、(C) 皆非

( ) 6. 下列何者屬於應買進的型態？
(A) 頭肩頂　　　　　　　　(B) 雙重頂
(C) 菱形　　　　　　　　　(D) W 底

( ) 7. 若過去 5 天 H 公司股票的收盤價分別為 400、401、402、400、399，若今天起收盤價為 400，請問其 5 天移動平均價格的變化會

如何？

(A) 上升   (B) 不變

(C) 下降   (D) 無法計算

( ) 8. 逃逸缺口 (Runaway Gap) 通常出現在一波行情，無論上漲或下跌的：

(A) 發動階段   (B) 中間位置

(C) 盤整階段   (D) 尾聲

( ) 9. 一般來說，三角整理 (Triangle) 通常屬於：

(A) 頭部反轉型態   (B) 底部反轉型態

(C) 連續型態   (D) 間斷型態

( )10. 請問在技術分析中出現 M 頭代表什麼訊號？

(A) 買進信號   (B) 賣出訊號

(C) 盤整訊號   (D) 無法判斷

( )11. RSI 指標之最小值應是：

(A) 0   (B) −1

(C) +1   (D) 0.5

( )12. 請問在技術分析 K 線上指的上影線最上端之股價價格為？

(A) 最高價   (B) 最低價

(C) 收盤價   (D) 開盤價

( )13. 在 K 線型態中，先陰後陽的相逢線 (Meeting Lines) 可視為：

(A) 頭部訊號   (B) 底部訊號

(C) 盤整訊號   (D) 連續型態

( )14. 請問技術分析之紅體線指的是下列哪一項？

(A) 收盤價＝開盤價   (B) 收盤價＞開盤價

(C) 收盤價＜開盤價   (D) 收盤價＝最高價

( )15. 當短天期移動平均線由長天期平均線下方突破至上方，而且兩條長、短天期平均線同時上揚時稱為：

(A) 黃金交叉 　　　　　　　(B) 死亡交叉

(C) 雙向交叉 　　　　　　　(D) 選項 (A)、(B)、(C) 皆非

(　　) 16. 當股價向下跌破箱形 (Rectangle) 整理的區間時，成交量配合放大，則股價通常會：

(A) 繼續上漲 　　　　　　　(B) 回檔整理重回箱形

(C) 繼續下跌 　　　　　　　(D) 方向不定

(　　) 17. 以下敘述何者不正確？

(A) 價升量減，屬於價量背離

(B) 價跌量升，屬於價量背離

(C) 當價升量減，被認為股價跌之前兆

(D) 價跌量增，是股價升之前兆

(　　) 18. 所謂 OBV（能量潮）是：

(A) 一種成交價格的技術指標　　(B) 一種成交量的技術指標

(C) 一種價格監視制度　　　　　(D) 是預測長期股價趨勢

(　　) 19. 當股價出現橫向盤整的型態時，何種週期的移動平均線較具參考價值？

(A) 短期移動平均線　　　　　(B) 中期移動平均線

(C) 長期移動平均線　　　　　(D) 超長期移動平均線

(　　) 20. 下列敘述何者不正確？

(A) VR 值越小，為超賣現象

(B) KD 值永遠介於 0 與 100 之間

(C) RSI 選用基期越短越敏感但準確性越低

(D) 當 K 線突破 D 線時即為賣出訊號

(　　) 21. 道氏理論 (Dow Theory) 認為：

(A) 股價變動無法預測

(B) 分散買進多種股票可以打散市場

(C) 股價平均指數反應一切

(D) 個股走勢與指數漲跌應分別考量

（　）22. 當「死亡交叉」出現時，顯示將有一段：
(A) 多頭行情　　　　　　　　(B) 空頭行情
(C) 橫向整理　　　　　　　　(D) 沒有特別意義

（　）23. 在漲升格局中待下降楔形整理完畢後，股價將會：
(A) 上漲　　　　　　　　　　(B) 下跌
(C) 繼續整理　　　　　　　　(D) 不一定

（　）24. 一般而言，當 RSI 低於多少時為超賣訊號？
(A) 30　　　　　　　　　　　(B) 60
(C) 20　　　　　　　　　　　(D) 80

（　）25. 股價在高檔盤旋後，出現向下跳空開低走低的突破缺口
(Breakaway Gap)，暗示：
(A) 將有一波下跌行情　　　　(B) 將有一波上漲行情
(C) 股價將繼續盤整　　　　　(D) 沒有意義

（　）26. 有關騰落指標 (ADL) 的敘述，何者不正確？
(A) ADL 是以股票漲跌家數累計差值研判大盤走勢
(B) ADL 的計算公式，其取樣的漲跌家數與 ADR 相同
(C) ADL 能全面真實地反應股市的走勢方向，而不被個別大戶所操
縱
(D) ADL 公式中，其下限為 0，上限則無限制

（　）27. 關於 ADR 之敘述何者錯誤？
(A) 以漲跌家數為計算樣本
(B) 是市場寬度的技術指標
(C) ADR 值越大，代表股市已進入超賣區
(D) 當 ADR 上漲，大盤指數亦上漲，表示大盤持續上攻可能性大

（　）28. 波浪理論中，哪一波的漲幅最大？
(A) 第一波　　　　　　　　　(B) 第二波
(C) 第三波　　　　　　　　　(D) 第四波

（　）29. RSI 分析中，下列敘述何者不正確？

(A) 當 RSI 值長期在 80 以上，為多頭漲勢

(B) 當 RSI 值長期在 20 以下，為空頭跌勢

(C) 當 RSI 由上往下跌破 RSI 移動平均線時，為買進訊號

(D) 快速 RSI 線由下往上突破慢速 RSI 移動平線，為買進訊號

（　）30. 在整理型態中較常發生的缺口為何？

(A) 普通缺口　　　　　　　(B) 逃逸缺口

(C) 竭盡缺口　　　　　　　(D) 突破缺口

（　）31. 波浪理論的鐵律中，哪兩個大波浪不能重疊？

(A) 1、3 波　　　　　　　　(B) 1、4 波

(C) 3、5 波　　　　　　　　(D) 1、5 波

（　）32. 有關 OBOS(Over Buy / Over Sell) 指標之敘述，何者不正確？

(A) 為時間之技術指標

(B) OBOS 是超買、超賣指標，運用在一段時間內股市漲跌家數的累積差，來測量大盤買賣氣勢的強弱及未來走向

(C) 當大盤指數持續上漲，而 OBOS 卻出現反轉向下時，表示大盤可能做頭下跌，為賣出訊號

(D) 大盤持續下探，但 OBOS 卻反轉向上，即為買進訊號

（　）33. 關於 W 底和 M 頭的敘述，何者不正確？

(A) M 頭成交量在第二個高點通常較少

(B) W 底成交量在第二個低點比第一個低點大

(C) 沒有跌破頸線後暫時回升的現象

(D) 有頸線和測量等幅的現象

（　）34. 有關 KD 值之敘述，何者不正確？

(A) 理論上，D 值在 80 以上時，股市呈現超買現象，D 值在 20 以下時，股市呈現超賣現象

(B) 當 K 線傾斜角度趨於陡峭時，為警告訊號，表示行情可能回軟或止跌

(C) 當股價走勢創新高或新低時，KD 線未能創新高或新低時為背離現象，為股價走勢即將反轉為徵兆

(D) K D 線一般以短線投資為主，但仍可使用於中長線

( ) 35. 心理線 (PSY) 是以下何值，來測試股市投資人看漲或看跌心態，以研判股市是否呈現超買和超賣現象？

(A) 股價的漲跌幅度 　　　　(B) 股價的上漲天數多寡

(C) 成交股數 　　　　(D) 上漲的個股合計數

( ) 36. KD 分析中，KD 值為 50 附近時，下列何者描述較正確？

(A) 超買區 　　　　(B) 超賣區

(C) 多、空投力道平衡 　　　　(D) 呈現鈍化現象

( ) 37. 在修正型的 OBV 公式中，以最高價減去收盤價，表示買方或賣方的力道何者較強？

(A) 買方 　　　　(B) 賣方

(C) 買賣雙方持平 　　　　(D) 無法判斷

( ) 38. 在 ADR、ADL、OBOS 樣本使用中，下列敘述何者正確？

(A) 三者的計算樣本相同 　　(B) 只有 ADL 及 OBOS 相同

(C) 只有 ADL 及 ADR 相同 　(D) 只有 ADR 及 OBOS 相同

( ) 39. 當股價在距離三角形底線到尖端的多少位置處突破時，會產生最理想的突破？

(A) 2/3 　　　　(B) 1/4

(C) 4/5 　　　　(D) 1/3

( ) 40. 道氏理論雖然對股市長期市場變動指明了方向，但不能指示下列何者？

(A) 利用線路來確認趨勢

(B) 利用平均數來確認趨勢

(C) 股價變動趨勢如海浪有漲潮及退潮

(D) 應購買何種股票

( ) 41. 何者為 DMI 的賣出訊號？

 (A) +DI 線由上往下跌破 -DI 線 (B) K 線由上往下跌破 D 線

 (C) +DI 線由下往上突破 -DI 線 (D) DIF 線由下往上突破 DEM 線

( ) 42. 對於 RSI 的描述，下列何者正確？

 (A) RSI 需考慮到最高價   (B) RSI 需考慮到最低價

 (C) RSI 需有成交量才能算出   (D) RSI 有收盤價即可算出

( ) 43. 對 MACD 的描述，何者錯誤？

 (A) 以漲跌比率測量趨勢   (B) 指標計算過程中加以平滑化

 (C) 有二條平均線   (D) 為價的技術指標

( ) 44. KD 指標中，什麼情形代表賣出訊號？

 (A) K 值 > D 值   (B) K 值 < D 值

 (C) K 值 = D 值   (D) K 值小於 20

( ) 45. 對寶塔線 (Tower) 的描述，何者錯誤？

 (A) 收盤價高於最近三日陰 K 線的最高價，為買進訊號

 (B) 收盤價低於最近三日陽 K 線的最低價，為賣出訊號

 (C) 寶塔線主要在於線路翻紅或翻黑，來研判股價的漲跌趨勢

 (D) 寶塔線翻黑後，股價後市要延伸一段上漲行情

( ) 46. 今天股價下跌 98 點，昨天的累積型 OBV 為 26,052 萬張，今天成交張數 136 萬張，求今天的累積型 OBV 為多少張？

 (A) 25,916 萬   (B) 26,147 萬

 (C) 26,188 萬   (D) 26,090 萬

( ) 47. 14 日內股票上漲累計家數 80 家，14 日內股票下跌累計家數 90 家，則下列描述何者正確？

 (A) ADR = –10   (B) ADR = 2

 (C) ADL = 0.5   (D) ADL = –10

( ) 48. 一支個股，最高價 45 元，最低價 45 元，開盤價 45 元，收盤價 45 元，該個股型態為：

(A) 二字線　　　　　　　　　　(B) 十字線

(C) T 字線　　　　　　　　　　(D) 一字線

（　）49. 超買超賣指標 (OBOS)，一般採用 10 日 OBOS，計算公式如下：10 日 OBOS 值等於 10 日內股票上漲累計家數 (UP)，減去 10 日內股票下跌累計家數 (DOWN)。已知 UP = 1,489 家，10 日 OBOS 值 = −512 家，求 DOWN 為多少？

(A) 2,055 家　　　　　　　　　(B) 2,001 家

(C) 1,489 家　　　　　　　　　(D) 512 家

（　）50. 下列有關 MACD (Moving Average Convergence and Divergence) 之敘述何者不正確？

(A) MACD 是收斂與發散的移動平均線

(B) 其功能在於運用短期移動平均線和長期移動平均線二者間之關係，來研判買賣的時機

(C) 其值大於 0 時表示熊市

(D) 當市場行情有所轉折時，DIF（差離值）之絕對值均會縮小

（　）51. 在 W 底中，底部的價格為 60 元，頸線的價格為 70 元，其滿足高點應為多少？

(A) 50 元　　　　　　　　　　(B) 60 元

(C) 70 元　　　　　　　　　　(D) 80 元

（　）52. 何者屬於市場寬幅的技術指標？

(A) 指數平滑異同移動平均線 MACD

(B) 融資融券餘額表

(C) 每筆委買委賣張數

(D) 漲跌比率 ADR

（　）53. 計算 DMI 時，須用到下列何組資料？

(A) 最高價、最低價、收盤價　　(B) 最高價、開盤價、最低價

(C) 最高價、最低價、成交量　　(D) 最高價、最低價、漲跌家數

（　）54. 圖表型態解析的技術分析，是運用股價變化走勢所構成的各種圖

型，以推測未來股價的變動趨勢，下列何者屬於圖表型態？

(A) 隨機指標 KD (B) 能量潮 OBV

(C) W 底 (D) 相對強弱指標 RSI

(　) 55. 有關趨向指標 DMI 的敘述，何者不正確？

(A) 由 +DI 線及 −DI 線所形成 (B) 可形成交叉買賣訊號之用

(C) 適用於中長期分析 (D) 只考慮到收盤價

(　) 56. 關於道瓊理論之敘述何者為非？

(A) 基本波動是指股價長期變動趨勢

(B) 次級波動即一般所謂之盤整

(C) 日常波動通常由當天利多或利空消息造成，經過一段時間後對股價影響力會消失

(D) 道瓊理論可以預期長期股價趨勢以及趨勢可持續多久

(　) 57. 關於移動平均線 (MA) 之切線斜率方向，下列描述何者正確？

(A) 切線斜率為負代表較樂觀

(B) 切線斜率為正代表較悲觀

(C) 切線斜率為正代表較樂觀

(D) 切線斜率為負沒有任何意義

(　) 58. 今天股價上漲 100 點，昨天的累積型 OBV 為 26,052 萬張，今天成交張數 136 萬張，求今天的累積型 OBV 多少張？

(A) 26,152 萬 (B) 26,188 萬

(C) 26,324 萬 (D) 26,780 萬

(　) 59. 移動平均線 (MA) 中，前一天 6 日 EMA 為 75 元，今天收盤為 72 元，求今天的 6 日 EMA 為多少？

(A) 74 元 (B) 74.5 元

(C) 75 元 (D) 75.5 元

(　) 60. 下列何者為 MACD 的買進訊號？

(A) K 線由下往上突破 D 線

(B) 6 日 RSI 值為 20 以下

(C) DIF 線由下往上突破 DEM 線

(D) +DI 線由下往上突破 -DI 線

( ) 61. 若今日股價指數為 120，24 日移動平均數為 125，則其乖離率為
何？

(A) 6.25%   (B) −6.25%

(C) −4%   (D) 4%

( ) 62. 波浪理論在修正波中為擴張和反對稱三角型態（3-3-3-3-3 波的型
態），指下列何者？

(A) 頂部下降，底部上升   (B) 頂部平坦，底部上升

(C) 頂部上升，底部下降   (D) 頂部下降，底部平坦

( ) 63. 擴大三角形，由幾個高點及幾個低點組成？

(A) 3 個高點 2 個低點   (B) 2 個高點 3 個低點

(C) 3 個高點 3 個低點   (D) 2 個高點 2 個低點

( ) 64. 何者為移動平均線之賣出訊號？

(A) 股價還在上升且位於平均線之上，突然暴漲，離平均線越來越
遠，但很可能再趨向平均線

(B) 平均線從下降轉為水平或上升，而股價從平均線下方穿過平均
線時

(C) 股價趨勢低於平均線突然暴跌，距平均線很遠，極有可能再趨
向平均線

(D) 股價趨勢走在平均線之上，股價突然下跌，但未跌破平均線，
股價隨後又上升

( ) 65. 30 日 BIAS 等於 72 日 BIAS，30 日 MA 為 50 元，今日收盤價為 65 元，
求 72 日 MA 為多少？

(A) 50 元   (B) 60 元

(C) 70 元   (D) 80 元

( ) 66. 三日寶塔線翻黑，表示股價跌破以前三天內的最低點，表示應為何
種投資時機？

(A) 賣出時機 　　　　　　　　(B) 買進時機
(C) 觀望 　　　　　　　　　　(D) 設停損失

(　)67. 對技術分析的敘述,何者不正確?
(A) 價格的變化會有趨勢產生
(B) 技術分析的重心在於預測股票價格的變化趨勢
(C) 未來的價格水準並非研究重心
(D) 股價變化的趨勢無時間性

(　)68. 在修正型的 OBV 公式中,以收盤價減去最低價,表示買方和賣方
的力道何者較強?
(A) 買方 　　　　　　　　　　(B) 賣方
(C) 買賣雙方持平 　　　　　　(D) 無法判斷

(　)69. 13 日 PSY 中,下列何值屬於超賣區?
(A) –7.69% 　　　　　　　　　(B) 7.69%
(C) 53.85% 　　　　　　　　　(D) 92.31%

(　)70. 掌握底部量及頭部量,可用何項技術指標?
(A) OBV 　　　　　　　　　　(B) TAPI
(C) 平均量 　　　　　　　　　(D) ADL

(　)71. 對移動平均線 (MA) 的描述,何者錯誤?
(A) 年線代表多空頭分界點
(B) 可利用快慢速兩條移動平均線交叉點,研判買賣點
(C) 短期平均線由下往上突破長期平均線,為賣出時機
(D) N 日移動平均線為 N 日收盤價加總之和除以 N 日

(　)72. 股價由 90 元下跌至 60 元,其強勢反彈滿足點的位置約為:
(A) 60 元附近 　　　　　　　(B) 70 元附近
(C) 80 元附近 　　　　　　　(D) 90 元附近

1.(A) 2.(C) 3.(A) 4.(B) 5.(A) 6.(D) 7.(B) 8.(B) 9.(C) 10.(B)

11.(A) 12.(A) 13.(B) 14.(B) 15.(A) 16.(C) 17.(D) 18.(B) 19.(A)

20.(D) 21.(C) 22.(B) 23.(A) 24.(C) 25.(A) 26.(D) 27.(C) 28.(C)

29.(C) 30.(A) 31.(B) 32.(A) 33.(C) 34.(B) 35.(B) 36.(C) 37.(B)

38.(A) 39.(A) 40.(D) 41.(A) 42.(D) 43.(A) 44.(B) 45.(D) 46.(A)

47.(D) 48.(D) 49.(C) 50.(C) 51.(D) 52.(D) 53.(A) 54.(C) 55.(D)

56.(D) 57.(C) 58.(B) 59.(B) 60.(C) 61.(C) 62.(C) 63.(A) 64.(A)

65.(A) 66.(A) 67.(D) 68.(A) 69.(B) 70.(C) 71.(C) 72.(C)

● Chapter 14   習題解析

1. 一般實務上均以 9 日 KD 值為判斷短線行情的買賣訊號。

2. 次要趨勢是主要趨勢的修正。

3. 道氏理論的六大論點之一，在明確的反轉訊號發生前，既有的趨勢會繼續有效。

4. 容易在各種中繼整理型態之後出現。

5. (A) 日常波動是次要趨勢的波動。

7. $\dfrac{400+401+402+400+399}{5}=400.4,\quad \dfrac{401+402+400+399+399}{5}=400.2$。

9. 三角整理是由一連串的股價波動所構成的。

11. 例：5 日RSI $=100-\dfrac{100}{1+\dfrac{5日平均收盤上漲平均數}{5日平均收盤下跌平均數}}$，若 5 日平均收盤上漲平

均數為 0，則 5 日 RSI = 100 – 100 = 0。

12. 上影線表示盤中的最高價。

14. 收盤價 > 開盤價，表示股價的上漲幅度。

15. 短天期的 MA 向下往上穿越長天期的 MA，且兩條短天期與長天期的 MA 皆同時上揚。

16. 箱形整理時跌破向下且成交量放大，則股價將往下。

17. 價跌量增是股價下跌的前兆。

18. OBV（能量潮），當成交量一波比一波大，股價便會上升，反之，成交量萎縮，股價下跌。

20. K 值由下往上突破 D 值，即 KD 黃金交叉，建議買進。

21. 道氏理論的六大論點：1. 所有的資訊都反應在股價指數上。2. 市場有三個趨勢：主要、次要、小型。3. 主要趨勢有三個階段：承接、大眾參與、出貨。4. 大盤指數和主要類股指數要有相同方向的訊號。5. 確定趨勢，必須有成交量的確認。6. 在明確的反轉訊號發生前，既有的趨勢會繼續有效。

23. 下降楔形整理完畢後，突破下降壓力線，則股價將會向上漲升。

24. RSI > 80 表示進入超買區，應分批賣出。RSI < 20 表示進入超賣區，應分批買入。

25. 突破缺口：向上和向下的盤整區間突破，容易伴隨著帶著長紅或長黑，是趨勢的確立。若是出現向下跳空開低走低，則表示將有一波下跌行情。

27. n 日的 ADR $= \dfrac{\text{n 日內股票上漲累積家數}}{\text{n 日內股票下跌累積家數}}$，當 ADR 越大時，表示股市已進入超買區。

28. 第三波漲幅最大，又稱為主升段。

29. 當 RSI 由上往下跌破 RSI 移動平均線，為賣出訊號。

30. 普通缺口表示短期內股價將呈現盤整的格局，並不代表未來股價會脫離原先的型態。

31. 波浪理論通用的法則之一：第 4 波低點不應與第 1 波頂點重疊。

32. OBOS 使用來研判大盤走勢的市場寬幅 (Market Breadth) 技術指標之一。

33. W 底的形成，當股價過頸線乃回升確立。M 頭的形成，當股價跌破頸線乃跌勢確立。

35. PSY 是利用一段時間股市上漲天數的累積數，來判斷大盤是否有超買或超賣的現象。

36. 1.KD 指標 > 80 以上為超買區。2.KD 指標 < 20 以下為超賣區。3.K 值在 80 以上連續 3 天稱為「高檔鈍化」。4.K 值在 20 以下連續 3 天稱為「低檔鈍化」。

41. +DI 及 –DI 之間，若 +DI 由下向上爬升突破 –DI 時，此為買進訊號，若 –

−DI 從下方突破 +DI 時，則為賣出訊息。

42. RSI 的公式：$\dfrac{\text{n日內上漲總幅度平均值}}{\text{n日內上漲總幅度平均值}+\text{n日內下跌總幅度平均值}} \times 100$，

要計算上漲或下跌，及上漲平均或下跌平均，只要有該股的每日收盤價即可算出。

43. 主要是運用長短期指數平滑移動平均線 (EMA) 之關係，來判斷買賣的時機。

44. 當 K 值向下跌破 D 值時，代表賣出訊號。

47. 由：n 日 ADL = 前 1 日 ADL + 今日股票上漲家數 − 今日股票下跌家數，14 日 ADL = 14 日內股票上漲累計家數 − 14 日內股票下跌累計家數 = 80 − 90 = − 10。

48. 開盤價、收盤價、最高價及最低價均為同一價位時，型態為一字線。

49. 由：n 日 OBOS = n 日內股票上漲累計家數 − n 日內股票下跌累計家數，10 日 OBOS = 10 日內股票上漲累計家數 − 10 日內股票下跌累計家數，− 512 = 1,489 − 10 日內股票下跌累計家數，得：10 日內股票下跌累計家數 = 2,001。

50. DIF 和 MACD 均為正值，屬於多頭格局。

51. 頸線價格 − 底部價格 = 70 − 60 = 10，滿足點 = 頸線價格 +（頸線價格 − 底部價格）= 70 + 10 = 80。

52. 研判大盤走勢的市場寬幅 (Market Breadth) 指標有：漲跌比率、ADL、OBOS、PSY。

53. 計算真實波幅 (True Range, TR)，TR = Max [(H$_t$ − L$_t$), (H$_t$ − C$_{t-1}$), (L$_t$ − C$_{t-1}$)]，其中，H$_t$ 為第 t 日最高價；L$_t$ 為第 t 日最低價；C$_{t-1}$ 為第 t − 1 日收盤價。

55. 計算真實波幅 (True Range, TR)，TR = Max [(H$_t$ − L$_t$), (H$_t$ − C$_{t-1}$), (L$_t$ − C$_{t-1}$)]，其中，H$_t$ 為第 t 日最高價；L$_t$ 為第 t 日最低價；C$_{t-1}$ 為第 t − 1 日收盤價。

57. 移動平均線 (MA) 代表「平均買入成本」，當 MA 切線斜率為正，表示平均成本是持續上升的，即投資人願追價買進，對未來股價的發展是樂觀的。

58. 今日累計 OBV 值 = 昨日累積 OBV 值 + 上漲的今日成交量（減下跌的今日成交量）= 26,052 + 1×136 = 26,188。

60. 當 DIF 和 MACD 均為正值，屬多頭格局。若 DIF 向上突破 MACD 則買進。

61. 乖離率：$\dfrac{120-125}{125} = -4\%$。

64. 依葛蘭碧八大法則概念的第 8 點。

65. 30 日乖離率 $= \dfrac{\text{當日股價} - 30\text{日平均股價}}{30\text{日平均股價}} = \dfrac{65-50}{50} = \dfrac{3}{10}$，

   72 日乖離率 $= \dfrac{\text{當日股價} - 72\text{日平均股價}}{72\text{日平均股價}} = \dfrac{65-72\text{日 MA}}{72\text{日 MA}} = \dfrac{3}{10}$，

   得 72 日 MA = 50。

66. 寶塔線翻黑之後，股價後市總要延伸一段下降行情。

68. VA = [(C − L) − (H-C)] ÷ (H − L) × V，C − L 表示收盤價減去最低價是多頭買進的力量幅度。

69. 當 13 日 PSY 低於 7.69% (= 1/13) 時，代表股市連續下跌 12 天以上，顯示有超賣的現象。當 13 日 PSY 高於 92.31% (= 12/13) 時，代表股市連續上漲 12 天以上，顯示有超買的現象。

70. 當成交量很大時，代表市場多數的投資人熱衷股市，應該做好出場的準備。當成交量很小時，代表市場多數的投資人對股市是悲觀的，應該做進場的準備。

71. 短期平均線由下往上突破長期平均線為買入時機。

72. 跌幅 = 90 − 60 = 30，強勢反彈的幅度＝跌幅 ×2/3 = 30×2/3 = 20，強勢反彈滿足點：60 + 20 = 80。

投資學理論與實務,第十版,林哲鵬譯,華泰文化,105 年 1 月。

證券考試:投資學,陳德興,高點文化事業,88 年 10 月五版。

現代投資學分析與管理,謝劍平,智勝文化事業,105 年 10 月增修六版。

銀行業證照系列理財規劃人員速成,湘翎,宏典文化,104 年 12 月。

細說銀行招考:貨幣銀行學,葉倫,宏典文化,108 年 1 月。

證基會證券商高級業務員,106 年第一季~ 108 年第一季,投資學試題。

證基會證券商業務員,106 年第一季~ 108 年第一季,證券投資與財務分析試題。

證基會證券投資分析人員,106 年第一季~ 108 年第一季,投資學試題。

投資型保險商品業務員訓練教材,財團法人保險事業發展中心,106 年元月修訂六版。

國家圖書館出版品預行編目資料

超圖解投資學 / 王志成著. ーー初版. ーー臺
北市：五南圖書出版股份有限公司, 2022.08
　　面；　公分
ISBN 978-626-317-939-4 (平裝)
1.CST: 投資學
563.5　　　　　　　　　　111009105

1FAF

超圖解投資學

作　　　者—	王志成
責任編輯—	唐　筠
文字校對—	許馨尹 黃志誠
內文排版—	張淑貞
封面設計—	姚孝慈
發 行 人—	楊榮川
總 經 理—	楊士清
總 編 輯—	楊秀麗
副總編輯—	張毓芬

出　版　者— 五南圖書出版股份有限公司
地　　　址：106臺北市大安區和平東路二段339號
電　　　話：(02)2705-5066　　傳　　真：(02)2706-
網　　　址：https://www.wunan.com.tw
電子郵件：wunan@wunan.com.tw
劃撥帳號：01068953
戶　　　名：五南圖書出版股份有限公司
法律顧問　林勝安律師事務所　林勝安律師
出版日期　2022年8月初版一刷
定　　　價　新臺幣450元

經典永恆・名著常在

五十週年的獻禮——經典名著文庫

五南，五十年了，半個世紀，人生旅程的一大半，走過來了。

思索著，邁向百年的未來歷程，能為知識界、文化學術界作些什麼？

在速食文化的生態下，有什麼值得讓人雋永品味的？

歷代經典・當今名著，經過時間的洗禮，千錘百鍊，流傳至今，光芒耀人；

不僅使我們能領悟前人的智慧，同時也增深加廣我們思考的深度與視野。

我們決心投入巨資，有計畫的系統梳選，成立「經典名著文庫」，

希望收入古今中外思想性的、充滿睿智與獨見的經典、名著。

這是一項理想性的、永續性的巨大出版工程。

不在意讀者的眾寡，只考慮它的學術價值，力求完整展現先哲思想的軌跡；

為知識界開啟一片智慧之窗，營造一座百花綻放的世界文明公園，

任君遨遊、取菁吸蜜、嘉惠學子！